潮州市非物质文化遗产名录图典

潮州市文化广电旅游体育局
潮州市潮州文化研究中心 编

羊城晚报出版社
·广州·

图书在版编目（CIP）数据

潮州市非物质文化遗产名录图典 / 潮州市文化广电旅游体育局，潮州市潮州文化研究中心编 . -- 广州：羊城晚报出版社，2023.12

ISBN 978-7-5543-1267-4

Ⅰ．①潮… Ⅱ．①潮… ②潮… Ⅲ．①非物质文化遗产—潮州—图录 Ⅳ．① G127.653-64

中国国家版本馆 CIP 数据核字 (2023) 第 238045 号

潮州市非物质文化遗产名录图典

Chaozhou Shi Feiwuzhi Wenhua Yichan Minglu Tudian

责 任 编 辑	黄初镇　　杨映瑜
责 任 技 编	张广生
出 版 发 行	羊城晚报出版社（广州市天河区黄埔大道中 309 号羊城创意产业园 3-13B）
	邮编：510665
	发行部电话：（020）87133824
出 版 人	陶勇
经　　　销	广东新华发行集团股份有限公司
印　　　刷	佛山市吉美印刷有限公司
规　　　格	889 毫米 ×1194 毫米　1/16　印张 30　字数 400 千
版　　　次	2023 年 12 月第 1 版　2023 年 12 月第 1 次印刷
书　　　号	ISBN 978-7-5543-1267-4
定　　　价	320.00 元

版权所有　违者必究（如发现因印装质量问题而影响阅读，请与印刷厂联系调换）

编委会

主 任

詹树荣

副主任

王树斌

编 委（按姓氏笔画为序）

王振泽 李常榕 肖佳哲 陈永佳

林炜璇 梁 燕 谢妙婉

撰 稿

林墩旭 李常榕 肖佳哲 陈文标

执行编辑

詹树荣

编 辑（按姓氏笔画为序）

杨 玲 李 旋 陈永佳 陈彦依 林炜璇 郑海斌

曹伟英 梁 燕 谢子驹 谢妙婉 蓝玉婷

摄 影

文新义（封面） 许浩明

版式设计

蔡 威 罗振华 关灼明

校 核

王振泽

序 言

发现潮州之美

2020年10月，习近平总书记视察广东潮州时指出，潮州文化具有鲜明的地域特色，是岭南文化的重要组成部分，是中华文化的重要支脉。以潮绣、潮瓷、潮雕、潮塑、潮剧和工夫茶、潮州菜等为代表的潮州非物质文化遗产，是中华文化的瑰宝。要加强非物质文化遗产保护和传承，积极培养传承人，让非物质文化遗产绽放出更加迷人的光彩。习总书记充分肯定了潮州非物质文化遗产在中华文化中的地位和价值，极大地鼓舞了非物质文化遗产传承人和保护工作者，也为潮州非物质文化遗产保护传承工作指明了发展方向。

潮州左控闽漳，右临惠广，是岭东菁华荟聚之区。自唐代韩文公刺潮延师兴学，至北宋已有"海滨邹鲁"的美誉。明代潮州人才之盛，足以凌跨中州，为山川增色……正是有如此深厚的历史文化积淀，才孕育诞生了体系广博、门类齐全、工艺精湛的潮州非物质文化遗产。这是潮州文化的重要传承载体，是潮州文化精神的物化形式，是潮州人民世代绵延追求美好生活的智慧结晶和精神动力，是海内外潮人梦寐以求的文化烙印和精神纽带，体现了中华民族高迈的审美水准和价值取向。2023年，潮州先后荣膺"中国十大'秀美之城'""世界美食之都"称号，还有"国家历史文化名城""中国工艺美术之都""中国民间工艺传承之都"等诸多世界级、国家级的金灿灿城市名片。截至2022年12月，潮州市被列入国家级非物质文化遗产代表性项目17项、省级项目47项、市级项目106项；有市级以上代表性传承人211人，其中被命名为省级传承人77人，省级传承人被命名为国家级传承人22人；还有非物质文化遗产代表性项目国家级工作站1个、国家级基地2个。故宫博物院第六任院长、中国文物学会会长单霁翔曾惊叹："没想到潮州有这么多令人意想不到的绝技""潮州'非遗'名副其实"。

2000多年来，潮州人所创造并传承的绚丽多姿、璀璨夺目的非物质文化遗产，无论以潮州音乐、潮剧、潮州歌册为代表的传统演艺，以潮绣、潮州木雕、潮州嵌瓷为代表的传统美术，以潮州彩瓷烧制技艺、潮州菜烹饪技艺、潮州单丛茶制

作技艺为代表的传统技艺，或以潮州工夫茶艺、潮州"出花园"、畲族招兵节为代表的潮州民俗，均是潮州文化传承发展的集中体现，更是潮州经济社会高质量发展和文化自信的精神源泉。

潮州市文化广电旅游体育局、潮州市潮州文化研究中心以"弘扬潮州非遗，延续千年文脉"为己任，整合社会资源和力量，编纂出版《潮州市非物质文化遗产名录图典》（以下简称《图典》），全面介绍潮州市非物质文化遗产代表性项目及其传承人，这是文化遗产与读图时代对非物质文化遗产保护的社会需求，也是非物质文化遗产保护工作者自觉与时代接轨的重要体现。该《图典》真实客观、全面系统、图文并茂、简明扼要，融人文性、工具性和文献性为一体，以词条形式配以图片，逐一介绍潮州市入选国家级、省级和市级非物质文化遗产名录的106个项目及其传承人，涵盖了民间文学、传统音乐、传统舞蹈、传统戏剧、传统曲艺、传统美术、传统技艺、传统医药和民俗等门类。目的是希望广大读者能通过《图典》一书，发现潮州的美，直观地感受潮州市非物质文化遗产的独特魅力。

钱穆先生在其《国史大纲》中提出："任何一国之国民，对其本国以往历史，应该略有所知。尤必附随一种对其本国以往历史之温情与敬意。"潮州市非物质文化遗产不仅是这片土地不可或缺的历史记忆，更是海内外潮人弥足珍贵的精神财富。同样，我们也要报以温情与敬意，守正而开新，让潮州非物质文化遗产绽放出更加迷人的光彩！

吴榕青

2023年12月

目 录
CONTENTS

壹 | 代表性项目及传承人总表
REPRESENTATIVE PROJECTS AND INHERITORS LIST

潮州市国家级、省级、市级各批次非物质文化遗产代表性项目 …………………………………… 02
潮州市国家级、省级、市级各批次非物质文化遗产项目代表性传承人 ……………………………… 07

贰 | 传承项目
LEGACY PROJECT

民间文学
Folk Literature

陈三五娘传说 …………………………………………………………………………………… 17
潮州歌谣 ………………………………………………………………………………………… 18
"打破鼓"传说 ………………………………………………………………………………… 20

传统音乐
Traditional Music

潮州音乐 ………………………………………………………………………………………… 23
佛教音乐（潮州禅和板）………………………………………………………………………… 24
潮州音乐（潮州大锣鼓）………………………………………………………………………… 26
畲族民歌 ………………………………………………………………………………………… 29

传统舞蹈
Traditional Dance

鲤鱼舞（潮州鲤鱼舞）……………………………………………………31
潮州饶平布马舞……………………………………………………………32
英歌（潮安文里英歌舞）…………………………………………………34
麒麟舞（潮州麒麟舞）……………………………………………………36
潮安新义青狮舞……………………………………………………………38
潮安舞龙……………………………………………………………………40

传统戏剧
Traditional Drama

潮　剧…………………………………………………………………………43
木偶戏（潮州铁枝木偶戏）………………………………………………44
枫溪池湖提线木偶戏………………………………………………………46

传统曲艺
Traditional Quyi

歌册（潮州歌册）…………………………………………………………49
潮州讲古……………………………………………………………………50

传统美术
Traditional Fine Arts

粤绣（潮绣）………………………………………………………………53
抽纱（潮州抽纱）…………………………………………………………54
粤绣（珠绣）………………………………………………………………56
潮州木雕……………………………………………………………………58
泥塑（大吴泥塑）…………………………………………………………60
镶嵌（潮州嵌瓷）…………………………………………………………62
灯彩（潮州花灯）…………………………………………………………64
剪纸（广东剪纸）…………………………………………………………66
潮州麦秆剪贴画……………………………………………………………68

CHAOZHOU INTANGIBLE
CULTURAL HERITAGE LIST

| 潮州推光金漆画 | 70 |
| 玉雕（潮州玉雕） | 72 |

传统技艺
Traditional Handicraft

潮州彩瓷烧制技艺	75
陶器烧制技艺（枫溪手拉朱泥壶制作技艺）	78
枫溪瓷烧制技艺	80
潮州菜烹饪技艺	82
乌龙茶制作技艺（潮州单丛茶制作技艺）	84
浮洋方潮盛铜锣制作技艺	86
铜铸胎掐丝珐琅器制作技艺	88
建筑木结构营造技艺（潮州传统建筑木结构技艺）	90
潮州金银錾刻技艺	92
陶器烧制技艺（潮州炭炉制作技艺）	94
盐焗鸡制作技艺（饶平盐焗鸡制作技艺）	96
糕点制作技艺（潮州腐乳饼制作技艺）	98
凉果制作技艺（潮州九制金榄制作技艺）	100
凉果制作技艺（潮州九制陈皮制作技艺）	102
凉菜制作技艺（潮州佛手果老香黄制作技艺）	104
漆器髹饰技艺（潮州漆器髹饰技艺）	106
潮州蜡石造型技艺	108

条目	页码
潮州鼻烟壶制作技艺	110
潮州黄皮豉制作技艺	112
潮州柑饼制作技艺	113
潮州老药桔制作技艺	114
潮州甘草水果制作技艺	116
潮州朥饼制作技艺	118
潮州绿豆糕制作技艺	120
潮州豆棒制作技艺	122
潮州酥糖制作技艺	124
潮州炖糕制作技艺	126
潮州红桃粿制作技艺	128
潮州鼠壳粿制作技艺	130
潮州芝麻糊制作技艺	132
潮州粽球制作技艺	134
潮州牛肉丸制作技艺	136
潮式肉脯制作技艺	138
潮州鱼丸制作技艺	140
潮州鱼饺制作技艺	142
潮州鱼册制作技艺	144
潮州朥饺制作技艺	147
潮州牛肉火锅制作技艺	148
潮州糕粿制作技艺	150
潮州沙茶粿制作技艺	152
潮州春饼制作技艺	154
潮州鸭母捻制作技艺	156
潮州糯米猪肠制作技艺	158
潮州宵米制作技艺	160
潮州粿汁制作技艺	162
潮州鱼生制作技艺	164
潮州虾生制作技艺	166
潮州笋粿制作技艺	168
潮州水晶包制作技艺	169
潮州无米粿制作技艺	170
潮州菜头粿制作技艺	172
潮州糟肉制作技艺	174

CHAOZHOU INTANGIBLE
CULTURAL HERITAGE LIST

潮州虾饼制作技艺	176
潮州油粿制作技艺	177
潮州金钱酥柑制作技艺	178
潮州麦烙制作技艺	180
潮州蚝烙制作技艺	182
潮州落汤钱（糯米糍）制作技艺	184
潮州蜜饯地瓜制作技艺	186
潮州翻沙芋制作技艺	188
潮州凤凰浮豆干制作技艺	190
潮州栀粿制作技艺	191
潮州朴枳粿制作技艺	192
潮州猪脚圈制作技艺	194
潮州草粿制作技艺	196
潮式卤水制作技艺	198
潮州九制话梅制作技艺	200
潮州大新溪村咸牛奶制作技艺	202
潮州薄壳烙制作技艺	203
潮州咸水粿制作技艺	204

传统医药
Traditional Medicine

中医养生（潮州暑茶） ······ 207

民俗
Folk Custom

茶艺（潮州工夫茶艺） ······ 210
畲族招兵节 ······ 212
饶平彩青习俗 ······ 214
庙会（潮州青龙庙会） ······ 216
潮州"出花园" ······ 218
端午节（大城所端午节游旱龙） ······ 220

叁 | 传承人
INHERITORS

民间文学
Folk Literature

林朝虹 ······ 224
丁丽曼 ······ 225
丁怀宇 ······ 226
钱明弟 ······ 227

传统音乐
Traditional Music

黄义孝 ······ 228
陈镇锡 ······ 229
丁广颂 ······ 230

CHAOZHOU INTANGIBLE
CULTURAL HERITAGE LIST

余少萤	231
李泽英	232
陈邦煌	233
庄楷伟	234
释传然	235
杨俊成	236
施绍春	237
王茂标	238
谢楚伟	239
雷楠	240
雷楚良	241

传统舞蹈
Traditional Dance

施策	242
石应瑞	243
杨启钿	244
李蔚	245
黄耀好	246
刘树钊	247
高秀贞	248
杨少双	249

杨泳龙	250
杨应锋	251
谢承华	252
许两声	253
杨伟财	254
杨耀钦	255
曾培伟	256
曾宪强	257

传统戏剧
Traditional Drama

陈鹏	258
郑舜英	259
唐龙通	260
邱楚霞	261
郑壮桐	262
李玉兰	263
陈培森	264
丁清波	265
蔡名仁	266
陈镇楷	267
陈玲儿	268
谢林木	269

传统曲艺
Traditional Quyi

柯炳智	270
林少红	271
翁楚钿	272
陈锡权	273
庄明炯	274

CHAOZHOU INTANGIBLE CULTURAL HERITAGE LIST

传统美术
Traditional Fine Arts

林智成	275
孙庆先	276
康惠芳	277
李淑英	278
卓桂芬	279
李晓丹	280
洪虹	281
佘可燕	282
宋忠勉	283
李静芳	284
刘瑞玲	285
蔡赛花	286
何可春	287
祝书琴	288
卢树楠	289
薛建铭	290
郭春珍	291

陈培臣	292
李得浓	293
辜柳希	294
金子松	295
陈绍明	296
陈培希	297
卢进文	298
卢臣扬	299
陈素民	300
郑庆明	301
郭少俊	302
辜培东	303
吴光让	304
吴维清	305
吴闻鑫	306
吴汉松	307
吴宏城	308
吴漫	309
卢芝高	310
苏镇湘	311
卢树生	312
卢锋	313
林汉彬	314
刘耀生	315
沈增华	316
林衡	317
黄韬	318
林瑜	319
黄秋权	320
杨绍武	321
谢湘明	322
叶天津	323
张湘明	324
纪丹蘋	325
张在跃	326

CHAOZHOU INTANGIBLE
CULTURAL HERITAGE LIST

黄伟雄	327
林红	328
林利飞	329
李光荣	330
方志伟	331
刘桂荣	332
李两丰	333
蔡小尹	334
石敬潮	335
郑和	336
陈仰泉	337
黄裕钢	338
黄明理	339
黄铭秋	340

传统技艺
Traditional Handicraft

叶竹青	341
谢金英	342
蔡禧平	343
蔡秋权	344

吴渭阳	345
吴学湘	346
叶岩峰	347
陈碧香	348
陈 坚	349
谢 华	350
吴瑞深	351
吴锦全	352
章燕城	353
章金财	354
陆树深	355
张瑞端	356
章广鑫	357
章海元	358
吴晗哲	359
吴为明	360
王龙才	361
陈钟鸣	362
吴维潮	363
吴映钊	364
陈 震	365
吴 勤	366
邢宋明	367
陈丹虹	368
吴淑云	369
王金良	370
林伟周	371
黄瑞光	372
叶汉钟	373
文国伟	374
陈玉春	375
林程辉	376
林步高	377
文锡誉	378
曾宏瑾	379

CHAOZHOU INTANGIBLE
CULTURAL HERITAGE LIST

蓝泽敏	380
黄佳海	381
方树光	382
刘宗桂	383
吴前强	384
郑著阳	385
陈俊生	386
苏培明	387
孙文生	388
苏和伟	389
方绍鹏	390
方绍金	391
方绍贤	392
柯仁勇	393
徐啸鸿	394
肖楚明	395
许秋泉	396
李楚良	397
陈树喜	398
杨启财	399
杨树雄	400
林仰青	401

陈伟华	402
王小荣	403
曾荣文	404
杨敏	405
陈应娥	406
许日存	407
黄树藩	408
邱凤青	409
黄树荣	410
蔡清权	411
杨婉如	412
蔡卫武	413
黄立武	414
林梓群	415
郭卓钊	416
庄沛锐	417
庄明辉	418

传统医药
Traditional Medicine

吴绍雄	419
陈锦荣	420

民俗
Folk Custom

陈香白	421
叶汉钟	422
李淡榆	423
游碧娜	424
王翠莹	425
龙素芳	426
王泽英	427
陈仁明	428

CHAOZHOU INTANGIBLE CULTURAL HERITAGE LIST

谢坤文	429
曾洁纯	430
蓝金炮	431
杨远	432
林柱州	433

附录
Appendix

中华人民共和国非物质文化遗产法	434
广东省非物质文化遗产条例	440
广东省省级非物质文化遗产代表性传承人认定与管理办法	447
中共潮州市委办公室 潮州市人民政府办公室 印发《关于进一步加强我市非物质文化遗产保护工作的实施意见》的通知	451

代表性项目及传承人总表

潮州市国家级、省级、市级各批次非物质文化遗产代表性项目

截至 2022 年 12 月，国家总共发布了 5 个批次的国家级项目，潮州有 17 个项目入选；广东省总共发布了 8 个批次的省级项目，潮州有 30 个项目（不包含国家级）入选；潮州市总共发布了 8 个批次的市级项目，共有 59 项（不包含国家级、省级）。依据各级各批次公布文件，潮州市市级以上 106 个项目要素如下表。

I. 民间文学（共计 3 项）

公布时间	项目编号	项目名称	申报地区或单位	级别、批次
2009 年 10 月 16 日		陈三五娘传说	潮州市湘桥区	第三批省级
2009 年 4 月 27 日		"打破鼓"传说		第三批市级
2015 年 11 月 10 日	I-18	潮州歌谣	潮州市湘桥区	第六批省级

II. 传统音乐（共计 4 项）

公布时间	项目编号	项目名称	申报地区或单位	级别、批次
2006 年 5 月 20 日	II-50	潮州音乐	潮州市	第一批国家级
2018 年 5 月 12 日	II-34	佛教音乐（潮州禅和板）	潮州市	第七批省级
2022 年 4 月 29 日	II-2	潮州音乐（潮州大锣鼓）	潮州市湘桥区	第八批省级（扩展项目）
2022 年 4 月 29 日	II-35	畲族民歌	潮州市潮安区	第八批省级

III. 传统舞蹈（共计 6 项）

公布时间	项目编号	项目名称	申报地区或单位	级别、批次
2006 年 5 月 10 日		潮州饶平布马舞	潮州市饶平县	第一批省级
2007 年 6 月 18 日		鲤鱼舞（潮州鲤鱼舞）	潮州市	第二批省级
2015 年 11 月 10 日	III-1	英歌（潮安文里英歌舞）	潮州市潮安区	第六批省级（扩展项目）
2018 年 5 月 12 日	III-3	麒麟舞（潮州麒麟舞）	潮州市潮安区	第七批省级（扩展项目）
2011 年 6 月 14 日		潮安舞龙		第四批市级
2013 年 6 月 8 日		潮安新义青狮舞		第五批市级

Ⅳ. 传统戏剧（共计 3 项）

公布时间	项目编号	项目名称	申报地区或单位	级别、批次
2006 年 5 月 20 日	Ⅳ-4	潮剧	潮州市	第一批国家级
2006 年 5 月 20 日	Ⅳ-92	木偶戏（潮州铁枝木偶戏）	潮州市	第一批国家级
2011 年 6 月 14 日		枫溪池湖提线木偶戏		第四批市级

Ⅴ. 曲艺（共计 2 项）

公布时间	项目编号	项目名称	申报地区或单位	级别、批次
2008 年 6 月 7 日	Ⅴ-34	歌册（潮州歌册）	潮州市	第一批国家级扩展项目
2017 年 4 月 6 日		潮州讲古		第七批市级

Ⅵ. 传统美术（共计 11 项）

公布时间	项目编号	项目名称	申报地区或单位	级别、批次
2006 年 5 月 20 日	Ⅶ-20	粤绣（潮绣）	潮州市	第一批国家级
2006 年 5 月 20 日	Ⅶ-40	潮州木雕	潮州市	第一批国家级
2006 年 5 月 20 日	Ⅶ-16	剪纸（广东剪纸）	潮州市	第一批国家级
2008 年 6 月 7 日	Ⅶ-47	泥塑（大吴泥塑）	潮安县	第一批国家级（扩展项目）
2008 年 6 月 7 日	Ⅶ-50	灯彩（潮州花灯）	潮州市湘桥区	第一批国家级（扩展项目）
2011 年 5 月 23 日	Ⅶ-91	镶嵌（潮州嵌瓷）	潮州市工艺美术研究院	第三批国家级（扩展项目）
2014 年 11 月 11 日	Ⅶ-112	抽纱（潮州抽纱）	潮州市	第四批国家级
2021 年 5 月 24 日	Ⅶ-20	粤绣（珠绣）	潮州市	第五批国家级（扩展项目）
2009 年 10 月 16 日		潮州麦秆剪贴画	潮州市湘桥区	第三批省级
2015 年 11 月 10 日	Ⅶ-37	潮州推光金漆画	潮州市	第六批省级
2022 年 4 月 29 日	Ⅶ-12	玉雕（潮州玉雕）	潮州市湘桥区	第八批省级（扩展项目）

Ⅶ. 传统技艺（共计 70 项）

公布时间	项目编号	项目名称	申报地区或单位	级别、批次
2008年6月7日	Ⅷ-96	枫溪瓷烧制技艺	潮州市枫溪区	第二批国家级
2014年11月11日	Ⅷ-218	潮州彩瓷烧制技艺	潮州市	第四批国家级
2014年11月11日	Ⅷ-98	陶器烧制技艺（枫溪手拉朱泥壶制作技艺）	潮州市	第四批国家级（扩展项目）
2021年5月24日	Ⅷ-271	潮州菜烹饪技艺	潮州市	第五批国家级
2009年10月16日		浮洋方潮盛铜锣制作技艺	潮州市潮安区	第三批省级
2012年2月21日	Ⅷ-54	铜铸胎掐丝珐琅器制作技艺	潮州市	第四批省级
2013年11月22日	Ⅷ-64	潮州金银錾刻技艺	潮州市	第五批省级
2013年11月22日	Ⅷ-74	乌龙茶制作技艺（潮州单丛茶制作技艺）	潮州市	第五批省级
2015年11月10日	Ⅷ-79	建筑木结构营造技艺（潮州传统建筑木结构技艺）	潮州市湘桥区	第六批省级
2018年5月12日	Ⅷ-90	凉果制作技艺（潮州佛手果老香黄制作技艺）	潮州市	第七批省级（扩展项目）
2022年4月29日	Ⅷ-3	漆器髹饰技艺（潮州漆器髹饰技艺）	潮州市潮安区	第八批省级（扩展项目）
2022年4月29日	Ⅷ-33	陶器烧制技艺（潮州炭炉制作技艺）	潮州市枫溪区	第八批省级（扩展项目）
2022年4月29日	Ⅷ-73	盐焗鸡制作技艺（饶平盐焗鸡制作技艺）	潮州市饶平县	第八批省级（扩展项目）
2022年4月29日	Ⅷ-81	糕点制作技艺（潮州腐乳饼制作技艺）	潮州市	第八批省级（扩展项目）
2022年4月29日	Ⅷ-90	凉果制作技艺（潮州九制金榄制作技艺）	潮州市	第八批省级（扩展项目）
2022年4月29日	Ⅷ-90	凉果制作技艺（潮州九制陈皮制作技艺）	潮州市潮安区	第八批省级（扩展项目）
2011年6月14日		潮州蜡石造型技艺		第四批市级
2015年5月18日		潮州鼻烟壶制作技艺		第六批市级
2019年1月16日		潮州老药桔制作技艺		第八批市级
2019年1月16日		潮州黄皮豉制作技艺		第八批市级
2019年1月16日		潮州柑饼制作技艺		第八批市级
2019年1月16日		潮州甘草水果制作技艺		第八批市级
2019年1月16日		潮州朥饼制作技艺		第八批市级
2019年1月16日		潮州绿豆糕制作技艺		第八批市级
2019年1月16日		潮州豆棒制作技艺		第八批市级
2019年1月16日		潮州酥糖制作技艺		第八批市级
2019年1月16日		潮州炖糕制作技艺		第八批市级
2019年1月16日		潮州红桃粿制作技艺		第八批市级

(接上表)

公布时间	项目编号	项目名称	申报地区或单位	级别、批次
2019年1月16日		潮州鼠壳粿制作技艺		第八批市级
2019年1月16日		潮州芝麻糊制作技艺		第八批市级
2019年1月16日		潮州粽球制作技艺		第八批市级
2019年1月16日		潮州牛肉丸制作技艺		第八批市级
2019年1月16日		潮式肉脯制作技艺		第八批市级
2019年1月16日		潮州鱼丸制作技艺		第八批市级
2019年1月16日		潮州鱼饺制作技艺		第八批市级
2019年1月16日		潮州鱼册制作技艺		第八批市级
2019年1月16日		潮州膀饺制作技艺		第八批市级
2019年1月16日		潮州牛肉火锅制作技艺		第八批市级
2019年1月16日		潮州糕粿制作技艺		第八批市级
2019年1月16日		潮州沙茶粿制作技艺		第八批市级
2019年1月16日		潮州春饼制作技艺		第八批市级
2019年1月16日		潮州鸭母捻制作技艺		第八批市级
2019年1月16日		潮州糯米猪肠制作技艺		第八批市级
2019年1月16日		潮州宵米制作技艺		第八批市级
2019年1月16日		潮州粿汁制作技艺		第八批市级
2019年1月16日		潮州鱼生制作技艺		第八批市级
2019年1月16日		潮州虾生制作技艺		第八批市级
2019年1月16日		潮州笋粿制作技艺		第八批市级
2019年1月16日		潮州水晶包制作技艺		第八批市级
2019年1月16日		潮州无米粿制作技艺		第八批市级
2019年1月16日		潮州菜头粿制作技艺		第八批市级
2019年1月16日		潮州糟肉制作技艺		第八批市级
2019年1月16日		潮州油粿制作技艺		第八批市级
2019年1月16日		潮州虾饼制作技艺		第八批市级
2019年1月16日		潮州金钱酥柑制作技艺		第八批市级
2019年1月16日		潮州麦烙制作技艺		第八批市级
2019年1月16日		潮州蚝烙制作技艺		第八批市级

(接上表)

公布时间	项目编号	项目名称	申报地区或单位	级别、批次
2019年1月16日		潮州落汤钱（糯米糍）制作技艺		第八批市级
2019年1月16日		潮州蜜饯地瓜制作技艺		第八批市级
2019年1月16日		潮州翻沙芋制作技艺		第八批市级
2019年1月16日		潮州凤凰浮豆干制作技艺		第八批市级
2019年1月16日		潮州薄壳烙制作技艺		第八批市级
2019年1月16日		潮州栀粿制作技艺		第八批市级
2019年1月16日		潮州朴枳粿制作技艺		第八批市级
2019年1月16日		潮州猪脚圈制作技艺		第八批市级
2019年1月16日		潮州草粿制作技艺		第八批市级
2019年1月16日		潮州咸水粿制作技艺		第八批市级
2019年1月16日		潮式卤水制作技艺		第八批市级
2019年1月16日		潮州九制话梅制作技艺		第八批市级
2019年1月16日		潮州大新溪村咸牛奶制作技艺		第八批市级

Ⅷ．传统医药（共计1项）

公布时间	项目编号	项目名称	申报地区或单位	级别、批次
2018年5月12日	Ⅸ-7	中医养生（潮州暑茶）	潮州市	第七批省级（扩展项目）

Ⅸ．民俗（共计6项）

公布时间	项目编号	项目名称	申报地区或单位	备注
2008年6月7日	Ⅹ-107	茶艺（潮州工夫茶艺）	潮州市	第二批国家级
2007年6月18日		畲族招兵节	潮州市	第二批省级
2007年6月18日		饶平彩青习俗	潮州市饶平县	第二批省级
2009年10月16日		潮州"出花园"	潮州市湘桥区	第三批省级
2012年2月21日	Ⅹ-3	庙会（潮州青龙庙会）	潮州市湘桥区	第四批省级（扩展项目）
2015年11月10日	Ⅹ-15	端午节（大城所端午游旱龙）	潮州饶平县	第六批省级（扩展项目）

潮州市国家级、省级、市级各批次非物质文化遗产项目代表性传承人

截止至 2022 年 12 月，国家总共发布了 5 个批次的国家级项目代表性传承人，潮州有 22 人入选；广东省总共发布了 6 个批次的省级项目代表性传承人，潮州有 55 人（不包含国家级）入选；潮州市总共发布了 7 个批次的市级项目代表性传承人，共有 134 名（不包含国家级、省级）。依据各级各批次公布文件，潮州市市级以上 211 名项目代表性传承人要素如下表（各批次排名不分先后）。

国家级（共计 22 名）

公布批次	项目名称	代表性传承人	公布时间
第一批	粤绣（潮绣）	林智成	2007 年 6 月 5 日
	潮州木雕	陈培臣	
	潮州木雕	李得浓	
第二批	潮州音乐	黄义孝	2008 年 1 月 26 日
	潮剧	陈鹏	
	潮剧	郑舜英	
	木偶戏（潮州铁枝木偶戏）	陈培森	
	木偶戏（潮州铁枝木偶戏）	丁清波	
第三批	泥塑（大吴泥塑）	吴光让	2009 年 5 月 26 日
	灯彩（潮州花灯）	林汉彬	
	枫溪瓷烧制技艺	王龙才	
第四批	镶嵌（潮州嵌瓷）	卢芝高	2012 年 12 月 20 日
	粤绣（潮绣）	孙庆先	
	粤绣（潮绣）	康惠芳	
	潮州木雕	辜柳希	
	枫溪瓷烧制技艺	吴为明	
第五批	抽纱（潮州抽纱）	蔡赛花	2018 年 5 月 8 日
	泥塑（大吴泥塑）	吴维清	
	灯彩（潮州花灯）	刘耀生	
	潮州彩瓷烧制技艺	谢金英	
	潮州彩瓷烧制技艺	叶竹青	
	陶器烧制技艺（枫溪手拉朱泥壶制作技艺）	谢华	

省级（共计 55 名）

公布批次	项目名称	代表性传承人	公布时间
第一批	潮州音乐	陈镇锡	2008年3月3日
	歌册（潮州歌册）	柯炳智	
	歌册（潮州歌册）	林少红	
	粤绣（潮绣）	李淑英	
	剪纸（广东剪纸）	叶天津	
	枫溪瓷烧制技艺	陈钟鸣	
	茶艺（潮州工夫茶艺）	陈香白	
	鲤鱼舞（潮州鲤鱼舞）	施策	
	畲族招兵节	蓝金炮	
	饶平布马舞	李蔚	
第二批	抽纱（潮州抽纱）	何可春	2011年1月27日
	剪纸（广东剪纸）	张湘明	
	陶器烧制技艺（枫溪手拉朱泥壶制作技艺）	吴瑞深	
	潮州菜烹饪技艺	方树光	
	潮州麦秆剪贴画	林利飞	
	浮洋方潮盛铜锣制作技艺	方绍鹏	
第三批	潮州音乐	余少莹	2012年12月3日
	潮剧	唐龙通	
	泥塑（大吴泥塑）	吴闻鑫	
	潮州木雕	金子松	
	灯彩（潮州花灯）	沈增华	
	潮州彩瓷烧制技艺	蔡禧平	
	枫溪瓷烧制技艺	吴维潮	
	枫溪瓷烧制技艺	吴映钊	
	茶艺（潮州工夫茶艺）	叶汉钟	
	潮州菜烹饪技艺	刘宗桂	
	潮州麦秆剪贴画	方志伟	
	铜铸胎掐丝珐琅器制作技艺	柯仁勇	
	饶平彩青习俗	陈仁明	
	饶平布马舞	黄耀好	

(接上表)

公布批次	项目名称	代表性传承人	公布时间
第四批	潮州音乐	丁广颂	2014年10月17日
	镶嵌（潮州嵌瓷）	苏镇湘	
	抽纱（潮州抽纱）	祝书琴	
	陶器烧制技艺（枫溪手拉朱泥壶制作技艺）	吴锦全	
	陶器烧制技艺（枫溪手拉朱泥壶制作技艺）	章燕城	
	潮州菜烹饪技艺	吴前强	
	潮州麦秆剪贴画	李光荣	
	乌龙茶制作技艺（潮州单丛茶制作技艺）	林伟周	
	乌龙茶制作技艺（潮州单丛茶制作技艺）	王金良	
第五批	潮剧	邱楚霞	2017年4月5日
	粤绣（潮绣）	卓桂芬	
	剪纸（广东剪纸）	纪丹蘋	
	粤绣（珠绣）	黄伟雄	
	英歌（潮安文里英歌舞）	杨泳龙	
	潮州推光金漆画	陈仰泉	
	建筑木结构营造技艺（潮州传统建筑木结构技艺）	肖楚明	
	潮州金银錾刻技艺	许秋泉	
	端午节（大城所端午节游旱龙）	杨远	
第六批	潮州歌谣	林朝虹	2020年4月10日
	佛教音乐（潮州禅和板）	释传然	
	潮州推光金漆画	黄裕钢	
	麒麟舞（潮州麒麟舞）	杨少双	
	浮洋方潮盛铜锣制作技艺	方绍金	
	凉果制作技艺（潮州佛手果老香黄制作技艺）	陈树喜	
	中医养生（潮州暑茶）	吴绍雄	

市级（共计 134 名）

公布批次	项目名称	代表性传承人	公布时间
第二批	潮州音乐	李泽英	2009 年 11 月 20 日
	泥塑（大吴泥塑）	吴汉松	
	鲤鱼舞（潮州鲤鱼舞）	石应瑞	
第三批	潮剧	郑壮桐	2012 年 3 月 21 日
	木偶戏（潮州铁枝木偶戏）	蔡名仁	
	木偶戏（潮州铁枝木偶戏）	陈镇楷	
	抽纱（潮州抽纱）	卢树楠	
	潮州木雕	陈绍明	
	陶器烧制技艺（枫溪手拉朱泥壶制作技艺）	章金财	
	枫溪瓷烧制技艺	陈震	
	潮州菜烹饪技艺	郑著阳	
	潮州麦秆剪贴画	刘桂荣	
	乌龙茶制作技艺（潮州单丛茶制作技艺）	黄瑞光	
	浮洋方潮盛铜锣制作技艺	方绍贤	
	铜铸胎掐丝珐琅器制作技艺	徐啸鸿	
	中医养生（潮州暑茶）	陈锦荣	
	饶平彩青习俗	谢坤文	
	潮州音乐（潮州大锣鼓）	杨俊成	
	"打破鼓"传说	钱明弟	
	潮安舞龙	许两声	
	潮安舞龙	杨耀钦	
	枫溪池湖提线木偶戏	谢林木	
	潮州蜡石造型技艺	杨树雄	
	潮州蜡石造型技艺	林仰青	
第四批	镶嵌（潮州嵌瓷）	卢树生	2014 年 3 月 26 日
	镶嵌（潮州嵌瓷）	卢峰	
	歌册（潮州歌册）	翁楚钿	
	歌册（潮州歌册）	陈锡权	
	泥塑（大吴泥塑）	吴宏城	
	泥塑（大吴泥塑）	吴漫	
	粤绣（潮绣）	洪虹	
	潮州木雕	陈培希	
	潮州木雕	卢进文	
	灯彩（潮州花灯）	林衡	
	陶器烧制技艺（枫溪手拉朱泥壶制作技艺）	陆树深	

(接上表)

公布批次	项目名称	代表性传承人	公布时间
第四批	陶器烧制技艺（枫溪手拉朱泥壶制作技艺）	章海元	2014年3月26日
	鲤鱼舞（潮州鲤鱼舞）	杨启钿	
	潮州麦秆剪贴画	李两丰	
	潮州麦秆剪贴画	蔡小尹	
	乌龙茶制作技艺（潮州单丛茶制作技艺）	叶汉钟	
	乌龙茶制作技艺（潮州单丛茶制作技艺）	文国伟	
	饶平彩青习俗	曾洁纯	
	潮州音乐（潮州大锣鼓）	施绍春	
	饶平布马舞	刘树钊	
	饶平布马舞	高秀贞	
	潮安新义青狮舞	曾培伟	
	潮安新义青狮舞	曾宪强	
	潮州蜡石造型技艺	陈伟华	
第五批	潮剧	李玉兰	2016年3月25日
	木偶戏（潮州铁枝木偶戏）	陈玲儿	
	粤绣（潮绣）	李晓丹	
	粤绣（潮绣）	佘可燕	
	潮州木雕	卢臣杨	
	潮州木雕	陈素民	
	潮州木雕	郑庆明	
	剪纸（广东剪纸）	张在跃	
	灯彩（潮州花灯）	黄韬	
	潮州彩瓷烧制技艺	蔡秋权	
	陶器烧制技艺（枫溪手拉朱泥壶制作技艺）	张瑞端	
	陶器烧制技艺（枫溪手拉朱泥壶制作技艺）	章广鑫	
	陶器烧制技艺（枫溪手拉朱泥壶制作技艺）	吴晗哲	
	枫溪瓷烧制技艺	吴勤	
	枫溪瓷烧制技艺	邢宋明	
	茶艺（潮州工夫茶艺）	李淡榆	

(接上表)

公布批次	项目名称	代表性传承人	公布时间
第五批	茶艺（潮州工夫茶艺）	游碧娜	2018年3月25日
	潮州菜烹饪技艺	陈俊生	
	潮州菜烹饪技艺	苏培明	
	粤绣（珠绣）	林红	
	潮州歌谣	丁丽曼	
	英歌（潮安文里英歌舞）	杨应锋	
	英歌（潮安文里英歌舞）	谢承华	
	潮州推光金漆画	黄明理	
	乌龙茶制作技艺（潮州单丛茶制作技艺）	陈玉春	
	潮州鼻烟壶制作技艺	蔡清权	
第六批	抽纱（潮州抽纱）	薛建铭	2018年7月2日
	粤绣（潮绣）	宋忠勉	
	粤绣（潮绣）	李静芳	
	粤绣（潮绣）	刘瑞玲	
	潮州木雕	郭少俊	
	潮州木雕	辜培东	
	灯彩（潮州花灯）	林瑜	
	灯彩（潮州花灯）	黄秋权	
	潮州彩瓷烧制技艺	吴渭阳	
	潮州彩瓷烧制技艺	吴学湘	
	潮州彩瓷烧制技艺	叶岩峰	
	潮州彩瓷烧制技艺	陈碧香	
	潮州彩瓷烧制技艺	陈坚	
	茶艺（潮州工夫茶艺）	王翠莹	
	茶艺（潮州工夫茶艺）	龙素芳	
	潮州菜烹饪技艺	孙文生	

(接上表)

公布批次	项目名称	代表性传承人	公布时间
第六批	潮州歌谣	丁怀宇	2018年7月2日
	漆器髹饰技艺（潮州漆器髹饰技艺）	许日存	
	潮州麦秆剪贴画	石敬潮	
	潮州麦秆剪贴画	郑和	
	乌龙茶制作技艺（潮州单丛茶制作技艺）	林程辉	
	乌龙茶制作技艺（潮州单丛茶制作技艺）	林步高	
	乌龙茶制作技艺（潮州单丛茶制作技艺）	文锡誉	
	潮州金银錾刻技艺	李楚良	
	畲族民歌	雷楠	
	畲族民歌	雷楚良	
	潮州音乐（潮州大锣鼓）	王茂标	
	潮州音乐（潮州大锣鼓）	谢楚伟	
	陶器烧制技艺（潮州炭炉制作技艺）	黄树藩	
	陶器烧制技艺（潮州炭炉制作技艺）	邱凤青	
	端午节（大城所端午节游旱龙）	林柱州	
	糕点制作技艺（潮州腐乳饼制作技艺）	杨敏	
	糕点制作技艺（潮州腐乳饼制作技艺）	陈应娥	
	潮州讲古	庄明炯	
	潮州蜡石造型技艺	王小荣	
	潮州蜡石造型技艺	曾荣文	
第七批	潮州音乐	陈邦煌	2021年11月29日
	潮州音乐	庄楷伟	
	抽纱（潮州抽纱）	郭春珍	
	枫溪瓷烧制技艺	吴淑云	
	枫溪瓷烧制技艺	陈丹虹	
	茶艺（潮州工夫茶艺）	王泽英	
	潮州菜烹饪技艺	苏和伟	
	潮州推光金漆画	黄铭秋	
	乌龙茶制作技艺（潮州单丛茶制作技艺）	黄佳海	
	乌龙茶制作技艺（潮州单丛茶制作技艺）	蓝泽敏	
	乌龙茶制作技艺（潮州单丛茶制作技艺）	曾宏瑾	
	凉果制作技艺（潮州佛手果老香黄制作技艺）	杨启财	
	凉果制作技艺（潮州九制陈皮制作技艺）	蔡卫武	

(接上表)

公布批次	项目名称	代表性传承人	公布时间
第七批	凉果制作技艺（潮州九制陈皮制作技艺）	杨婉如	2021年11月29日
	玉雕（潮州玉雕）	杨绍武	
	玉雕（潮州玉雕）	谢湘明	
	潮州酥糖制作技艺	黄立武	
	潮安舞龙	杨伟财	
	潮州鼻烟壶制作技艺	黄树荣	
	潮式肉脯制作技艺	庄明辉	
	潮式肉脯制作技艺	庄沛锐	
	潮式卤水制作技艺	郭卓钊	
	潮州菜头粿制作技艺	林梓群	

传承项目

LEGACY PROJECT

民间文学

FOLK LITERATURE

陈三五娘传说

"陈三五娘"是一个广泛流传于粤东(今潮州、汕头、揭阳、汕尾)及闽南的美丽传说，始于历史故事，后来演化为戏曲，戏曲故事又使民间传说更富有传奇色彩。

历史上的陈三是福建泉州河市人，五娘是潮州府城(今湘桥区)人，传说中的五娘跟随陈三最后来到泉州。在陈三的家乡河市一带，还流传着与陈三五娘有关的风物和故事。据清海阳人郑昌时《韩江闻见录》记述，泉州书生陈三送嫂赴广南兄之任所，路经潮州，邂逅黄九公之女五娘，一见钟情，决意求婚，与当地武秀才林大阊（谐称林大鼻）发生纠葛，几经曲折，终成眷属。从历史故事到民间传说，再到戏剧歌册，陈三五娘传说不断充实。

陈三五娘传说具有文学价值、人文价值和民俗价值。与中国四大民间传说白蛇传、天仙配、孟姜女、梁祝的爱情悲剧不同，为追求美好爱情，陈三以一介书生，隐瞒身世，甘心为奴三年；黄五娘敢于与封建礼制决裂，与心爱的人私奔，有情人终成眷属，以另一种形式表达与命运抗争的精神，寄托对美好爱情的向往，给人以美的享受。

陈三五娘传说是中国文学宝库中的一块瑰宝，其思想内容同人民大众的情感相通，在海内外，尤其是包括港澳台在内的闽南语系(潮州话)文化群体，有广泛影响。自明末至今，它经老百姓以及专业艺术家用歌谣、说唱、故事、小说、戏曲、歌剧、电影、舞蹈、版画、年画、连环图等形式广泛传播，形成了一个"陈三五娘文化圈"。20世纪60年代，潮剧《荔镜记》搬上银幕，陈三五娘传说在潮州，乃至包括港澳台在内的潮语文化圈以及东南亚等地，更是家喻户晓。

陈三五娘传说这一项目，于2009年入选广东省第三批省级非物质文化遗产代表性项目名录。

潮州歌谣

潮州歌谣是以潮州方言为载体，流行于广东潮州、汕头、揭阳、汕尾中部及海外潮人聚居地的民间歌谣。潮州歌谣因历史记载阙如无法追溯其起源，但至迟到宋代已有畲歌和疍歌的出现。明清时期关于潮州歌谣的描述见于各种文献，明末屈大均《广东新语》（卷十二）"粤歌"条云："潮音似闽，多有声而无字，有一字而演为二三字，其歌轻婉，闽、广相伴。中有无其字而独用声口相授，曹好之以为新调者，亦曰畲歌。农者每春时，妇子以数十计，往田插秧，一老挝大鼓，鼓声一通，群歌竞作，弥日不绝，是曰秧歌。"

潮州歌谣按内容可分为爱情歌、时政歌、生活歌、过番歌、仪式歌、滑稽歌、儿童歌和风物歌八种。其中过番歌是指在粤东地区或境外潮人社区流传的潮语族群到海外谋生为主题的民间歌谣，是先辈们移民南洋的共同记忆。仪式歌分为嫁娶歌、请神歌和丧事歌三类，反映了一定历史时期潮语族群的民风民俗以及百姓的信仰追求和文化心态，具有丰富的民俗文化内涵。潮语滑稽歌是指为使紧张生活舒缓而以游戏的态度去嘲讽、打趣人事和物态的丑拙与乖讹的潮语歌谣，分为讽刺歌、诙谐歌和戏谑歌三类。潮州歌谣大量使用古语词、土语词和外来词，具有古朴典雅、浓郁乡土气息和海洋文化韵味的风格特征。潮州歌谣不用讲究平仄，但力求押韵、节奏明快、叠音优雅等声律之美。其句式灵活，广泛使用重叠、起兴、顶真、比喻、对比、铺排、比拟、夸张修辞手法。

潮州歌谣反映了当地劳动生产、生活民俗、礼仪礼俗、节日喜庆、民间信仰、传统工艺、游艺、谜艺等民俗的方方面面，具有鲜明的民系族群地域特征，具有较高的文学价值、语言价值、民俗价值和教育价值。

近现代以来，潮州歌谣可谓家喻户晓、老少咸宜，但是自20世纪80年代起，由于人们的审美水平不断提高，以及各种娱乐形式应运而生，潮州歌谣这种古老的艺术形式受到冲击，很少有人创作和演唱。潮州歌谣陷入生存困境，处于濒危状态，很多民间艺人正在寻求创新与发展，以进一步抢救与保护这一民间文学形式。

民间文学 Folklore Literature

潮州市非物质文化遗产名录图典

"打破鼓"传说

"打破鼓"传说源于饶平县三饶镇,是流传 300 多年脍炙人口的故事,闻名于粤东、闽南、港澳台、东南亚一带。

明末清初,三饶城宫楼人氏黄勤饶(乳名阿三),为人正直仗义,常往来江西樟树镇做生意。某年于樟树镇客栈柴房偶遇鬼魂莫二娘,得知同是三饶商人的吴生(排行老二,人称吴二)枭情绝义,骗取莫二娘感情和钱财,回家买田置地,建造华屋,成为暴发户,却违背迎娶诺言,一去杳杳。二娘自知受骗,本想找吴生算账,却一病难愈,愤急交加,含冤而亡。黄勤饶打抱不平,发誓要为二娘讨回公道。历尽艰辛、曲折,仗义助力,带二娘搭船前来三饶,直奔吴生用骗取莫二娘金银财宝建造的豪宅"日庆居"申冤锄奸。吴生惊恐,暴毙而死。莫二娘报仇雪恨,冤魂仍驻留吴家不愿离去,吴家请法师驱鬼直至把大鼓打破,仍无法将莫二娘鬼魂赶走。后吴氏族人遂将此屋卖给黄家,黄家在大屋东北角留一房间,安置床帐妆台用物给二娘"居住"。后人因此将大屋叫作"打破鼓",以后逐渐流传成为民间津津乐道的惩恶扬善的故事。其遗址至今还留存完好,正座三厅二天井,前有围墙屏障,左侧开大门,门额书"日庆居",颇有气派。只是安置祭祀莫二娘的灵堂房间被土墙围蔽。

"打破鼓"传说教育意义明显,离奇的情节叙述感人,开阔了民间文学体裁,人物、故事驰骋想象,不失自身逻辑性,也符合人情事理,以真有其人其事其境,在诸多民间传说中独具一格。传说经不断充实,衍生了曲艺、戏剧、歌册等文艺形式。以传说为素材,演绎了赎身、招婿、受骗、母丧、饮恨、柴房会、引魂、报仇等情节的八幕潮剧《打破鼓》,为传说广为流传发挥了重要作用。其中的折子戏《柴房会》塑造并赞美了剧中人李老三见义勇为、惩恶扬善的义举,鞭挞了反面人杨春忘恩负义、伤天害理的丑行。由于演员的舞台表演生动诙谐,情节悬念曲折,使传说人物形象更加立体饱满,引人入胜。表达了人们追求诚信笃实、扶正祛邪的良好愿望,对于弘扬社会正气具有积极作用。

潮州音乐

潮州音乐，简称"潮乐"，是主要流传于广东潮汕地区，用各类民间乐器演奏的传统乐曲的总称。潮州音乐以其表演形式灵活多变而享誉海内外，有"唐宋遗音，华夏正声"之称。除潮州外，潮州音乐还广泛流行于闽南、粤东、广州、上海、台湾、香港、澳门各地及东南亚各国和潮人聚居地。潮州市是潮州音乐的传播中心和发祥地，其源头可追溯到唐宋之际，至明清时期发展成熟。

潮州音乐源于当地民歌、小调，并吸收弋阳腔、昆腔、秦腔、汉调、道调和法曲诸乐的素材，兼容并蓄，自成一类。它蕴藏丰富，品种繁多，大致可分为广场乐和室内乐两大类。前者包括潮州大锣鼓、外江锣鼓乐、潮州小锣鼓、潮州花音锣鼓、潮州八音锣鼓，后者包括笛套古乐、潮州弦诗乐、潮州细乐、潮州庙堂音乐等。潮州音乐内涵丰富，既能表现小桥流水式的休闲韵味，又能演绎史诗般气壮山河。潮州音乐所独有的"二四谱"是古老的谱式，在其独特的律制中，"si""fa"二音的灵活变化，体现了潮乐独特的韵味，同时形成潮乐轻六、重六、活五、反线等多种调式，演奏上强调充分发挥作韵和即兴加花两种技法。潮州音乐常用的乐器有 20 余种，最具有本地特色的是二弦、唢呐、深波等。代表性曲目有《抛网捕鱼》《双咬鹅》（大锣鼓），《昭君怨》《小桃红》（细乐），《晏灯楼》（苏锣鼓）等。潮州音乐的乐器组合、演奏技巧、曲式结构、变奏手法都具有其独特章法和美学依据，是一笔非常宝贵的音乐文化遗产。

由于历史和经济原因，潮州音乐已出现逐渐衰落的态势，历史资料散佚，艺术人才老化等问题，无不制约着潮州音乐的传承和发展。因此，亟待有关方面进一步加大保护力度，使之成为优秀文化园苑中一枝永开不败的花朵。

潮州音乐项目已于 2006 年入选第一批国家级非物质文化遗产代表性项目名录。

佛教音乐（潮州禅和板）

潮州佛乐——禅和板，又名善和板、开元板。因古称学禅之衲子为"禅和子"，僧具六和之义，故曰"禅和"。而"善和"者，则"禅"与"善"二字，潮音相同，唯平仄轻重而已。据《根本说一切有部毗奈耶杂事》（卷四），谓佛世有罗汉名善和，作吟讽声赞诵经法，其音清亮，上彻梵天，时有无数众生闻声音，悉皆种植解脱分善根，乃至傍生禀识之类，闻彼声者，无不摄耳听其妙音。如胜光王乘白莲花象经逝多林外，象乃摇耳举足而行。佛尝于众中称赞善和比丘诵经音声，于诸声闻弟子中最为第一。所以后人以"善和"二字名此板也。又据开元寺耆考相传，谓此板系清乾隆元年丙辰（1736），惠潮嘉道宪庞屿·延罗浮山华首台密因和尚来潮中兴开元寺时所传来者，故又名开元板。

潮州佛乐——禅和板，自清乾隆元年（1736）由罗浮山华首台传至潮州，迄今已有250年。它是一个完整的佛乐唱腔系统，有八九十首乐曲。禅和板唱腔，它发源于广州地区，包含着极其浓烈的广东地区音乐风韵，又在有"广东音乐之乡"称号的潮州生根开花，所以又极具潮州地方风格。

潮州佛乐——禅和板，形式多样，内容丰富。它包括了佛教法事中的《大供灵》《诸天菩萨宝忏》《大悲忏》等多种仪规形式，现有传承佛乐曲80多首。禅和板的诵唱形式严肃规整，人数可多可少，不受限制。它的唱腔优美而不妖冶跌宕，平缓悠扬。节奏规整有序，旋律典雅优美。令唱咏或听者心旷神怡，如入仙境，忘却辛劳与痛苦，是潮州佛教界，乃至中国佛教界之佛乐宝库中的一颗璀璨明珠。

潮州市非物质文化遗产名录图典

传统音乐 Traditional Music

潮州音乐（潮州大锣鼓）

潮州大锣鼓，是潮州民间最普遍的乐种之一，具有浓郁的地方色彩和深厚的群众基础。由历代相沿的鼓吹乐类演变而成，它是一种民间器乐演奏艺术，最早流传于潮州，广泛流传于潮汕地区、闽南一带以及东南亚等潮人聚居的地方。

鼓乐自古有之，潮州大锣鼓乐作为中国民间音乐的一部分，历史悠久，源远流长。唐韩愈《韩昌黎文集》中记载唐代潮州民间祭神场面："吹击管鼓，侑香洁也""躬斋洗，奏音声"。从这一描述中，说明鼓乐艺术形式在唐代潮州的普及已具有一定规模。在历史长河中，潮州大锣鼓等潮州民间音乐先后承受了唐、宋的燕乐、法乐；宋、元的南戏（弋阳、昆腔等），明、清的正字、潮音、西秦、外江诸多剧种音乐的熏陶和影响，在不断兼收并蓄之下，形成了今天这种既具本地区独特艺术风格，又存外来音乐原作而形成的多姿多彩的民族民间艺术。

潮州大锣鼓的演奏，以司鼓（指挥者）为中心，司鼓者以鼓的音响和双槌的动作手势作自我演奏和乐队的指挥。管弦部分是由唢呐或二弦领奏，形成了独具一格的鼓乐齐鸣形式。经过不断的创造发展，形成了多种锣鼓类型：以击鼓为指挥的打击乐和管弦乐形式的大锣鼓；吸收潮州戏曲锣鼓音乐而形成的潮州小锣鼓；来源于外江戏的潮州苏锣鼓；潮州鼓畔音乐（庙堂音乐的一种锣鼓形式）。

潮州大锣鼓的演奏，包括大鼓的鼓心、鼓沿、轻击、重击、响击、闷击以及鼓的部位与击法的组合，到目前为止有30多种不同的音响组合变化，司鼓指挥的动作手势也有40多种。演奏编制在50人左右，表演的时候可围坐演奏，也可行进演奏，其组合形式多变，演奏内容丰富多彩。传统演奏形式分"长行套"和"牌子套"，"长行套"常见于节日盛会、游神祭祀的游行场面，常常演奏一些"长行鼓点""二板吹套""三板锣鼓"；"牌子套"是由许多不同的牌子曲连缀而成的，大多是以历史题材为内容的成套曲目。

潮州大锣鼓历史悠久，对于研究我国音乐史具有重要的历史价值。潮州大锣鼓具有鲜明的地方特色，融中原文化与土著文化于一体，是潮州文化的重要组成部分，又是展示潮州文化的载体。潮州大锣鼓植根于民间，为群众所喜闻乐见。同时，它也是联结海内外乡情的重要纽带，被誉为乡音。潮州大锣鼓作为一种丰富群众文化生活、寓教于乐的文化形式，对于弘扬中华美德、潮州时代精神起着重要的作用。

潮州大锣鼓音乐艺术是中国传统民族音乐的一部分，是世界民族音乐宝库中自成体系的一个优秀乐种。

潮州市非物质文化遗产名录图典

传统音乐
Traditional Music

畲族民歌

畲族是潮州唯一的、先于汉人在潮州聚居的少数民族，以大分散小集中的形式分别居住于凤凰山区的八个自然村中，人口仅2000多人。据史料记载，畲族早在唐宋之前就是潮州的先民，后来因各种原因逐步移居外省。至今，粤外各地的畲族同胞仍念念不忘凤凰山，公认凤凰山是他们民族的发祥地、始祖开基地。凤凰山在畲民中享有崇高的声誉。

畲民创造了丰富多彩的民族文化，并深深地影响着潮州文化，许多已融合到潮州的音乐、戏剧、歌谣之中，其中畲歌尤为突出，它是与语言同生的一门艺术。

畲族人喜欢唱歌，是一个以歌代言的少数民族。畲歌是畲族主要的口头文学，因为畲族没有自己的文字，只能口传心授。借用汉字记录。他们以歌代言，以歌为文，称歌唱为"歌言"。因此，内容包含面很广，追忆历史，以歌吟诵；小说故事，以歌讲述，以歌劝世，以歌晓志；生产劳动，以歌消累，迎宾送客，以歌相贺；男女之间，以歌传情。婚丧喜庆，典仪礼俗，皆有歌，即"凡事凡物皆有歌，托物起兴"。可谓是一个歌的民族。据已收集到的内容可分为历史传说歌、劝世歌、情歌、劳动生活歌和杂歌五大类型。

畲族有"歌是原底祖公造"之说，这充分说明了畲歌的历史性。又有志载："畲歌是凤凰山畲民插秧的歌，盖劳者感咏，所以忘倦，潮州人效法也，遂播于全境。"饶宗颐编的《潮州风俗志：卷八娱乐种别》对"畲歌"和"逗畲歌"作了专卷著述："辉东谨案：粤民著籍、肇自秦戍五岭，潮州蕃衍盛于唐代总章，颂之志乘，潮州土著，本多畲民，所有歌词留传后世甚多。"又说："潮州的土著，陆为畲民，水为疍户，畲歌疍歌是最纯粹地方性的潮歌，亦为潮歌的主流。今日的潮州民谣，犹有概称作畲歌的。"

群众性是畲歌特点之一，《潮州志》载："清晨月夜，常听见村人或黄口孺子在斗口竞唱，俗称'斗畲歌'。"这种以现代语言群众性歌唱的形式，体现了歌唱与语言的一体化，具有口头性、群众性和传承性。

畲歌还保留了诗经重章叠句的文学特色，它在音调结构上仍保存着的以二声腔、三声腔和四声腔音调结构，独无完全的五声腔音调的音乐特点，是我国南方百越民族的一种原生态民歌音乐形式，也是一种古典民歌形式的化石，以及它的"托物起兴，触物兴怀"充分显示民族智慧的创作手法多种多样的修辞手法，无不体现着重要的文学研究价值。

在畲族文化逐渐为汉人文化所消解、畲族语言也逐渐消失的今天，抓好畲歌的复活、传承工作，不仅有利于增强民族的意识、有利于民族语言的传播延续，对于打造潮州历史文化名城这块牌子，也具有相当重要的意义。

传统舞蹈

TRADITIONAL DANCE

鲤鱼舞
（潮州鲤鱼舞）

潮州鲤鱼舞主要分布在潮州市城区、枫溪区、潮安区及饶平县一带。明代潮剧戏文《荔镜记》中已有舞鲤鱼的场面描述，距今至少有 400 年的历史。

相传潮州鲤鱼舞起源于神话和传说。一传说盘古开天辟地时，鲤鱼领头寻找水源，为不忘鲤鱼的功劳，每逢农历正月初四祭神时，民间就以舞鲤鱼作为纪念。又传说是韩愈被贬潮州后，为百姓驱除了鳄患，民间便编排了鳄鱼舞以示纪念，后逐渐衍变为鲤鱼舞。后一种讲述似更有可信性，因为道具造型中仍保留有鳄鱼形象的明显痕迹。

潮州鲤鱼舞的道具造型和表演都有较为固定的形制。道具鱼共 5 个。"头鱼"为鳄头鱼身造型，其余皆鲤鱼造型，5 名男性各持一个跳跃表演。舞蹈动作为民间称为"十二变"的固定表演形式，即由舞者模拟鲤鱼的姿态和习性，以行鱼、饮马、抢食、颤鱼、穿莲、平鱼、比目、画眉、画眉纺花、降土、枝香、相鱼 12 套富于变化的动作，表现鲤鱼在水中畅游、嬉戏、觅食、飞跃、翻腾等种种生活习性，直至舞蹈高潮的跳龙门。舞时，舞者双手动作幅度较大，步法则以"圆场步"为主，配合跪地、抬腿、跳跃等，动作刚劲有力、粗犷奔放，不仅具有南派武功的特点，且整个舞蹈节奏强烈、一气呵成，具有男子汉的阳刚之气。

舞蹈以潮州大锣鼓的打击乐伴奏，主要乐器有大鼓、大锣、大钹、苏锣、深波、钦仔等，常用曲牌有《乱锣》《水鬼母》《贼锣》《猛拗槌》《洗钹》《大锣大炮》《龙摆尾》等。乐队由司鼓指挥，视演员动作和队形变化指挥换奏曲牌。

潮州鲤鱼舞不仅经历了表演形态的衍变，其寓意也由较为单纯的纪念性逐渐演变为"年年有余"（余，鱼谐音）的吉庆象征，并成为潮州各种酬神游神仪式中与狮舞、龙舞并重的习俗舞蹈。鲤鱼舞所蕴含的人文精神、历史观念、文化信息，对研究民间舞蹈艺术、民间文学与民俗民风的关系及自身的流变等，均有重要价值。

随着岁月流逝，潮州鲤鱼舞正面临承传的困境，目前，能掌握传统鲤鱼舞技艺的人已寥寥无几，亟须有关部门采取有效措施加以保护。

潮州饶平布马舞

潮州饶平布马舞相传始于宋末元初，时有饶州（今江西省上饶市）制陶师傅来饶平传授陶艺，因受宋高宗赵构泥马渡河传说，及饶平民间为纪念文天祥高中状元，而装扮状元骑彩缎泥马造型供民众观赏的启发，遂将民间有关马的舞蹈编排为节目，在瓷乡九村（今饶平新丰镇）一带，于春节、元宵及各类庆典活动中表演，后逐渐衍化为布马舞并流传到饶平各地，主要分布于新丰、黄冈等乡镇。

潮州饶平布马舞为大道具舞蹈。主要道具"布马",长 1.2 米,宽 0.5 米,头长 0.45 米,颈高 0.47 米。马身中间留约 0.4 米的空洞,以便舞者套入操纵。用不同颜色的布料制成不同的马具外套,套入舞者双脚,只显出虚拟的马腿造型,让观赏者有较逼真的马形之感。舞式以文舞为主,如《状元游街》《六国封相》等。布马舞舞步徐缓,舞姿温文,布马舞传统上由 9 骑或 11 骑列阵表演,后在传承中又增至 20 骑,舞蹈《辞郎洲》甚至还增达 24 骑的宏大阵容,以表现悲壮激越、气势磅礴的宏大场面。布马舞的动作,主要有"抖鞭走马""跳转身""抽鞭纵跳""扬鞭跑马"等。队列图形有"长蛇开阵""闯跳四门""传花编索""粉蝶采花"等样式,其中又可变化出"乾坤壁垒""双八卦阵""跳月走边""双龙摆尾"等阵势。以舞蹈动作和队形构图的灵活多变为特征,呈现出一幅幅人马合一、群马奔腾、威武雄壮的艺术图景。

潮州饶平布马舞的音乐伴奏,已由早期的汉乐大八音锣鼓配大唢呐演变为潮州大锣鼓配管弦乐,并采用潮乐曲牌。乐队阵容壮观,多至 47 人或 55 人,极大地增强了舞蹈的恢宏气势和感染力。

潮州饶平布马舞有较为独特的历史渊源,也具有鲜明的舞蹈个性和地方特色。但由于经济原因的制约和表演队伍老化,目前传承和发展举步维艰,亟待加以扶持和保护。

英歌
（潮安文里英歌舞）

英歌舞是一种融戏曲、武术搏击等于一体的民间舞蹈，盛行于粤东地区，是当地逢年过节或吉祥喜庆日子中必不可少的艺术表演形式，具有深厚的群众基础。潮安文里英歌舞，是粤东地区英歌舞的典型代表之一，主要流传于潮安、饶平等地。

潮安文里英歌舞的主要道具为英歌槌，长度一般为 40~66 厘米。英歌舞主要以《水浒传》梁山泊好汉的英雄故事来表演歌舞。表演人数最多不超过 108 人，以合 108 好汉之数。潮安文里英歌的内容与潮汕其他地区大致相同，主要表现梁山

好汉化妆攻打大名府、营救卢俊义的故事，其主要情节有下山打探、急水渡泊、化妆卖艺、乘机闯府、救卢出府、英雄会师、凯旋归山、欢庆团圆等。在明快的音乐节奏中，舞蹈演员边舞边吼，虎虎生威，且在舞动过程中不断变换队形，组合成"天罡图""满天里""双金钱""众星捧月""打中街""双龙吐瑞"等阵形。潮安文里英歌舞动作，主要有洗街、藏剑，单、双镖枪，背槌，过跨，勾脚等。舞者们手持英歌槌交错翻转叩击，其动作豪放、阳刚威武，配合着震天的鼓声、英歌槌猛击的声音，用刚劲、雄浑的脚步，展示出不可遏制、直冲九霄的力量与豪情。

　　潮安文里英歌舞将疾恶如仇、除暴安良的梁山泊英雄好汉形象，与潮汕民间驱邪除恶、迎祥接福的社会祈愿联系起来，对于抵制不良社会风气，构建社会主义和谐社会具有一定的促进作用。英歌舞不仅充实着群众的娱乐生活、强健着人们的体魄，也能够通过阳刚的舞蹈激发起民族的自信心和自豪感。潮安文里英歌舞在地方社会发展中发挥着寓教于乐、传承文化、健身娱心的社会功能。

麒麟舞
（潮州麒麟舞）

　　潮州麒麟舞历史久远，极具潮州地方特色。潮州市潮安区庵埠镇文里村村民出于"麒麟送子"的吉祥愿望，敬仰麒麟，崇拜麒麟，喜欢麒麟，从而形成了具有浓郁乡土特色的民间舞蹈——麒麟舞。

　　文里麒麟造型独特，由麒麟头、麒麟被（身）和麒麟尾巴三个部分组成。麒麟头是用翠竹和铁丝绳手扎框架，再用藤线捆紧，以优质木棉布料糊面，配上头顶双角，嘴巴和耳朵周围点缀绒毛。尤注重眼睛圆而有神，可以眨眼，使其神态变化各异，生动有趣。

　　麒麟舞动作幅度大，要求扮演者具有较高的武术功底。文里村中很多擅长武术的村民被吸收到麒麟舞队中来，拥有很好的群众基础。

　　表演套路分为：头套和尾套，头套主要由探路、逛花园、乌鸦晒翅、瞌睡、挠耳、洗脚、洗身七个环节组成；尾套主要表现麒麟游花园，由寻青、闻青、惊青、踢青、找青、逗青、吃青、吐青八个环节组成。所谓"青"就是树枝绿叶，一般选的是翠绿的龙眼树枝。麒麟舞者作天宫东南西北四个方向舞蹈，以表天下太平康乐之意。

中间梳洗舞蹈动作，则模仿猫、狗动物舔脚、梳头、抖身、摇尾，甚至用脚挖耳朵、咬身上的虱子等姿态。巡城的动作主要有大花、小花，大花是麒麟的双脚腾跃，动作幅度大，表现出麒麟的威猛；小花是麒麟单脚提立小幅跳跃，表现出麒麟的灵活机警。最后，麒麟巡城（游花园）——寻青、惊青、闻青、试青、采青——护青、逗青、失青、找青——引青、找青、踢青、吃青、吐青、游花园，以赐福人间结束。

尾套动作主要有腾跃、翻滚、甩头、咬尾、逗尾、踢青等。腾跃就是麒麟向前跳跃、跨扑。翻滚就是麒麟头尾同时在地上滚动。甩头就是麒麟向左右回头，向前后张望。分别表现出麒麟的惊、疑、怒、喜等表情。咬尾就是麒麟头突然转侧，一脚跨过身子，咬向尾巴，这个动作在引青找青时用。因为传统的舞麒麟除了头尾两个演员外没有第三者表演，所以舞麒麟尾的演员就得"偷"麒麟头的"青"藏起来，并和麒麟头相互引"青"和逗"青"，一人兼具两种角色。

麒麟舞辅以潮州大锣鼓和潮州音乐伴奏，气势恢宏磅礴、节奏热烈，场面生动有趣，富有潮州地方特色和艺术特点，兼具观赏性和趣味性。目前共编排有6套作品，分别是"五福临门""欢舞麒麟好梦圆""炫舞麒麟祈吉祥""欢舞麒麟""麒麟献瑞""盛世麒麟"。

文里麒麟舞具有促进社会和谐与安定团结的积极意义，并在海内外卓有影响，对连接海外侨胞有重要的桥梁作用。

潮安新义青狮舞

潮州舞狮民俗由来亦久，世传自李唐时期即有舞狮之举，旨在迎八方贵宾。其中"青狮"独具一格，表演由"狮头""狮尾"二人组成，相互配合，动作协调，形象地表现出狮子惊、疑、喜、怒等生活习性，动作刚劲有力、粗犷奔放，舞时用潮州大锣鼓伴奏，更显气势恢宏。

青狮的主要动作共有18节，依功夫深浅由1—18。18节动作的名称是：1.狮咬脚，2.狮要虱，3.睡狮，4.狮翻身，5.踏七星，6.踩八卦，7.狮过桥，8.耍狮，9.救狮，10.桌上功夫，11.桌上探井，12.狮切血，13.咬水果，14.抢金钱，15.咬青，16.狮接礼，17.拜庙，18.四门到底。

舞青狮有三要求：1．神情的表达：对狮子的生态习性、惊疑喜怒等一切动作的模仿，都必须惟妙惟肖。2．立威：无论文、武狮，迈步不能太夸张，做到柔驯与勇猛结合，使形象栩栩如生。3．要糅合习俗礼仪：突出中国固有的文化特质，并将之表露无遗。

青狮的舞法大致可分为：传统地面及特技狮两大部分。传统的地面狮，若依整套舞法来说，则从狮出洞说起，配合大头佛俏皮又可爱的动作，整个剧情表演下来，需要将近一个小时，俨然一出舞台剧。而常看到的舞狮表演，大都只是将整套表演当中的一部分撷取出来，至于如何组合运用，全靠舞狮者的灵活铺排。

青狮表演融舞蹈、杂技、武术于一体，配以气势磅礴的潮州大锣鼓，将狮子昂首腾跃、威风凛凛的百兽之王形象表现得惟妙惟肖、淋漓尽致。青狮舞表演，是广大群众喜闻乐见的一项民间优秀传统舞蹈艺术。

青狮寄托着人们驱魔避邪、纳福迎祥的美好愿望。在佛教的典籍中，青狮是文殊菩萨的坐骑，与普贤菩萨的坐骑白象齐名，为佛教的两大神兽。故在潮汕民间只要有国家庆典、神诞祭典、春节开业、进宅奠基、迎神赛会等各种庆典，都有舞青狮的习俗，以祈求国泰民安、风调雨顺、万事如意。

青狮极具地方乡土特色，在潮州历史及现代的民间舞蹈中有不可代替的地位和历史价值。舞青狮时粗犷奔放、节奏强烈、气势恢宏，尤适合于活跃喜悦气氛、激发人们斗志、振奋精神。青狮武术刚柔并济，适合中青年锻炼以起到强身壮体的目的，加上表演地点灵活，舞台、操场、街道、广场均可，人数也可多可少，很适合大众娱乐，它是开展社区文化、广场文化活动的理想形式之一，具有实用价值。青狮的制作是集于潮州民间艺术于一身，其中包括雕刻、刺绣、绘画，一头狮子也是一件艺术品，有着较高的艺术价值，值得传承保护和发展。

潮安舞龙

潮安舞龙活动主要流传于彩塘镇和龙湖镇，以彩塘新联和龙湖古寨的舞龙最为特色，相传已有400年的历史，是民间广受欢迎的传统文艺活动。

彩塘新联龙长26米，8节6肚，直径70厘米，8人执舞。龙球把长1.6米，直径25厘米。全舞分7套路，以舞姿取名献珠呈拜、穿云渡风、飞翔报喜、双喜临门、春江戏水、江南夺宝和龙门高跃。表演时，龙球引路，蛟龙戏球，似腾云驾雾，翻江倒海，气势磅礴，引人入胜。

龙湖古寨舞龙套路独树一帜，分为"金龙戏珠"的单龙独舞、"双龙抢宝"的二龙同舞和"龙腾鱼跃"的龙鱼共舞。独舞套路分解为出潭、逐浪、迎祥、戏球、追球、穿跃、翻肚、跳节、抢球、降福等10个招数；红龙、青龙双龙共舞增加了你拦我截、互不相让、齐追共赶、有福共享4个套路，通过激烈的竞争到二龙聚首，共享人间"火宝"，体现共创和谐的新景象；龙鱼共舞则轮番上场，前腾后跃，此起彼伏，分合默契，招招威猛道劲，式式优雅动人，最后汇集一起翩翩起舞，鱼跃龙腾，场面壮观，共庆盛世。

潮安舞龙经不断创新和改进，造型、套路和表演技巧日臻完善。舞龙者武侠打扮，头扎英雄巾，额前插剑侠，腰缠彩带，膝系虎头裹包，脚穿六耳草鞋，威严帅气。技巧施展融汇中华武术精华，招式多变、姿势优雅、刚柔并举，翻、滚、跳、跃配合默契。动作表演刚劲有力，威武雄壮，系统展示了龙的生灵活泼、刚猛豪放、不怒而威的特征。夜间表演，装上烟花，嵌以电光眼，蛟龙两眼炯炯有神，口喷彩珠，穿跃阵阵烟幕，似翻滚于云端之上，令人叹为观止。配以潮州打击乐更为铿锵激越，扣人心弦。

潮安舞龙活动始于民众的图腾崇拜，在漫长的历史发展进程中，从简单的舞动到集成多舞种的创意展演，不断提升舞龙艺术和意境新高度，无不与潮州独特文化、风土人情相关联，形成独特的地方文化印记。它表达人民祈盼国泰民安、风调雨顺、五谷丰登的愿望。给民众带来艺术欣赏的同时，也推送了吉祥如意的美好祝愿。

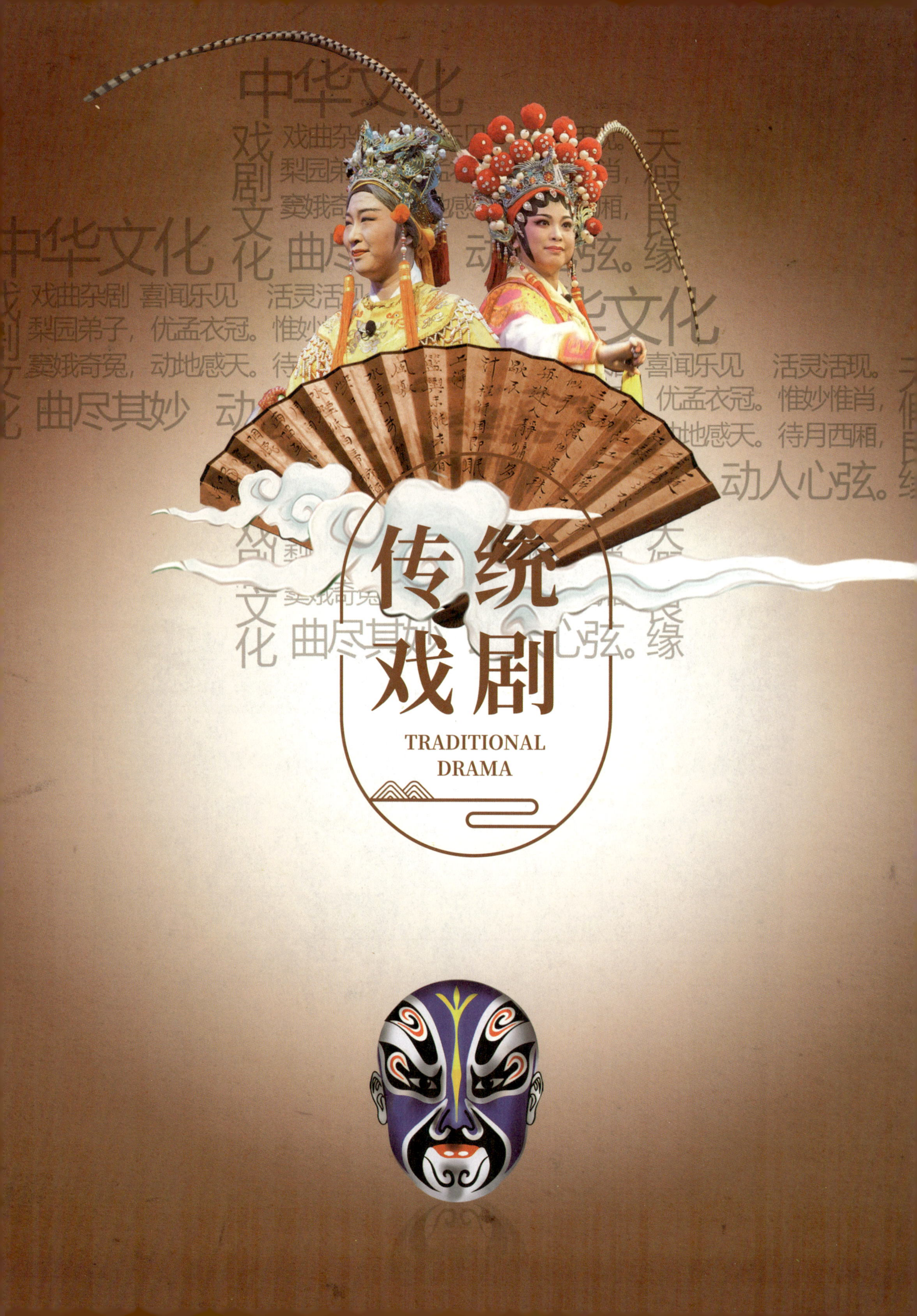

传统戏剧

TRADITIONAL DRAMA

潮剧

　　潮剧又称潮州戏、潮音戏，是用潮州方言演唱的古老地方戏曲剧种。它是宋元南戏的一个分支，距今已有430多年的历史，主要分布于粤东、闽南、台湾、香港和东南亚等地。

　　潮剧传统剧目分宋元南戏和明清传奇、文明戏和新编历史剧两大类，有剧目2000多个。传统剧目在潮剧中占据重要地位，有《荔镜记》《苏六娘》《刘明珠》等精品剧目；折子戏《扫窗会》《杨令婆辩十本》《闹钗》汇聚了传统潮剧的精华，被誉为"百花潮中的三块宝石"。

　　从表演上来看，潮剧的角色行当中以生、旦、丑最具地方特色。生旦戏《扫窗会》被誉为中国戏曲以歌舞表演故事的典型代表；潮剧丑角分为10类，其中项衫丑的扇子功蜚声南北，为世所称。老丑戏《柴房会》中，丑角的溜梯功为潮剧所独有，在戏曲界享有盛誉。潮剧音乐属曲牌联套体，唱南北曲，声腔曲调优美，轻巧婉转，富于抒情。清代中叶以后，它又吸收板腔体音乐，显得灵巧美妙。潮剧中有传统曲牌200多支，乐曲1000多首，是中国戏曲声腔的重要宝藏。潮剧演唱用真声，唱念用古谱"二四谱"，韵味优美浓郁。其曲调包括柔美的轻三六调、平正端庄的重三六调、哀戚幽怨的活三五调及轻松诙谐的反线调等。潮剧的打击乐器均有定音，伴奏有复调和声之类，韵味无穷，20世纪50年代后，尤为许多兄弟剧种所仿效。

　　潮剧是中国古老戏曲存活于舞台的生动例证，是表现中华民族优秀文化的代表形式之一，具有深刻的历史意义和较高的审美价值。1990年以后，潮剧受到市场经济的制约和多种现代文艺形式的冲击，更兼投资减少，人才流失，优秀的传统剧目艺术濒临消失，潮剧处在艰难发展的状况之中，亟待加以保护和扶持。

　　潮剧项目已于2006年入选第一批国家级非物质文化遗产代表性项目名录。

木偶戏
（潮州铁枝木偶戏）

潮州铁枝木偶戏俗称"纸影戏"，是我国木偶艺术的稀有品种，系由南宋时期随中原移民传入的皮影戏演变而来。清代以后，为满足观众视觉欣赏需要，艺人们经过不断改良与创新，改影现为形现，逐步把舞台蒙上的棚窗纸去掉，把平面形象改为圆身木偶，于是"捆草为身、扎纸为手、削木为足、塑泥为头"，在当时称为"圆身纸影"。后经艺人表演实践，逐步形成偶像舞台表演艺术。

潮州铁枝木偶偶像由连在木偶背部后面的三枝铁枝操纵，保留了皮影操纵特点；剧目、表演动作、音乐唱腔与潮剧相同；表演时后台由3至4人操纵木偶，盘腿而坐，每人操纵1至2尊，后面伴唱，伴乐者9至12人，基本表演手法有：推、拉、提、拨、抖等，过程中根据人物行当和剧情需要表演飞天、入地、点火、射箭、骑马、张扇、划船、武打等动作，呈现独特的操纵技艺。

但是，随着人们艺术欣赏的改变，演出市场日益萎缩。木偶班大多为半农半艺的松散型业余艺术团体，对木偶戏的研究传承具有一定难度，特别是一些高难度表演技艺濒临失传，必须采取有效措施加以保护和传承。

潮州铁枝木偶项目已于2006年入选第一批国家级非物质文化遗产代表性项目名录。

枫溪池湖提线木偶戏

枫溪池湖提线木偶源于中原传统木偶表演，经闽南等地辗转传入。至清代，随着本地戏剧文化兴起而形成并逐渐流行。民国期间，在民俗活动推动下有了快速发展，其时枫溪区域已有较大的木偶戏班4台，形成了规模化的木偶表演队伍，以池湖"陶乐园"戏班最负盛名。它见证了提线木偶的发展过程，并一直坚持到现在。

枫溪池湖提线木偶表演，由造型装饰、服装服饰、表演技巧、语言唱腔、音乐伴奏、舞台布景等构成。一般以传统剧目为故事剧情，表演者提线拉动偶像做出动作表情，并伴之音乐、台词、唱腔，是民间民俗活动中广受欢迎的戏剧表演形式。

表演以潮州木雕技艺刻画木偶形象，造型逼真夸张，线条流畅洗练。头部以樟木或椴木雕刻，按照戏剧生、旦、丑、净角色描画；手部姿势有文、武角色之分；足部有赤脚、靴脚、旦脚区别；脸谱粉彩装饰神韵多姿。头、身、手、足内设机关装置，经提线操控可随意摆动扭转，配合自如。

提线采用白色、蓝色或黑色丝线，长约3尺。一般头线2根、手线左右各3根、左右脚线各1根、背线1根。枫溪池湖提线木偶独创11线"悬线抽拉"技巧，形成一整套精巧成熟的操线功夫。主要用2根手指运作，按剧情节奏快慢，巧妙运用提、拨、勾、挑、扭、抢、闪、摇等技巧，瞬间多手法灵活变换，出神入化，使角色表演细腻生动，既有脸部变化，又能让手脚活动呈现不同的姿态动作；既有严谨的身段作工程式规范，又富于技巧写意发挥。

枫溪池湖提线木偶移植融合本地潮剧艺术，角色行当齐全，表演者边提线边演唱，唱腔动作协调一致。融入潮州音乐元素，唱腔委婉生动，以潮州大锣鼓、二弦、椰胡、瑶琴为主奏，或轻巧婉转，或铿锵雄浑。服装则以明代生活服饰为基础，区分不同人物身份、样式、颜色，花纹图案饰以美轮美奂的潮州刺绣，装饰意味浓厚，呈现出鲜明的地方色彩和浓郁的生活气息，尽显雅俗共赏的浓浓"潮味"艺术。

枫溪池湖提线木偶历经几百年的发展，积累了几百部传统剧目和曲牌唱腔，以喜闻乐见的民俗故事和独特的表演形式，服务民众娱乐需求，具有较高的艺术感染力和审美价值。

歌册
（潮州歌册）

潮州歌册广泛流行于广东省东部的潮州市、揭阳市、汕头市、汕尾市等讲潮州话地区，它是一种用潮州方言诵唱的民间说唱形式。潮州歌册约形成于清代乾嘉年间，潮州民间早有一种叙事、较长的而又是以七言句式演唱的"七字歌"。潮州歌册是以这种七言叙事民歌为基础，吸收弹词、词话、戏曲等形式的文体以及大量的故事，以潮州话的语言、音韵、演唱而成的，在台、港、澳和南洋讲潮语的华侨华裔及福建南部讲闽南方言的地区颇为流行。诵唱者主要是妇女，田间、晒谷场、庭院、闲间、祠堂是她们经常演唱的地方。

潮州歌册的体裁有两种：一种是传奇体即故事体，叙述完整的故事，如《隋唐演义》《乾隆游江南》《孟丽君》《苏六娘》等；一种是歌行体，皆短篇，没有完整的故事，多具知识性、趣味性、教育性，如《戒赌歌》《百花名》《百鸟歌》《百屏灯》《十二月歌》等。

潮州歌册唱词格式并不十分严谨，一般有三三四句式、三三七句式，还有五言句、六言句等多种。潮州歌册新旧歌本，不论长短篇，长篇如《隋唐演义》74卷12册，45000句；《双鹦鹉》50卷10册，约80000句；《鸡爪山粉妆楼》53卷9册；《五虎平西》27卷7册；《双玉鱼》10集，都在二三十万字以上。短的几百上千行一册，还有些歌行体为数十或上百行的散篇散页。

潮州歌册的歌文吸收了本地民歌和戏曲唱词的一些成分，作品多为改编宝卷、陶真、话本、鼓词和各地方音弹词的曲本或戏曲的剧本，也有据本地史实、民间传闻创作的。有数百部久经流传的本子，影响深广。学者谭正璧、施蛰存等还曾著文赞赏潮州歌册。民主革命时期，人们利用它作宣传武器，出现了如《中华革命军缘起》《缓婚配歌》《中国历史歌》等有明显政治性质的歌文；在后来的大革命时期，出现了《彭湃歌》；抗日战争时期出现了《保卫大潮汕》《鲁南会战》《南澳光复记》；解放战争时期，出现了《乌狗曲》等印刷本或传抄本。

潮州歌册在潮州文化史上占有相当重要的地位，既在民间传播历史知识，尤其为底层妇女提供文化滋养等方面发挥了重要作用，又为潮剧的产生和发展准备了良好条件，同时还为研究佛教文化在岭南的流传和衍变提供了宝贵的历史资料。

由于经济社会的变化和娱乐方式的多样化，潮州歌册的诵唱正逐渐遭到冷落，年青一代更很少传唱。这一曾在潮州文化史上占有独特地位的曲艺形式处于濒危状态，亟待抢救和保护。

潮州歌册已于2008年入选第一批国家级非物质文化遗产代表性扩展项目名录。

潮州讲古

"潮州讲古"（潮州人称说书为"讲古"）与"潮州歌册"（国家非物质文化遗产）、"潮州歌谣"（广东省非物质文化遗产）同为潮州传统民间文学的重要组成部分。它与粤语讲古并称为广东两大说书派系，是运用潮语叙述故事的一种艺术形式，是千百年来广大民众集体创作、口头传承的一种语言艺术；它植根于民间，具有原生态的特征，后经历代职业讲古人的不断修饰、加工，逐步发展为潮语说书、潮语评书。

潮州讲古的形式，与北方的评书、评话相同，说者只一人，且只说不唱，通过叙述情节、描写景象、模拟人物、营造气氛、评议事理等艺术手段演绎故事。潮州讲古的题材分为民间讲古和职业讲古两个方面：民间讲古主要内容为日常生活中的趣闻逸事，或加工夸张，或无中生有，风趣幽默，很有吸引力；职业讲古人的题材多为广泛流传于潮州的民间故事，也有经过改编的长篇章回小说。新中国成立后，在"讲新书，树新风"的号召下，职业讲古人把一批现代著名长篇小说改编成潮州讲古说本；20世纪80年代武侠小说热兴起后，武侠小说也成为讲古的重要内容。

潮州讲古是深受潮语流行地区人民群众所喜闻乐见的民间传统文艺形式，具有方言研究、文化传承、寓教于乐、宣传推广、联系侨胞等功能。在新的历史发展时期中，传承和发展潮州讲古这种民间文学形式，并不断推陈出新，发掘其内涵，赋予新内容，对于宣传群众、教育群众，传递正能量，弘扬社会主义核心价值观具有积极意义。

传统美术
TRADITIONAL FINE ARTS

粤绣（潮绣）

潮绣是粤绣的一大体系，它是流传于潮汕地区的民间刺绣工艺，迄今已有1000多年的历史。潮州开元寺（公元713年建）寺内，当时就采用彩眉、宝盂、幢幡等刺绣品作为装饰。据清乾隆《潮州府志》中记载："潮州归女多勤纺绩，凡女子十一二龄，其母即为豫治嫁衣，故织纫刺绣之功，虽富家不废也。"可见，那潮州刺绣已与人民生活息息相关了。

潮绣技艺注意结合材料形制，有绒绣、钉金绣、金绒混合绣等品种。其中，尤以全钉绣独具特色。

绒绣是采用各种丝绒，在各类丝、绸、缎布上，按设计图稿绣出各种不同物象。

钉金绣，又叫金银线绣。以金银线为主、绒线为辅的，称为金绒混合绣。其绣法可分为绣、垫、贴、拼、缀等5种，针法有六角三叠踏针锦、垫棉过金针、双丁鳞、垫绣菊花畔鳞等200多种，许多作品都综合运用了不同的绣法与针法，并有所创新。例如1982年获中国工艺美术品百花奖金杯奖的《九龙屏风》，就是运用了五大绣法，其中采用潮绣传统的钉金绣垫凸技艺，在龙头垫棉、垫纸丁，又用扎绒线丁勾勒，突出骨骼、鬃发；龙身垫棉絮高于画面二三厘米，浮雕般地体现了蛟龙丰满的肌肉和善舞的躯体。同时采用特有的钉金二针企鳞技法，产生出龙鳞片片闪光的效果。其画面堆金积玉，流光溢彩，令人赞叹不已。

潮绣题材广泛，有龙凤、花卉、飞禽走兽、水族、人物等。成品多充作日常用品、祭祀用品、欣赏用品、戏服装饰品等。

总之，潮绣以金绒结合，构图均衡饱满、色彩浓郁鲜艳，纹理清晰、装饰性强、垫高工艺，绣法独异、富丽堂皇而屹立于中国刺绣艺术之林。它凝聚着历代艺人的智慧，是潮州文化的重要载体。在潮绣领域中有林智诚、康惠芳、李淑英、孙庆先、卓桂芬等具有影响力的传承人。随着时间的推移，老艺人陆续谢世，一些高难度的技法也逐渐失传，潮绣需要培养更多的年轻传承人。在社会经济不断发展、科学技术突飞猛进的今天，潮绣也受到了严重冲击，生存困难，迫切需要扶持和保护。

潮绣已于2006年入选第一批国家级非物质文化遗产代表性项目名录。

抽纱(潮州抽纱)

潮州抽纱是融合中国传统刺绣技艺与西方刺绣的抽通工艺,按图案间隔有序地抽除布料上的经纬纱线,再绣制通珑秀逸的花窗而成独具一格的手工艺品。最初,抽纱刺绣工艺主要分布在潮州城区,渐次外延至韩江两岸、潮安平原、凤凰山区、黄冈河流域等的乡村集镇,并辐射至整个粤东地区及福建、江西。

清代是潮州刺绣的繁盛时期,乾隆《潮州府志》载:"潮州妇女多勤纺绩,凡女子十一二龄,其母即豫治嫁衣,故织纫之功,虽富家不废也。"当时,潮州有绣庄20多家,绣工5000多人,绣品输往新加坡、泰国和马来西亚一带。19世纪中,潮州辟为商港,汕头设立海关,西方刺绣抽通工艺随之传入,与本地刺绣技艺相结合,产生了别具一格的抽纱刺绣工艺。清光绪二十六年(1900),潮州人丁惠龙开设潮州第一家抽纱商铺"发合号"。至20世纪50年代,从事抽纱经营的商铺先后开业215家,绣花女工约7万人。公私合营后,潮州抽纱统一生产及销售管理,发展迅速,工种针法增加近400种。潮州抽纱产区承担创设绣制高档精工产品任务,产品行销近百个国家和地区。至20世纪80年代,潮州抽纱刺绣行业进入全盛时期,有抽纱厂(场)300多个,抽纱女工20多万人。72英寸×108英寸,高档玻璃纱手工绣花台布作品《双凤朝牡丹》获1980年慕尼黑第32届手工业产品博览会金质奖章和1981年全国首届工艺美术品百花奖金杯奖。

潮州抽纱技艺多采用棉布、麻布、法丝、玻璃纱等为原料，以白色或淡浅色纱线绣制，民间俗称"做白纱"，以有别于传统潮绣的"做绒"。其繁复的生产流程和手工操作模式，至今仍难以为现代化技术所代替。独特针法近400种，常用的有9大类108种，尤其是垫绣、边仔绣、掺针绣、双绣、雕绞绣的绞圩，抽通绣的通目、帆目、星点窗、新花窗、盘针、锁针等针法，皆为湘、蜀、苏等绣种所无。潮州抽纱刺绣主要有台布、被枕套、手巾等40多类产品，构图独特，针法细腻，色调淡雅，美观实用，是广受欢迎的日用品和工艺品。

潮州抽纱刺绣工艺是按图案抽除布料上的经线或纬线后再绣制，并巧妙结合了垫、雕、掺、补、镶、拼接、贴、织、挂、勾等工种的技艺，其生产流程分为前期内部生产、中期女工绣制、后期洗熨处理三大环节共计38道工序。潮州抽纱图案设计多选取传统的花卉、草纹、龙凤等题材，讲究点、线、面的有机结合，层次布局疏密得当。

潮州抽纱刺绣技艺具有较强的区域特点，在图案造型设计和工种针法刺绣上采取家族、师徒传承的模式。20世纪90年代以来，科技的迅猛发展、抽纱产品市场的极度萎缩对劳动密集型的抽纱手工业造成巨大冲击，抽纱刺绣女工大量流失且日趋老龄化，加上这一技艺难度高而青年人不愿继承，随着老艺人的逐年减少，抽纱刺绣传统技艺面临消亡的可能。

粤绣（珠绣）

珠绣工艺源于潮绣，是潮汕地区优秀民间工艺之一，其作品从民间戏剧舞台上珠光宝气的戏服，到妇女的头饰、衣服、珠花等。珠绣现主要分布于潮州市及其周边区县。

与中国传统刺绣艺术不同，珠绣不是通过不同色彩的丝线来表达图案，而是运用珠和片来呈现图案及色彩，其绣品质地也不再局限于丝绸面料，而是囊括了印花布、牛筋布、人造革、真皮等不同材料。

珠绣作品是由一粒粒的珠粒串绣而成，绣制流程主要有构思、画稿、针稿、排料、刺绣等。其纹样基本上都是图案形式，构图上讲究均衡对称，主体周围枝叶、花枝交叉，几何形配花卉、色块变化等，而且必须形与色、虚与实协调一致。色彩处理上，珠绣广泛借鉴国画、油画、年画、装饰画等多种表现手法，再用珠绣独特的工艺表现出来，并注意突出主色调，合理搭配，强调装饰效果。针法主要有垫针、平针、掺针、乱底、过桥、散点、喷点、锁枝、排管、吊片、吊穗、满珠、蕾花等 20 多种，其中散点、乱底、吊片、吊穗等为珠绣独有的针法。

珠绣按作品可分为珠绣服装、珠绣包（袋）、珠绣画 3 大类。其中，珠绣画是融合广绣、潮绣技艺并结合绘画原理、色彩构成等发展而成的新品种。完成一幅珠绣作品，要用成千上万颗珠片，经过千针万线，一针一颗珠（片），用线将每颗珠（片）钉牢在布料上，采用不同针法和技巧排列，一幅作品往往要花上几个月或一年以上的时间才能完成。珠绣的绣制难度在于这些珠片的不同颜料，受颜色和材料规格的限制，不能随心所欲地调配色彩。玻璃珠和珠片都具有光的反射、折射、散射性，必须很好地运用、掌握好光学和色彩学的原理，用不同的方法排列组合才能呈现视觉效果最佳的画面。

近年来，随着社会生活方式的转变，珠绣制作人群正在大量流失，老艺人也逐渐失去创作能力，部分针法濒临失传，传承现状堪忧，亟须加大保护和扶持力度。

2021 年，珠绣入选第五批国家级非物质文化遗产代表性扩展项目名录。

潮州市非物质文化遗产名录图典

传统美术 Traditional Fine Arts

潮州木雕

潮州木雕是广东潮州地区的一项民间雕刻艺术，主要用于装饰建筑、家具和祭祀器具。这项技艺主要流行于潮州市湘桥区意溪莲上村、西都村，以及饶平、汕头、揭阳、揭西、普宁、陆丰、大埔、五华、兴宁、梅县等县市和福建东南沿海一带。

潮州木雕始于何时不得而知。现潮州开元寺天王殿梁架上有一"草尾"装饰的斗拱为唐代遗物，而悬挂铜钟的木龙则为宋代遗物，潮州许驸马府建于北宋治平年间，其建筑装饰亦以"草尾"为主。由此可知潮州木雕最早在唐宋时期即已存在。至明清两代，潮州木雕技艺臻于完美。明末，石窟艺术基本停顿，各大寺院多制木雕佛像及佛器，案几的木雕装饰出现多层镂雕技术。潮州木雕与东阳木雕并誉，皆以多层镂通为特色，不少木雕以金箔贴饰，以黑漆或五彩烘托，前者称"黑色装金"，后者称"五彩装金"。也有采用"本色素雕"的，为的是达到质朴无华的效果。全国重点文物保护单位、建于清光绪十三年 (1887) 的潮州己略黄公祠，祠内各处梁柱多饰以龙、凤、狮等祥瑞动物，展示了潮州木雕的各种表现技法，被誉为"潮州木雕一绝"。民国初年，潮商崛起，兴寺庙、建祠堂、置豪宅成风，在此背景下，木雕艺人利用东南亚红木创作出"红木方圆曲直""如意屐"等审美情趣，形成精致、端庄、华贵的木雕新风格。

潮州木雕多以坚韧适中的樟木为材质，镂刻形式丰富多样，有浮雕、沉雕、圆雕、镂雕、通雕等多种手法，雕出的成品剔透玲珑，层次丰富。在一件作品上，常以"之"字形布局构图，利用山水亭阁将曲折、连续的故事巧妙地分别在不同画面，做到人物繁而不乱、情节生动有序。置于椽梁高端的木雕装饰，则考虑观者的视线，往往将人物的某些部位适当夸张，如眼部加深、鼻子加高、口部突出等，抬头一看，恰到好处。在构图处理上，潮州木雕大多模仿中国画，或模仿戏曲舞台，其特点是在一个木雕面上将不同时空中发生的故事同时表达出来，其表述方式有所谓的"径路"（用特殊方式处理人物活动的脉络）。潮州木雕的装饰最惹人注目的就是门，门分为顶横肚、枋栏、门窗、企肚、中横肚、大肚和下横肚等装饰部位，各部位装饰所用题材、形式和手法各不相同。除建筑装饰雕刻外，潮州木雕尚可制作神亭、神轿、进盒、宣炉罩、烛台、果碟等神器装饰，其雕刻形式大体分为沉雕、浮雕、通雕和圆雕几种。由于分布地区广泛，出现了地方性的风格差异。仅就潮汕、兴梅地区而论，潮汕地区木雕布局繁复，结构严密，精细纤巧，以表现连续性情节见长；兴梅地区木雕刀法简练，人物不多，以突出主要故事情节为特征。

清末潮州木雕行业中曾出现过奇才黄开贤，他以高超技艺为潮州木雕赢得了声誉。现代传承这一技艺的著名木雕艺人有张鉴轩、陈舜羌等，张鉴轩认为潮州木雕技艺可归纳为"匀匀、杂杂、通通"六个字。"匀匀"指虚实中主次分明；"杂杂"指要有层次又要有穿插；"通通"指镂通剔透。由于现代居住环境的改变，潮州木雕失去了原先的依存条件，加之传统民俗日益淡化，神龛、神亭等物品淡出日常生活，所以潮州木雕的用武之地日渐狭窄。另一方面，潮州木雕工艺精细，创作难度大，加工程序多，且多手工操作，既辛苦又无法形成规模化生产，经济效益差，因此目前从事木雕工艺生产的人愈来愈少，年轻一代尤其不愿从事这项工作，导致潮州木雕陷入后继乏人的境地，亟待抢救、扶持。

潮州木雕项目已于2006年入选第一批国家级非物质文化遗产代表性项目名录。

泥塑
（大吴泥塑）

　　大吴泥塑，俗称大吴"安仔"，又称浮洋彩塑，主要分布于潮州市潮安区浮洋镇大吴村和颜厝西村。它始于南宋末年大吴村始祖吴定首创"大斧批"人像捏塑，明中叶随着潮州木偶戏的盛行，大吴泥塑木偶头像和人物塑像迅速发展。清中叶至民国初年，大吴泥塑进入鼎盛期，制作作坊遍布全村，几乎人人会泥塑，产销铺户有60多家，以吴潘强为突出代表的泥塑匠师达100多人，并创造了贴塑、浮花雕等新技艺，其塑品远销东南亚多个国家。1958年成立了颇具规模的大吴泥塑工艺厂后，发展进入了新的兴旺发展期，21世纪初该村被省文化厅命名为"广东省民族民间艺术之乡"。

　　大吴泥塑以人物塑像为主，题材丰富，门类繁多。既有取材于潮剧、民间传说、古代小说精彩场面的文身、武景、大斧批、臣景、文才等，又有生旦净末丑行当齐全、造型达120多种的"泥头绢衣"脸谱头像；既有各路仙、佛、神的造像，又有俗称"杂锦"，充满童真奇趣的喜童、双童、鲤鱼童等吉祥塑像。大吴泥塑尤以即时为活人捏塑肖像最具代表性，为名师高手方有的超群技艺，传说当年吴潘强大师为地方名流塑像，塑毕肖酷似传神，令人无不惊叹称绝。

大吴泥塑专以村西约80亩田中半深处的无沙砾、黏性强的米黄色田泥为材料，制作程序包括炼泥、捏塑、烧坯、彩绘等工艺，其间还有雕、塑、捏、贴、刻、印、画、彩等复杂技法。捏塑工艺中的贴塑是大吴泥塑极具创造性的造型手法和独特技艺，主要用于古装戏曲人物的穿戴装饰。贴塑是在塑形坯胎上粘贴各色衣袍冠履佩戴，制作方法先把泥团碾成薄至1毫米的泥片板，再用模具印出各种衣袍式样，经修饰后裹在泥坯身上，又以各式各样精心雕刻的大小模具，在薄泥片上压印出千姿百态的形纹图案浮花雕，再非常细心地分别粘贴在各类行当角色塑像的衣袍、衫裙、官冠、头盔、铠甲、披肩以至腰带、袖口上。贴塑的像坯经煨烧和彩绘，产生了特别强烈的浮雕艺术效果，更显出贴塑的精美精巧精致，堪称绝活。

大吴泥塑历史悠久，技艺独特，工艺精湛，贴、印、彩完美结合，自成一体。台湾吉特利美术馆珍藏的一批清末大吴彩塑，虽逾百年，至今仍色彩鲜艳、造型完好，就是其自身历史价值、文化价值的活见证。

岁月变迁，如今有造诣的泥塑艺人年事已高，却没有传人；有的出于收益考虑，其后代也不再承传。大吴泥塑后继乏人，已到了濒危边缘，亟待有关部门采取有效措施加以抢救和保护。

大吴泥塑于2008年入选第一批国家级非物质文化遗产代表性扩展项目名录。

镶嵌（潮州嵌瓷）

潮州嵌瓷是以绘画为基础，运用各种彩色瓷片剪裁镶嵌表现形象的工艺品。它作为建筑物的装饰品或供欣赏的摆设，是潮汕地区特有的工艺品种，俗称"贴饶"或"扣饶"。其艺术特点是构图雄伟，色彩绚丽，形象生动，质地坚实，久经风雨或烈日暴晒而不褪色，被誉为"永远亮丽的造型艺术"。

潮州嵌瓷历史悠久，早在明代万历年间（1573—1620）就已在民间出现，嵌瓷的原料离不开陶瓷，它的产生、发展与陶瓷生产紧密相连。当时，潮州陶瓷生产发达，民间雕塑处于兴旺时期，开始出现有用瓷片剪裁成简单的龙凤和花鸟图案，镶嵌在建筑物上。清代，潮汕各地盖祠堂和建"驷马拖车"等豪宅民居之风极盛，装饰于建筑物之上的嵌瓷工艺随之进一步成为时尚。到了清末，瓷器生产作坊与嵌瓷艺人配合，专门烧制低温瓷碗，彩以各种色彩，经过剪取，镶嵌成平面、浮雕或立体的花卉植物、飞禽走兽或以历史人物、戏曲故事等题材，装饰于建筑物的屋面、屋角、屋檐、门壁、墙壁上，也有的作为庭园室内的装饰。

嵌瓷这一种独具特色的民间工艺，与潮州木雕、潮州石雕并称潮州古建筑的三大装饰工艺。潮州与揭阳、汕头等周边城市以及闽南、台湾都有相同的人文背景，嵌瓷在这些地区很流行。嵌瓷也为移居港澳地区及东南亚一带的潮人所喜爱，不少当地的庙宇、豪宅也以嵌瓷装饰，还聘请潮州的嵌瓷师傅前往制作传艺。

如今，历经沧桑的潮州嵌瓷工艺由于受到市场经济冲击，以及人们居住环境和风俗习惯的改变，这项具有民间工艺特色的传统艺术正面临着严重的挑战和危机，嵌瓷艺人逐渐稀少，队伍青黄不接、后继乏人，造成嵌瓷工艺传承断层，亟待及早抢救、保护、扶植。

灯彩
（潮州花灯）

潮州花灯主要分布于潮汕地区。明嘉靖丙寅年 (1566) 潮泉二部校正重刊《班曲荔镜戏文》第一出"观灯"中，"三街六巷好灯棚"的唱词就佐证了当时潮州花灯的繁盛，至今已有 400 多年历史。潮州花灯从早期的迎神游灯到民间赛灯，逐渐衍变发展为节庆观赏和民间装饰的综合性灯彩艺术。

潮州花灯主要以竹、铅线、丝纸做骨架，用绸缎、丝绢、花边绣品做衣饰，制作工艺包括构思、扎胚、装裱、装饰、组装 (大型或活动型花灯) 等复杂流程。潮州花灯分为彩扎、彩塑的立式屏灯和可吊挂、可手提的彩绘挂灯两大类。

屏灯也叫座灯、灯屏，能自转或人物头手腿脚能活动的叫活灯，通常为一屏一灯一景，多以潮剧人物故事为表现题材和设计人物，附以楼台亭阁、山水园林灯组合成一屏屏的图景，再装配灯光映照而成。人物脸部用泥模纸塑脱胎，饰以眼发，涂以色彩，身体用竹篾铅线扎成，穿上薄料袍服。腹中置灯燃亮，是屏灯工艺最考究的一环。屏灯既有三四丈高的大型制作，也有仅几寸的小型纱灯。按表现风格不同，还分为注重人物神态衣饰、衣纹的文灯和讲究盘工走马架势的武灯。潮州歌册《百屏灯》就曾描述了屏灯的许多经典场景，可见它在民间的深刻影响。

挂灯以藤、竹、木及金属条片做框架，罩以丝纸绢帛玻璃，而后彩绘诗画图文，再依造型需要镶嵌装饰缨络、螺钿、珠串、钢片，古雅华丽。举凡狮龙虎凤、花鸟鱼虾以至水族、花篮等皆可入灯，其中立体见方、工笔写意与漫画兼具的灯橱和镜柜装画的灯牌尤显特色。

潮州花灯集彩扎、彩绘、剪刻于一身，特别是融合了潮州特有的潮剧、潮绣、泥塑等多种艺术元素，造型精巧多样，文化内涵丰富，乡土特色浓郁，自成体系，别有一格，是潮州文化的重要体现，也是岭南灯彩艺术的奇葩。潮州花灯已于2008年入选第一批国家级非物质文化遗产扩展项目名录。

近年来，由于市场经济冲击，民俗节庆淡化，潮州花灯的生存条件、发展空间渐趋萎缩，城乡的展示舞台日益减少，花灯制作人员大多不以其为主业，加上制作工艺琐屑、收入偏低等原因，潮州花灯的传承面临后继乏人的困境，亟须加大保护和扶持力度。

剪纸
（广东剪纸）

潮州剪纸是广东剪纸的重要组成部分。它主要分布在粤东地区，流行于明代，繁荣于清代，至光绪年间闻达鼎盛。至今已有 600 多年的历史。

清代中期，潮州修祠建庙蔚然成风，在此背景下，剪纸就成了祭祀、节庆、游神赛会、红白婚丧等民俗活动中的一种饰物，寺庙中的僧尼也剪纸花馈赠善男信女，潮州剪纸因之而在寺庙中得到迅速发展。至 20 世纪初，出现了江根和、李木林、杨雪友、罗瑞瑜、辜秋泉、谢楚周等潮州剪纸艺人，并在当地剪纸创作中发挥着重要作用。1962 年后，出家者少，潮州剪纸技艺渐失传人。

潮州剪纸题材涉及花果、走兽、人物、风景和文字图案等，具有浓厚的地方文化特色，不同剪纸艺人往往有细致、豪放、秀逸等不同风格表现。以形式区分，潮州剪纸有纯色、多色、阳刻、阴刻等类型。潮州民间剪纸艺人善于将三五张色纸叠在一起，灵巧地运使剪刀，以娴熟的技巧剪出各种花纹图案。如纯色剪纸充分发挥"剪"的特点，以纤细秀丽的线条配合纸张版面，借助夸张、变形手法创造出栩栩如生的艺术形象，韵味浓郁，富有装饰性。纯色剪纸有一个特点，就是不画稿，艺人们仅凭记忆和想象，一手拿纸，一手运剪，直接将花样剪出。这种匠心独运的剪法极富创造性，造型活泼而富于变化，很少有重复的作品。多色剪纸则用多种色纸分别剪出物象的各个部分，然后再合并为一件完整的艺术作品，生动细致，别有特色。

潮州剪纸有一个品种称为"錾纸"，它是将图案放在色纸或金箔上面，用刻刀錾刻而成。"錾纸"又分衬色剪纸成写料剪纸，衬色剪纸先用金箔成黑纸刻出轮廓线，再用彩纸衬底；写料剪纸则用纯色纸或金箔刻画出形象的线条骨架，再用颜色彩绘衬底。錾纸工艺以饶平县镂金村的色錾纸最为著名，色錾纸俗称"大钱"，用于祭神祭祖或游神活动，内容以戏曲人物、鸟兽虫鱼、花卉博古、诗词书法等为主。

现在人们的生活方式发生了很大的变化，潮州剪纸已逐渐失去以往的生存环境，现存知名剪纸名艺人不足10人，且年事渐高，传统的潮州剪纸后继无人，亟待抢救、保护。

潮州剪纸项目已于2006年入选第一批国家级非物质文化遗产代表性项目名录。

潮州麦秆剪贴画

　　潮州麦秆剪贴画工艺最初以编织形式出现。旧时每逢清明时节，乡下人采用刚收割的麦秆织成篮、笠、桌椅、轿子、扇子、骏马等小工艺品，卖给城里下乡的扫墓人，以后才逐步变化形成麦秆贴画。20世纪40年代，潮州麦秆剪贴画的产品是黑布底本色麦秆平面画，作品主要销往香港、东南亚各地。

　　潮州麦秆剪贴画从原来的黑布本色贴画，经艺人们不断研究创新，衍生出无数新品种，花式也变得丰富，每个品种都有百以上花式。潮州麦秆剪贴画从形态上分为平面贴画、浮雕贴画；从色彩上又有彩色画、本色贴画；从用途上分欣赏品和实用品两类。其表现形式有本色和套色两种，本色是利用麦秆本身的金黄色、棕赤色变化，通过剪刻贴在深色衬纸或薄板、绸缎上；套色则是将麦秆粘贴于薄板上，从而产生特殊的艺术效果。

　　麦秆画使用的麦秆草有大麦、小麦两种，大麦秆质地柔软洁白，草筒大但草节短，小麦秆纤维粗硬，草筒小但草节长，两者结合互补才能制作出理想的麦秆画作品。潮州麦秆剪贴画的最大特点在于把麦秆草剥箔再进行制作（即把麦秆草剥成两层草皮和草壁），所以潮州麦秆画非常精且细，是其他地方麦秆画所不能比拟的。

　　用麦秆制作的山水画层次分明、轻重有致，给人以心神往之的感觉。花鸟更是惟妙惟肖，那些栩栩如生的花鸟虫鱼、飞禽走兽跃跃欲出。五颜六色、金碧辉煌的麦秆盒使人爱不释手。所有这些都是麦草天然的"光""色""质"所赋予的，其得天独厚的特点是竹、木制品所无法媲美的。潮州麦秆剪贴画作品既有潮州刺绣的纤细，又有中国画的韵味、油画的浑厚和水彩画的清丽，具有较高的欣赏价值。

　　潮州麦秆剪贴画源远流长，历史悠久，是中国传统文化艺术的组成部分，更是潮州文化中的瑰宝。麦秆画是利用普通丢弃的麦草经工艺加工而成的，故其资源极为丰富，它的开发和发展为变废为宝作出贡献。

潮州推光金漆画

　　潮州推光金漆画始于清代，历史悠久。清乾隆《潮州府志》记载，"明清以来，营造宫室，必先祠堂，雕梁画栋成风"，潮州地区始建于清道光十七年(1837)的从熙公祠中已有金漆画装饰。由此可知，潮州推光金漆画最迟在清代后期已成为当地传统建筑装饰及神器装饰重要的一种。

　　顾名思义，潮州推光金漆画是在推光漆板上用金粉和金箔创作的画。其创作要在光素的漆面上，用红漆按需要绘好画面，待红漆将干而未全干、略带黏感时贴上金箔或涂抹金粉后，再用特制的铁笔在画面上刻画出人物、山水、器物等的轮廓和细部，使之呈现金碧辉煌的艺术效果。潮州推光金漆画制作过程分实木板制作、漆板制作、金漆画绘制三大部分。首先，选用杉木作为制作实木板的木材，经切割、黏合、拼接、打磨等工序制作出实木板。接着，在做好的实木板上，用

木屑将木板上原有的裂缝和空间填满并磨平，再进行三次的刮漆灰、阴干、打磨、上漆、擦漆、推光最后制成漆板。然后，在漆板上画线稿、金地漆勾勒、贴金线。最后，按人物、亭台、花卉、山石的顺序绘制金漆画，绘制后运用铁笔对整个画面进行深细刻画。

潮州推光金漆画的题材内容主要有渔樵耕读和日常生活，还包括地方风光名胜古迹、广为流传的民间故事、人们喜闻乐见的戏曲和章回小说故事、群众所歌颂的历史人物以及大量对于花鸟虫鱼的富有诗意的表现，创作出变化无穷、奇妙瑰丽的图案花纹等。潮州推光金漆画具有造型意象化和手法意象化的特点，其构图特别，不受透视的限制，平视与远视相结合，用"之"形、"S"形等路径安排，使画面独立而连接，互相呼应。

在潮汕地区，从日常家具、祭祀器物到住宅及庙堂建筑装饰，都可见到潮州推光金漆画。它作为潮州历史文化载体之一，显示出典型的潮州地域文化特征，从中既可领略潮州民间审美趣味，了解潮州人的社会思想、生活方式和价值观，也可看出潮州历代的政治、经济、社会、伦理、风土人情，具有很高的历史文化价值和艺术价值。

由于金漆画绘制工艺性强，技艺掌握难度大，现在年轻一代很少有人愿意学习，艺人青黄不接，处于濒危境地，抢救和保护推光金漆画绘制技艺已刻不容缓。

玉雕（潮州玉雕）

潮州玉雕属潮州市湘桥区保护项目。湘桥区是潮州市的中心城区。潮州玉雕技艺分布于广东省的潮州市、揭阳市、茂名市，闽南地区等；作品分布于台港澳地区远销东南亚和欧美等国家和地区。

潮州玉雕具有悠久的历史。唐大中元年（847），李德裕以宰相贬潮州司马，"携二玉象"，说明至早当时中原玉器已传入潮州。宋代，潮州玉雕开始萌芽。明代，潮州已有不少玉器作坊。入清，潮州玉雕进入发展的鼎盛时期，有玉器作坊高度聚集的"琢玉街""水晶巷""水晶西巷"。抗日战争爆发，潮州沦陷后，玉雕业日渐式微，至1947年玉雕作坊仅有6家。

20世纪70年代，潮州创办二轻玉雕厂，年创产值100多万元。20世纪90年代以来，又先后创办了中山玉雕厂、"宝树斋""润玉斋"等多家企业，潮州玉雕有了新的发展。

2017年5月，潮州玉雕被列入市级非遗代表性项目以来，湘桥区进一步加大传承保护力度，形成以老艺人为技术骨干，以新生代艺人为主体、老中青相结合的代际传承群体。2022年4月被评为第八批特级非物质文化遗产代表性扩展项目名录。

潮州玉雕门类齐全，主要有仿古玉类、器皿类、人物类、动物类、花卉盆景类、龙凤船类。潮州玉雕的表现形式有沉雕、浮雕、透雕、剔雕、圆雕五种。

潮州玉雕的主要特征：一是精细化。如"玉塔""龙凤船"的链条，厚度只有1~2毫米，均由整块玉石雕琢而成；又如碗、酒杯、茶杯，其口壁达到"薄如蝉翼"的精度。二是通透性。潮州玉雕注重多层次镂空手法的运用而自成特色。三是多样性。（1）手法多样。除上述的5种表现手法综合运用外，还有俏色和镶嵌拼接工艺的应用。（2）门类齐全。有器物、首饰、摆件等100多个品种。（3）用材多样。潮州玉雕几乎涵盖所有能够利用的石材。四是创新性。如潮州工夫茶具、龙凤船等，均是潮州玉雕所特有的创新产品。

潮州玉雕具有较高的价值。（1）历史价值。潮州玉雕是民族和地域历史的反映，既是不同历史时期人们价值取向和审美的体现，往往也是家史、地方史乃至国史的物化。（2）文化价值。注重意象化造型和手法，以"夸张""净化"表现三维空间，独具地方文化特色。（3）艺术价值。潮州玉雕巧妙地体现了观赏价值与实用价值的有机统一，是可赏、可藏、可用的综合性艺术品。（4）社会功能。玉雕是形象美和意象美相结合的艺术品，它满足了民众的审美需要。潮州玉雕体现了精益求精的工匠精神，加强保护力度具有重要意义。

传统技艺

TRADITIONAL HANDICRAFT

潮州彩瓷烧制技艺

  潮州彩瓷技艺历史久远，可谓"有瓷即有彩"。据考证，唐宋时期，潮州就有瓷器生产，著名的笔架山窑（宋窑）瓷器已有刻花、彩花、堆花等技法及釉下装饰手法。明朝是青花发展时期。清初粉彩流行，清同治末年(1874)，枫溪瓷区已有公合成、永利、和顺诸家彩馆从事瓷器彩绘作业，这是潮州"十窑彩"之始。清光绪十二年(1886)，枫溪陶瓷工人姚华在枫溪首开釉上彩瓷庄，从此潮州有了彩瓷。清末，彩瓷彩绘艺人运用新彩颜料，结合传统釉上彩绘艺术，并运用国画技法，吸收潮州民间姐妹工艺如潮绣、潮州木雕、潮州剪纸、民间绘画等传统工艺表现手法，融入潮彩的表现形式中，从而形成了独特的地方风格。潮州彩瓷具有构图饱满、色彩富丽、层次分明、线条流畅、优美生动、格调高雅的特点。

  清宣统二年(1910)，潮州彩瓷艺人廖集秋和许云秋、谢梓庭等人的潮彩作品——1.2尺的《百鸟朝凤》四季盘及釉上彩绘人物盘等瓷器参加南京南洋劝业会及美国旧金山太平洋万国博览会，获得高度评价。自此，潮彩颇负盛名。

  传统瓷器彩绘分为釉下彩和釉上彩，其中釉上彩包含江西粉彩、广彩、潮彩。潮彩是清末潮州彩瓷运用新彩颜料，结合传统釉上彩绘艺术而形成具有独特地方风格的彩瓷品种。

  潮州彩瓷工艺流程分为六道工序：1.选瓷。潮彩一般根据需要选瓷有所不同，诗画形式对白瓷要求较高。釉面要洁白，瓷胎要四正，加彩后使素白晶莹的瓷器在实用价值和艺术欣赏方面相得益彰。2.设计。设计是工艺美术品关键的步骤，设计时要根据陶瓷的造型及客户的要求而定花面。先用淡墨（写书法用油烟的墨）起草画面，修改后再用浓墨描绘一遍作为定稿，把定稿后的画面制成图纸（用生宣纸喷湿并轻轻拍打），然后翻打到其他相同的瓷面上，可重复若干次。3.描线。用水将

磨细的艳墨加入适量的树胶（阿拉伯桃胶）及糖蜜混合调料，用赤眉笔在复制的画面上描线。根据花面内容，线条应有粗、细、深、浅之分，山水画浓、淡、干、湿、皴、擦、点线结合。4.填色及洗染，这是潮彩最重要的工序。用大赤眉笔或小羊毫笔沾上各种油料并结合花面内容，且要注意颜料的配比及颜料的强弱性使用禁忌。色彩要厚薄均匀，花瓣要深浅变化。如用堆金颜料堆线，必须在画面晾干后进行，否则堆线溶化不立体。5.加金填地。把彩绘后的满彩万花留下的空白处填上金水，或经过烤烧后的花面堆线描金，这是潮彩独创的一种堆金新工艺。6.烤花。把加彩后的瓷器装进烤花窑进行烤花，这是最后也是最关键的一道工序。要根据颜料的不同而采取不同的烧烤温度，使颜料与瓷器釉面融为一体，以达到最佳的色彩效果，否则会失真或褪色。炉温一般要控制在七八百度。

潮州彩瓷在20世纪80年代达到昌盛，当时潮州有彩瓷专业厂6家。其中，仅潮州市彩瓷厂就拥有4000名职工，其产品出口70多个国家和地区及国内28个省市，占汕头口岸出口瓷器的60%以上。目前，手工彩绘的从业人员越来越少，年轻人不愿学习，潮彩技艺人员已出现青黄不接、后继无人的状况。

潮州市非物质文化遗产名录图典

传统技艺 Traditional Handicraft

陶器烧制技艺
（枫溪手拉朱泥壶制作技艺）

枫溪手拉朱泥壶是潮州地区民间所钟爱的一种工夫茶具。潮州作为中国茶具制作主要地区之一，手拉朱泥壶的生产至今已有几百年的历史，其制作技艺主要分布在潮州市陶瓷生产和贸易的中心枫溪及周边地区。

枫溪手拉朱泥壶当地俗称"土罐"，是潮州工夫茶主要选用的茶具，清代中期以前多仿制宜兴名壶。清初诗人陈茶尹有《咏潮州茶具》诗："白灶青铛子，潮州来者精。洁宜居近坐，小亦利随行。"光绪间全武祥所著《海珠边琐》中亦云："潮州人茗饮喜小壶，故粤中伪造惠逸公小壶触目皆是。"晚清诗人丘逢甲在《潮州思春》中咏及工夫茶，也明确写紫砂壶："曲院春风啜茗天，竹炉榄炭手亲煎。小砂壶瀹新鹪咀，来试湖山处女泉。"近年来，潮汕、闽南地区尤其是漳浦地区常有朱泥壶出土，皆为清中后期潮汕地区出产。

枫溪手拉朱泥壶的制作借鉴宜兴紫砂壶制作技艺，并因地制宜创新发展，一直以祖传作坊的方式传承。各家的泥料配方及制作手法秘不外传，较有名的商号主要有吴氏的源兴号和章氏的安顺号。其中源兴号作坊设于枫溪大路顶红罐铺内，创始于道光二十七年（1847）；安顺号作坊位于西塘，创始于清末，传承至今已有五代。

枫溪手拉朱泥壶选用本地陶矿红泥，采取手工拉坯成型的制陶技法制作而成，是一种依靠辘轳旋转成型的制陶方法。其制作过程要经过拉、修、批、上水、上浆、烧等近60道工序，烧制的成品具有线条简练、色泽丰润、光滑度高的特点。枫溪朱泥壶题材广泛，以山水、瓜果和水族飞禽为主；造型精美，有梨形壶、水平壶、扁灯壶等。款识常见的有老安顺制方印、源兴炳记方印、祥记、荣记、怀德兴记方印、挂普玉兰方印、枫溪印、孟臣圆印等，印款内容有人名款、地名款、图案款等。当代艺人对制壶题材、造型、款识等，又进一步发展，更加多样化。

目前，较有代表性的老字号仅存数家，原有的手工作坊也多改造为现代化的工厂，从业人员急剧萎缩，技艺精湛的艺人多年事已高，技艺传承亟待加强。

枫溪瓷烧制技艺

　　潮州是中国历史文化名城，陶瓷制作历史悠久，全国重点文物保护单位宋代笔架山窑中，出土了大量人物瓷和动物瓷。距潮州古城仅数里的枫溪乡，历宋至明，凭借地域瓷艺的深厚积淀，崛起为潮州制瓷中心并延续至今。

　　枫溪瓷门类齐全，有日用瓷、艺术瓷、建筑卫生瓷和特种用瓷4大系列，以艺术瓷最为著名，影响最大。艺术瓷主要供陈设观赏，故又称美术陈设瓷。艺术瓷又有人物瓷、动物瓷、通花瓷、瓷花瓷和花瓶彩绘等多个种类，其中的通花瓷和瓷花瓷制作精湛奇巧，集各种技法、手法之大成，是枫溪瓷烧制技艺的著名品种。"通花"之名源于潮州抽纱，后被移用于通体镂空瓷器，笔架山宋窑已有此一技法，枫溪瓷则发挥到极致。其通花瓷器形繁多，举凡瓶、坛、罐、尊、筒、篮、盘、球以至通花鸟、通花鲤鱼、通花麒麟、通花虾蟹篓等应有尽有，小者高仅5.7厘米，大者高达1.8米、长者达4米，镂空可达5层之多，或施于釉上彩绘，或与浮雕、立雕相结合，或配以色土、腐蚀金等装饰，构思机巧，结构纷繁，工艺精细，玲珑剔透，娟丽秀美。瓷花技艺为宋代枫溪所独创，20世纪50年代以后更大放异彩，手工创制的梅花、桃花等瓷片，薄如蝉翼，轻如纸屑，不水不沉，落地不碎，堪称神技，其造型有盆景瓷花、平面瓷盘寄贴立体瓷花等多种手法，尤以花瓶寄贴立体瓷花最富特色。它融通花、瓷花两种技法于一体，代表作如大型宫灯式三层通花《春色瓷花篮》，在宽82厘米的篮面上，寄贴着枝茎叶齐全、高低起伏、参差错落的十种不同瓷花，花蕾花朵达五六百个之多，花团锦簇、春色烂漫，技艺精超，手法奇妙，达到了枫溪瓷的最高境界。

枫溪瓷制作一般包括选料、洗泥、塑制、翻模、注浆成型、施釉、装烧、彩绘、烤花等9道主要工序，仅塑制有堆、雕、镂、控、贴、塑、刻、划、印、压、挤等多种技法；施釉有蘸、浇、泼、喷、刷等手法；按釉料对温度的不同要求，装烧又分氧化烧和还原烧两种，烧成后如再加彩绘的，还需在烤花窑烧烤烘焙，出窑后才完成瓷器品的制作流程。

枫溪瓷既继承了唐宋以来潮州瓷的精华，又借鉴吸收了潮州泥塑、花灯、木雕、刺绣、抽纱等民间工艺的技法手法，形成了一整套分工细密、富于变化、完善精良、自成一体的烧制技艺，在我国陶瓷史上具有重要地位。近半个世纪以来，尤以通花瓷器寄贴立体瓷花的独特技艺独步瓷坛，且珍品迭出，或作为国礼赠送外国领导人，或作为国宝陈设于中南海紫光阁和人民大会堂，或被中国美术馆收藏，或在普罗迪夫国际博览会获金奖，美轮美奂，巧夺天工，早已享誉海内外。枫溪瓷烧制技艺已于2018年入选第二批国家级非物质文化遗产代表性项目名录。

目前枫溪有陶瓷企业4000多家，从业人员8万多人，仍是我国陶瓷生产和出口的重要基地。随着国内外陶瓷市场供求的变化，日用、建筑、卫生陶瓷需求量激增，导致艺术瓷生产日趋萎缩，中青年艺人流失严重，身怀绝技的老艺人或已谢世，或年事已高，枫溪瓷烧制技艺正面临传承危机，如不采取有效措施加以保护，将有失传的危险。

潮州菜烹饪技艺

潮州菜，是广东菜（粤菜）的三大流派之一。潮州菜形成于宋代，兴盛于清代，分布区域以潮州为中心，向全国各地以及东南亚、欧美等国家和地区辐射。它富有地方风味，以精于烹制海鲜、重视原汁原味而著称。

潮州菜初步形成于宋代，一些名菜以及与之关系密切的工夫茶均已产生。明代中后期，特别是嘉靖、万历年间，潮州经济得到快速发展，饮食等随之兴旺，邑人林熙春《感时诗》反映了当时潮州菜的状况，诗云："瓦陈红荔与青梅，故俗于今若浪推。法酝必从吴浙至，珍馐每自海洋来。羊金饰服三秦宝，燕玉妆冠万里瑰。焉得棕裙还旧俗，堪羞大袖短头鞋。"鸦片战争以后，潮州沿海一带逐渐成为商业活动频繁的集结地，这对潮州菜发展起到了极大的促进作用，也带动了周边揭阳、汕头、潮阳、澄海等地潮州菜的兴盛。潮州菜还随着潮商的足迹遍布海内外重要商业城镇。广西荔浦商人潘乃光于光绪二十一年(1895)写作的一首《海外竹枝词》，记述了他在新加坡的见闻："买醉相邀上酒楼，唐人不与老番俦。开厅点菜须疱宰，半是潮州半广州。"

潮州菜作为一种历史悠久的地方菜，崇尚清淡口味，制作工细精巧，注重养生。潮州菜在选料、制作、火候，以及调味和营养配置等方面都具有鲜明的地方风味特征：取材广泛，特别擅长烹制海鲜，素菜荤做，调味独特，宴席间穿插考究的工夫茶，等等。潮州菜特色品种主要有红炖鱼翅、明炉烧响螺、油泡鱿鱼、清炖乌耳鳗、巧烧雁鹅、护国菜、八宝素菜、上汤螺把、干炸蟹塔、金瓜芋泥等。

在长期的发展过程中，潮州菜吸收了中原菜系乃至西餐的烹饪技艺，形成了独具特色的烹调方法。常用的烹调方法有炒、炖、炆、炸、油泡、焗、白灼、烙、卤、醉、反沙（翻沙）、糕烧、熏、烧烤、冻、煲等。潮州菜还以独特的酱碟闻名，不仅品种繁多，而且搭配合理，有"一菜一味碟"之称。常用的酱碟有鱼露、酱油、橘油、梅羔、三渗酱、辣椒酱、沙茶酱、蒜泥醋、浙醋、白醋、椒盐、姜米醋、芥辣、辣椒醋等，数不胜数。20世纪70年代以来，食品雕刻在潮州菜中发展迅速，并占据越来越重要的地位。食品雕刻所用原料，大部分取自潮州本土出产的各类蔬菜瓜果，如白萝卜、红萝卜、竹笋、番茄、青瓜、南瓜、芋头、地瓜、土豆、白菜等，雕刻造型则为各种花卉、飞禽、走兽、人物等，其中许多题材借鉴于潮州木雕、潮州艺术陶瓷。笋花雕刻是潮州菜烹调技艺中一项独特的、极富艺术性的技术。在潮州菜中，笋花和金笋花除作菜肴配料外，还经常作菜肴的围边点缀，效果极佳。

随着时代的变迁，昔日各都市竞设潮州酒楼、顾客盈门的热闹场面已不多见，许多传统名菜也难以恢复，潮菜烹饪技艺的传承受其影响，亟待重视。

乌龙茶制作技艺
（潮州单丛茶制作技艺）

潮州单丛茶属"乌龙茶"，历史悠久。关于"潮州单丛茶"的记载最早见于明嘉靖《潮州府志》，其中称饶平县每年进贡"茶叶一百五十斤三两"。清康熙《饶平县志》记载："待诏山，在县西南十余里，四时杂花竞秀，名为百花山。土人植茶上，潮郡称待诏茶。"还有"茶种宜风、宜露，宜微风；采宜微日，宜去梗""炒宜缓急火，宜善揉生气，宜净锅；宜密收贮。兼此者不须借邻妇矣"等关于种茶、制茶的记录。

潮州单丛茶根据产地不同，又分为白叶单丛、凤凰单丛和石古坪单丛，其中白叶单丛的原产地是双髻岭，凤凰单丛的原产地是凤凰乌岽山，石古坪乌龙茶是石古坪畲族人民世代相传的栽培品种，原产大质山（也称"百花山""待诏山"）。潮州单丛茶制作工艺流程包括：①采青。晴天下午采摘，做到眼紧、手快、轻采、轻放，采一个放一个，避免茶青紧压。②晒青。即日光萎凋、在有阳光的下午4~5时，鲜叶薄置不重叠。若气温在22℃~28℃时，晒15~20分钟，20℃~25℃时，晒20~30分钟，28℃~33℃时，晒10分钟左右。通过晒青，使"茶叶晒贴筛"，鲜叶水分消失10%~15%，便算适度。③凉青，又称"复式萎凋"。将晒青后的茶叶移置阴凉处的凉青架凉青，一般1~2小时为宜。④碰青，也称"做青"，俗称"浪茶"。温度一般为18℃~20℃，湿度一般为75%，时间从晚上六七点到次日天亮，历时需10~12小时；隔2小时碰一次，全过程需碰青5~6次，每次适度碰青约2分钟。⑤炒青，也称"杀青"。碰青完毕堆放一小时后进行炒青。将青叶投入锅内，先扬炒，后焖炒、均匀炒；锅温控制在150℃~200℃之间。⑥揉捻。从轻揉到重揉，再轻揉，中间2~3次，叶细胞破碎在40%~50%之间。⑦烘焙，俗称"焙茶"。用炭炉烘干。经两次以上的分次悠火烘焙，初焙约40分钟取出抹松，30分钟后第二次入焙，20分钟后熄火，搁置焙笼中至完全干即成。

单丛茶均属天然香型，但丰富多样，主要有蜜兰香、芝兰香、黄栀香、桂花香、杏仁香、奇兰香等，其品名的主要香味突出，其余花香兼备。潮州单丛茶汤色黄亮、口感醇美、回甘力强、余香留底。潮州单丛茶制作技艺对于研究潮州历史文化和经济生活等具有重要的价值，具有植物、地理等方面的科学研究价值。

由于受到现代技术方式的冲击，传统的制茶方法多被搁置，潮州单丛茶制作技艺的传承、发展也面临一定的困境。

浮洋方潮盛铜锣制作技艺

浮洋方潮盛铜锣与武汉铜锣、苏州铜锣在制作技艺上渊源相承，分布于今潮州市潮安区浮洋镇浮洋墟及仙庭村，始于清代道光年间，至今已有近200年历史。

清代咸丰年间，浮洋镇仙庭村人方明治到福建省连城县谋生，拜当地一位铜锣师傅为师，学会了铜锣制作技艺。回乡后，创办作坊，独家制作铜锣。他创办的铜锣作坊位于仙庭村御宗祠后，至今遗址仍称"铜锣城"。后为营销方便，铜锣作坊迁址于浮洋墟之新埠头，铺号"方潮盛"。浮洋方潮盛铜锣制作技艺后来由方君圃传至方俊仕，方俊仕匠心独具，修音、定音超群，在潮汕一带被称为"铜锣王"。浮洋方潮盛铜锣产品共有11大类67个品种的响铜乐器，每一大类产品再细分为特大、加大、大、中、小、特小等6个型号。主要产品有深波、马锣、斗锣、战锣、丁锣、虎狮钹、广钹、佛钹、斗钦、大丁钦、钦仔、曲锣、加冠锣、月锣、佛铃、响钟、钟仔、号头(大唢呐)、车锣、京锣、床头钹、音庆、大铜钟、挂锣、铜臼等，击打铜锣所用的锣槌也形态各异。

浮洋方潮盛铜锣是潮汕地区丰富的民俗活动中常用的礼器，不仅常出现在潮州大锣鼓的演奏中，还常用作潮剧和潮曲的伴奏乐器。在潮剧中打击乐铜锣组合有大锣组合、苏锣组合、小锣组合三种，大锣组合乐品有曲锣、大钹、小钹、深波和铜钟等，在剧情发展中大多表现庄重、深沉、悲壮、委婉、抒情的场面。小锣组合乐器有小锣、小钹、火钹、钦仔、深波等，用于表现轻松、跳跃、活泼的场面。苏锣组合的乐器有苏锣、大钹、小钹、小锣、月锣、大斗锣等，表现壮阔激烈、高昂豪放、苍劲大方的场面。

浮洋方潮盛的铜锣制作技艺有古今两种不同的方法。原始制作技艺包括拣料、熔铜、过模、打坯、修容、淬火和定音七道工序，其"一锤定音"技艺世代相传，所制作的各种铜锣音色、音量、音准俱佳。现行的冶炼造法与原始的冶炼及制作技艺无质的区别，只是更加规范、便捷。

由于诸多的历史原因，浮洋方潮盛铜锣制作技艺的传承已濒危，亟须保护和政策扶持。

潮州市非物质文化遗产名录图典

传统技艺
Traditional Handicraft

铜铸胎掐丝珐琅器制作技艺

潮安县(今称潮安区)凤塘镇铜铸胎掐丝珐琅器制作技艺迄今已有100多年的历史，目前其制作车间位于潮安区凤塘镇后陇新华苗圃。

铜铸胎掐丝珐琅器制作技艺在中国有悠久的历史，清代乾隆时期最为繁荣。据有关档案记载，广东籍掐丝珐琅艺人李应时于乾隆三十三年(1768)进清宫内务府造办处珐琅作供职。后来李应时之子李贤良、三子李楚仙回到广东，于坊间制作宫廷风格的铜铸胎掐丝珐琅器。20世纪30年代，李楚仙迁居潮州，仍从事铜铸胎掐丝珐琅器的生产，器物多为小摆件及饰品，如潮剧演员头饰中的簪和钗等。随着技术力量及制作资金的增强，制品的器形由日用小件扩展至适用的大小各种形状及造型，做工更为精细，富丽堂皇。

铜铸胎掐丝珐琅器在铜胎上将扁薄而匀称的铜丝掐成纹样轮廓线黏合上去，经焊接组成图案，在掐好的铜丝纹样轮廓内填充珐琅釉料，最后烧结而成。铜铸胎掐丝珐琅制作技艺为整胎、掐丝、焊丝、点琅、烧琅、磨琅、鎏金等七个主要环节。潮州市铜铸胎掐丝珐琅器在材料选择、制作工艺等方面，既保留了传统的铜铸胎掐丝珐琅器制作技艺，又借鉴了青铜器、陶瓷器、漆器等器物的造型审美。

20世纪初期，由于铜价不断上涨，铜铸胎掐丝珐琅器成本不断提高，造成有些制作工艺失传，材料配方残缺，有些至今难以恢复。另外，铜铸胎掐丝珐琅器制作主要以手工方式进行，技术难度大，技艺工序繁多，习艺周期长，现在年轻人多不愿意学习，其传统制作技艺面临失传的危险，亟待保护与扶持。

潮州市非物质文化遗产名录图典

传统技艺

建筑木结构营造技艺
（潮州传统建筑木结构技艺）

  大木作是我国传统建筑营造的核心技艺，主要应用于建筑主体，如殿堂、厅堂的宫殿、寺庙、祠堂、府第等。潮州传统木结构技艺是在继承中原主流建筑文化的基础上形成的具有鲜明地方特色的大木作技艺，其广泛应用于潮州地区的寺庙、祠堂、府第、民居等。潮州传统建筑木结构技艺历史悠久，唐潮州开元寺、潮阳西岩寺、潮阳灵山寺和宋潮州许驸马府、揭阳学宫、揭阳城隍庙、潮阳四序堂等现存的唐宋建筑，为潮州传统建筑木结构技艺的历史及其发展脉络与精湛技艺提供了佐证。

  潮州传统建筑大木作技艺的基本内容，可分为营造程序、建筑模式和宜忌例俗三个主要方面。其营造程序分为：准备阶段，即确定厝局坐向、压白与对字、厝局图与厝样图、择日落篙、备料、验料；制作阶段，即取坯、成型；试安装，俗称小立架；大木立架。潮州传统的厝局包括祠庙厝局、府第厝局等。厝局是潮州传统建筑木结构技艺的先行要素，厝局决定大木构架的大小、多寡等。在此基础上选择不同的构架模式和装饰手段。潮州传统建筑中也有一定的宜忌、例俗等，如忌宜过白，主要关注于前、后座建筑高差、间距的关系；天父压地母——以高为天父，以深、阔为地母，讲究天父必压地母；阳高阴底，阴长阳短；讲究前檐滴水高度应高于后檐，但后坡投影深度应长于前坡；厅单房双，讲究明间厅堂屋面的缝数为奇数，次间、稍间屋面的缝数为偶数；讲究"宜初忌尽"，取"不尽"之意，有前途无限之祥。忌冲，在大木作方面主要是忌柱、角冲门，即在各个门框的正投影范围内，不能出现柱子和墙角；在例俗方面，有厝土、动土、谢土、入宅、安门、上梁等仪式。厝地选好后，要排办厝土之仪；破土动工之前，要行动土仪式；厝屋落成，乔迁之前要排办答谢土地爷的谢土仪式；谢土次日上午要行入宅仪式，安门是厝屋营造过程的一个仪式；厅堂的大木立架后，安装栋楹要行上梁仪式。

潮州传统建筑木结构技艺，一方面忠实地继承了我国唐宋时期的传统建筑模式和技艺，使我国濒临失传的古代传统建筑技艺得以延续；另一方面，在继承的基础上，结合潮州地方特点的创新，使潮州传统建筑大木作技艺独树一帜，具有鲜明的地方性、独特性和较高的历史、文化和艺术价值。由于大部分匠师或已谢世，或因各种缘故未能继续工作，还有当年匠师所带的门徒或未曾出师，或已出师而不操旧业，造成目前潮州传统建筑木结构技艺正宗门派传承的优秀匠师寥寥无几，故潮州传统建筑木结构技艺亟须保护。

潮州金银錾刻技艺

潮州金银錾刻技艺历史悠久，清乾隆重修《潮州府志》中已有关于银饰、锡箔、制鞋是潮州传统的三大手工业的记载。清代潮州城内金银饰品作坊集中的一条街道被命名为"打银街"，此街名沿用至今。1910年，在南京举办的南洋劝业会上，潮州工匠周鼠的立雕《观音》和刘元的《大花瓶》，均获得较高的评价。

潮州金银錾刻的工艺流程包括构思、画稿、金属熔炼、平錾、冲压、拉丝、镶嵌等。潮州金银饰品有日用品、首饰、陈列欣赏品三大类，其中，日用品有酒具、茶具、调味具、杯、盘、碗、碟、牙签筒、银箸等。首饰分纯金银首饰和镶嵌首饰两种，有手镯、手链、戒指、胸花、项链、耳环、头结、发夹、钗、牌、坠等花式，镶嵌首饰的材料多使用珍珠、美玉、宝石等贵重珠宝。陈列欣赏品分为立体挂屏和立体摆件两种，挂屏高档采用薄铜片以金银箔板錾刻，挂屏类品种多以古代人物故事、山水风光、瑞兽花鸟等为题材，以特殊的工艺技术制成高低浮雕状，再錾出附物随形的细部；立体摆件的造型借鉴玉雕、石雕、木雕、陶瓷、泥塑等雕塑的圆雕艺术，以增强艺术空间感，采用金银薄片和花丝材料，运用传统的花丝、平錾、浮雕、镶嵌等工艺制作，用银焊形成一件完整的立体摆件。立体摆件也有先用泥塑造型，经脱胎形成分解造型，再组合形成完整的艺术摆件。

潮州金银錾刻的代表作品有《双层通花八仙骑花瓶》《九龙宝鼎》《麻姑献寿通花瓶》《银镀金马车》《银花丝镶嵌鼻烟壶》《浮雕龙凤如意》《银镀金蟹》《浮雕麒麟挂屏》《金镀金龙船》《帆船》《八角通花瓶》《双龙戏珠》等。

潮州金银錾刻技艺源于传统錾刻技法、汲取刺绣技艺和木雕立体镂通技法，题材内容和图纹独具特色，具有研究传统工艺价值、实用价值和文化、历史、经济等研究价值。潮州金银錾刻技艺以潮州市湘桥区为中心，辐射潮安区、饶平县及周边的澄海区、揭阳市、汕头市等地。

潮州金银錾刻技艺因其主要材料属于贵金属，而金、银都由国家统一管理，难以大规模生产。同时，技艺精湛的艺人不少已谢世，有些高难度的錾刻技艺后继乏人，故潮州金银錾刻技艺面临着濒危处境，亟须加大力度予以保护。

陶器烧制技艺
(潮州炭炉制作技艺)

　　潮州炭炉也叫风炉,被誉为"潮州工夫茶"四宝之一。它的制作采用最原始的手拉制陶技艺,从毛坯到烧制过程吸收中华民族优秀传统手工工艺,由一代代民间艺人薪火相传,历经时代变迁,从传统的泥火手工艺逐步向现代技艺演变,不断推陈出新,焕发出新的生机及价值。它是中华传统文化的结晶,也是中国传统文化中光彩夺目的艺术奇葩。

　　潮州炭炉制作历史悠久,文化积淀深厚,演化有绪,主要分布在枫溪及周边地区。枫溪境内有6000多年的池湖贝丘遗址、唐宋遗迹、笔架山宋窑及周边地区陶器的发现,宋、元、明、清历代,枫溪一直是陶器制作中心。清代以后,随着"潮州工夫茶"文化的发展和盛行,枫溪炭炉制作独具一格,与后一时期出现的"枫溪手拉朱泥壶"(已列为国家级非物质文化遗产代表性项目名录)制作均广泛生产和应用,并一直延续至今。

　　潮州炭炉具有强烈的地方特色,吸收了潮州民间艺术精华,形成了自身的地方艺术特点和独特风格。炭炉制作工艺采用手工拉坯制陶成型,是最原始的辘轳手拉坯制陶技法,手拉的泥料选用本地有名的红泥陶矿加工而成。其制作过程要经过拉、挤、压、捏、修、批、上水、上浆、烧等几十道工序,烧制后的成品具有造型精美、风格独特、艺术感强、线条精练、色泽丰润等特点。枫溪炭炉造型美观,品种多、主题突出、格调精雅,具有精湛的传统手工艺特点和实用功能、生活功能和历史文化价值。

　　潮州炭炉制作包括以下几方面主要内容:一是其制作采用的泥料特别考究,主要采用当地黏土,俗称"红泥"(本地叫"泥积土")。它区别于传统泥料,其特点是黏性好、无砂砾、易揉捏,又具备可塑性能强等基本性质,泥土含有较高的氧化铁,透气性好,物理性能佳,烧制后呈现红色,产品材料纯天然,不受污染,具备环保节能健康实用的特点。二是制作流程采用手工拉坯成型，是原始辘轳制陶工艺，现此项技艺保存甚少。制作过程要用脚踢"梭车"来转动轮盘，利用其惯性一气呵成地把粗坯拉好，也即在安装于辘轳的石膏转盘上放置泥料，通过拉、挤、压、捏等方法制好炉体后再经修坯、安装、晾干、上釉、装窑、烧窑等工艺程序制作出成品炭炉。三是炭炉基本结构主要由炉体和砂铫两部分搭配成套，炉主体部分具备了基本功能，砂铫代替传统容器使用。其造型多样，一般以不规则柱体或方形为主，尺寸从20cm到80cm高不等，形式多样，传统与现代造型相结合。

随着科学技术的发展，大量气炉、高科技电炉、电磁炉的出现，加上受现代快节奏生活的影响，炭炉几乎被人们遗忘且濒临消失。因而造成目前炭炉业态低迷，加之本地经济发展迅猛，许多行业从业者已转做其他高附加值的产业，形成了大量的人员流失。同时后辈大多对此项技艺不了解没兴趣导致后继乏人，保护形势相当严峻，刻不容缓。

可喜的是，随着茶文化发展以及人们物质生活、精神需求提高，传统工艺得到了更多的重视和保护，技艺从业者逐年增多，形成了一定基础的创作队伍，项目和队伍逐步得到了发展。特别是地方文化主管部门对炭炉制作技艺高度重视，并经过全面深入调查研究，组成专门保护机构对项目进行了登记和管理保护，2022年被列为省级非物质文化遗产代表性项目。目前，该区正在加大力度培育传承人，组织项目及传承人群参加国内各项交流活动，有力推动了项目发展，大大改变了项目后继乏人的现象，有效推动了地方经济的发展。

2022年，潮州炭炉制作技艺入选为广东省第八批非物质文化遗产代表性扩展项目名录。

盐焗鸡制作技艺
（饶平盐焗鸡制作技艺）

　　古代饶平镇是一个出海口、产盐区，又是"红头船"的出海地。相传，钱东镇上浮山村的郭氏长子进入官盐区当盐工，生活十分艰苦，郭母心疼便杀了一只老母鸡，卤后用一张猪油纸包上，偷偷送给儿子。儿子想家中一年难得吃上鸡肉，不忍心吃掉，遂将鸡埋在盐堆中，本想找个借口将鸡带回，与家人一同共享。不料几天后就让盐场主发现了，见鸡色泽金黄、香味四溢，盐场主试一口，骨酥肉脆，十分爽口。于是便叫来盐工询问："这是哪来的'金黄色香鸡'？"郭氏儿子得知鸡已被盐场主吃过了，便道："是我老母亲送来的，你吃了，要赔鸡钱。"盐场主说："开口就要钱，真的是。你家有这焗鸡的技艺，只要你母亲能做此鸡卖我，钱有的是，你家也不会再穷了，此鸡风味如此独特，吃后让人回味无穷，就叫'无穷盐焗鸡'吧！"

　　饶平无穷盐焗鸡，源于明代，兴于清代。有史记载：郭家泰在清朝期间开设"无穷"铺号专卖盐焗鸡，清末，盐焗鸡随着"红头船"漂洋过海到了东南亚一带；到了民国，郭江言秉承祖制，在传统盐焗鸡的制法和配方上加以改进创新，形成了盐焗鸡皮脆、肉香、味美、色泽金黄的特征，声名远播。

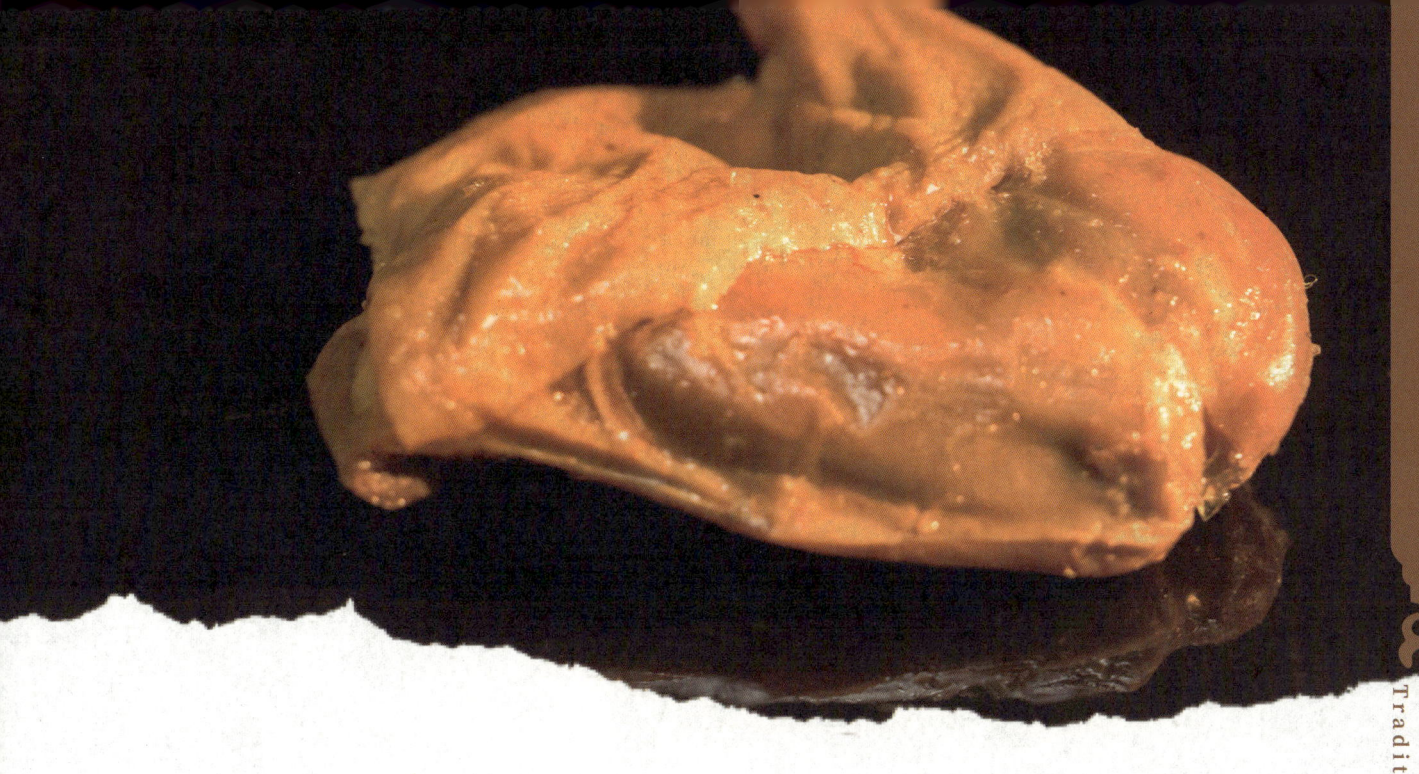

饶平盐焗鸡的原料，选用本地饲养一年半以上的走地鸡，砂姜、桂皮、大茴香等香料以及本地粗盐。

其制作流程是：

1. 将鸡宰杀洗净沥干水分，抹上料酒用手搓揉后，把姜、葱、蒜等塞到鸡腹中，在鸡表面涂一层猪油，用砂纸将鸡包好待用；2. 将粗海盐炒至80℃，然后加入适量砂姜、桂皮、大茴香等香料，再炒至有香辛味溢出；3. 将预制好的鸡包掩埋在热盐中，焗熟取出后，去掉焗料，用温水清泡，取出后自然风干，再放入卤锅内用旺火卤25分钟，后转小火慢焗2.5小时捞取，让其自然风干即成。

新中国成立后，尤其是改革开放以来，在郭氏家族的不断传承下，于1999年成立了"无穷食品有限公司"，走工业化生产之路，盐焗鸡产业得到快速发展，创造出"无穷"品牌系列盐焗鸡，为地方经济发展作出贡献。

饶平盐焗鸡制作技艺，已于2022年入选第八批省级非物质文化遗产代表性扩展项目名录。

糕点制作技艺
（潮州腐乳饼制作技艺）

腐乳饼是因具有一股独特腐乳香味而得名的饼食，是广东省潮州市一种风味独特的著名小吃。

潮州是享有盛名的国家历史文化名城，地处岭南，韩江纵贯其南北，东与福建省交界，西与揭阳市接壤，北连梅州市，南临南海并毗邻汕头市。

腐乳饼集中于潮州市，全国各省市及海外各国均有分布。

腐乳饼始于清末，民国初期至新中国成立前为成熟时期。这一时期，随着人们下南洋的热潮，腐乳饼随之走出国门，漂洋过海，在异国他乡落地生根。新中国成立至今，为其快速发展和兴盛期。其造型小巧，有独特的腐乳气味，香味浓郁，芳香可口，甜而不腻的特点流传至今。

腐乳饼是潮州地区著名的传统饼食之一，形状近似椭圆形。它用料奇特多样，制作手法十分考究。以面粉加入糖浆、花生油、适量枧水，用力搓揉即成饼皮。花生仁炒香、去膜、碾幼粒；芝麻炒香；精选白肉切丁，按比例加入白糖腌制三天后形成冰肉。把炒香的花生仁、芝麻、冰肉放在大盆里，加入蒜蓉、整块的腐乳，调入适量的白酒、糖、糕粉，再加入适量的花生油（或猪油），搅拌均匀，便成为腐乳饼的馅。把制成的饼皮包上馅料后，用饼模印制成形，放入烤炉用

220~230度高温烘烤16~17分钟后取出，饼面再刷上蛋浆，重新进烤炉烘烤5~10分钟即成皮薄而不裂、馅饱而不露、干润而不燥的腐乳饼。

腐乳饼的主要特征是其具有独特的南乳香气。制作腐乳饼应选用陈年腐乳，陈放2~3年的腐乳味道为佳，因豆腐中原本的大豆蛋白质经微生物发酵分解成了更容易被人们消化的多肽和氨基酸成分，味道就更加醇厚和鲜美。用于饼馅，经与其他原料混合、烘烤，腐乳味得到更好的散发，赋予了腐乳饼独特的韵味，使人唇齿留香，回味无穷。

制作腐乳饼用料奇特广泛，配料多达14种以上，投料先后有序，成型、烘烤颇有章法。首先以优质面粉、花生油、糖油制成饼皮。精选白膘肉切成丁，用白糖、白酒腌制成冰肉后，与榄仁、炒熟花生仁、芝麻及蒜蓉等混合，调入适量的南乳、米酒、糖粉、糕粉，再加入适量的花生油搅拌均匀成为馅料。把制成的皮分剂后压薄，包上馅料，用饼模印成形，置于烤盘中，高温烘烤后取出，饼面均匀刷上蛋浆，重新进烤炉烘烤即成小巧玲珑、色泽金黄、有龙凤呈祥花纹的腐乳饼。如今，腐乳饼以其独特的咸香口味演变为时尚的休闲食品，是潮州工夫茶配的绝品，具有良好的经济价值。

历经长期的传承和发展，腐乳饼深含重要的历史价值、文化价值和经济价值，它是联结海内外潮人爱国爱乡的重要桥梁，也是天下潮人的情感寄托，同时对促进种植和养殖业、调味品业、茶馆餐饮业、包装等行业以及地方旅游业发展有重要推动作用。

凉果制作技艺
（潮州九制金榄制作技艺）

潮州九制金榄，是经多次煎晒制作而成，且经久贮藏的橄榄蜜饯制品。由于它具有药用价值，又是传统调味佳品，素来享有盛誉。潮州九制金榄制作技艺主要分布在潮州古城区、潮安区以及汕头、揭阳等周边县市。

潮州九制金榄有着悠久的生产历史，早在明、清时期已闻名遐迩，行销国内各地。潮州青橄榄起初是由野生品种驯化而来，到了明清时代，果农大量种植而成围成片。当时潮人已大量制作各类蜜饯凉果。据《潮州饰品糖纸工业志》记载：1790 年，潮州吴家园作坊制作"轮船牌"系列潮州凉果，其中九制金榄为特色果品。

九制金榄制作以晒煎为主，选取肉厚、核小橄榄，将橄榄清洗后放入调剂好的盐水缸中泡制，泡 30～45 天；泡制好后把其捞出晒干，再放入水缸中浸泡，14 小时后捞出晒干；然后把晒成半干的橄榄用糖水煎煮，糖水中加入甘草、白芷、桔梗、胖大海等药材及五香粉，待橄榄吸收糖液饱和后，再捞出晒干即成。九制金榄具有清肺利咽、生津止渴、解毒、消鲠之功效，深受人们喜爱。

九制金榄是潮州传统特色小蜜饯，至今已有100多年的历史。其以橄榄果和甘草、盐和糖经反复腌、蒸、晒而成。制作极为考究，成品要求外表有着自然的细纹，保留了橄榄本身菱形的形态，入口甘甜，肉质酥硬，带有韧性，是潮州"三宝"之一。

随着经济飞快速发展，农村城市化进程加快、生态环境及水土特质发生变化，水果产量有所减少，凉果制作业备受影响，况且业内老艺人相继谢世，年轻人传承制作技艺的甚少，九制金榄制作技艺面临失传的危险。

潮州九制金榄制作技艺已于2022年入选第八批省级非物质文化遗产代表性扩展项目名录。

凉果制作技艺
（潮州九制陈皮制作技艺）

在中国三大蜜饯派系中，潮安九制陈皮脱颖而出，独领风骚，走俏祖国大江南北，远销东南亚等国家和地区，成为誉满海内外的民族食品瑰宝，第四代传承者杨应林先生因此被誉为"陈皮大王"。

潮安九制陈皮以潮州柑皮为原料，经过九道工序的制作技艺精制而成，生产过程包括选料、预处理、盐腌、晒胚、糖渍、晒制、拌料、烘干、调香。九制陈皮制作技艺坚持遵古法制，讲究色、香、味、形，产品表面干燥，甘香浓郁而酸甜，入口含化，回味持久，具有鲜明的风味特征，是老少皆宜、居家必备、送礼首选之上品。

1996年，时任广东省委副书记、省长的黄华华在广东佳宝集团有限公司视察时，赞扬佳宝牌九制陈皮不愧为"中国一绝"。

2005年，潮安庵埠镇被中国食品协会授予"中国第一食品名镇"的荣誉称号。

近年来，在潮州市委、市政府的高度重视和推动下，以潮安九制陈皮为代表的潮汕蜜饯行业在质量安全和生产规范等方面有了长足进步，成为促进潮安区经济发展的重要因素。

潮州九制陈皮制作技艺，于2022年入选第八批省级非物质文化遗产代表性扩展项目名录。

潮州市非物质文化遗产名录图典

传统技艺 Traditional Handicraft

凉果制作技艺
（潮州佛手果老香黄制作技艺）

　　佛手果是芸香科常绿小乔木所结之果，又称九爪木、五指橘、福寿橘、老香黄、老香橼，是珍贵的药食同源水果。据《本草纲目》记载，佛手主治"下气、除心头痰水。煮酒饮治痰气咳嗽，煎汤治心下气痛"。常为居家必备之凉果品，故素有"果中仙品药中王"之称。

　　"潮州佛手果老香黄制作技艺"是潮州民间水果蜜饯制作技艺的代表，有着悠久的历史。潮州地处岭东，属亚热带海洋性季风气候，雨量充沛，日照充足，适宜佛手果种植。据唐代《广雅》记载，自唐代，潮州人就开始制作凉果。到明代中期，潮州人制作佛手果技艺已臻成熟。至清代达到高峰。潮州佛手果（老香黄）的制作十分讲究，且流程较长，需两三年的时间。制作工序分为：1.选料、清洗；2.盐腌；3.分切、晒干；4.漂煮；5.中药浸膏浸泡；6.晒制；7.调香料、包装。其中，"中药浸膏浸泡"和"调香料"是核心技术。制品形态分为

两类,即"全果类"与"切粒类";形式又分为"瓶装"和"盒装"二种。

"潮州佛手果老香黄制作技艺"自唐以降,广泛流传于民间。主要分布在潮州古城区(湘桥区)和潮安区等地区。据《潮州志》记载,清末到民国初年,古城区开元街就有"周义兴"的老香黄作坊,还有潮安区庵埠镇的"吴家国"老香黄作坊。新中国成立后,1951年,经公私合营方式成立"潮州市果子厂";1956年,成立地方国营潮安凉果厂,主要制作"轮船牌"系列凉果。改革开放后,成立"广东展翠食品股份有限公司",专事"糖果"及"蜜饯食品"研发。该公司在继承传统佛手果老香黄制作技艺之基础上不断创新,创制特色品牌"展翠佛手果"获得成功并受到社会好评,被评为"广东名牌产品""广东手信"和潮州市"名手信"等,为潮州佛手果老香黄制作技艺的传承发展作出了巨大的贡献。

漆器髹饰技艺（潮州漆器髹饰技艺）

潮州漆器髹饰技艺发源于广东省潮州市潮安区浮洋镇乐桥村。乐桥村自宋代始祖"稔一郎"携艺创乡以来，就开始有村民以泥型木雕漆器制作技艺为生，世代传承。主要制作生漆脱胎造像，俗称"生漆脱胎"，同时也利用生漆优良耐久的特性制作各种摆件、壁挂和建筑装饰等。因此潮州漆器髹饰技艺是在生漆脱胎工艺及其衍生的漆器制作技艺的基础上形成的，迄今已有600多年的历史。新中国成立前曾辐射至整个潮汕以及东南亚的泰国等地区和国家。乐桥村地理位置优越，与高铁潮汕站和潮汕国际机场毗邻，交通便利，对外交流有着得天独厚之优势，为该项目的传承传播提供了有利条件。

该技艺的原材料主要是中国大漆（也称生漆），苎布和瓦粉，还有一些传统辅助材料等，所用的材料都属天然原材料。

该项技艺的制作流程复杂，主要有设计定稿、造型制作、干漆夹苎、脱胎定型、修坯打磨、表面装饰、彩绘贴金等。

本技艺的工具主要有：各式牛角杵、牛毛漆刷、头毛刷、雕刀、料灰刀、刮刀、剪刀、搓板、拌漆棒、筛子、镊子、磨石、擂锤、滤漆布、刮板、木锯等。

该技艺的实践方式是先做泥塑木雕模型，然后在模型上涂刷生漆漆灰，再用生漆液粘贴苎布。漆灰和苎布可循环多遍施工，等待生漆干燥之后的胚胎体（有的胚胎体需脱掉原先塑形的泥土木块，有的则无须）再进行修整打磨，磨光滑之后便在表面进行浮龙漆线的制作，最后进行彩绘贴金。历经近百道工序，工期半年以上。

该技艺主要应用于造像、古建、装饰、摆件等。最主要特征是：性能稳定，不老化不开裂，纯天然材料制作，对人体无损害等。

潮州漆器制作技艺不但能将不同形状的原貌复制成生漆胎体，而且造型精细复杂的部分可在后期用"漆线"工艺技法来表现，这部分的内容主要有浮龙盔甲，水波祥云，人物戏出，花边图案等。"漆线"工艺的艺术效果既有传统工笔画的章法韵味，又有与传统潮绣异曲同工之妙，充分体现了潮州本土传统工艺的细腻精致、立体感强的艺术特点，与原有造型相互映衬，构成一个完美的艺术整体。这是潮州漆器最传统的艺术特色，也是其在诸多漆器工艺中独树一帜的艺术特色。

该项技艺曾经繁荣兴盛，影响广泛。但由于历史的原因，"文化大革命"使从艺人员纷纷被迫改行。改革开放以后又受到市场经济发展的冲击，项目曾一度处于濒危状态。

针对现存状况，市、区政府十分重视，采取有效保护措施，对项目进行抢救，并于2017年将其列入市区级非遗保护名单。市级代表性传承人许日存先生积极履行传承保护责任，带徒授艺，初步改变了潮州漆器将后继乏人的局面。许日存的从艺范围也不断扩大，遍布潮汕地区和福建闽南地区，有时也应邀到省外去传艺，不少作品流传到东南亚国家的寺院、庙宇，深受好评。

2022年，潮州漆器髹饰技艺入选为广东省第八批省级非物质文化遗产代表性项目名录。

潮州蜡石造型技艺

"自古南粤多奇山，而今古瀛冠蜡石。"素有"岭海名邦""海滨邹鲁"美誉的潮州，风景宜人，物华天宝，贮藏着丰富的蜡石资源，出产的"黄金蜡""荔枝冻"身价不凡，被中外收藏家视为首选的奇珍宝石，日本、美国等赏石界誉之为"富贵石"。

潮州蜡石造型技艺有着悠久的历史，早在唐、宋时期就有潮州名人收藏与玩赏蜡石的记载。蜡石的收藏与玩赏在古老的潮州是一门传统艺术。潮州蜡石被称为"富贵石"，因其色黄中带红，黄如金，代表富贵；而红属吉利，代表吉祥如意。凝冻如蜡，肉质温润，手感柔顺，令人爱不释手，因而潮州蜡石的价值不下于玉。因此，潮州蜡石又属于中华奇石之列。

传统的奇石讲究瘦、漏、透、皱、清、丑、玩、拙、奇、秀、险、幽十二个方面，同时也注重于色、质、纹、题、座五个方面，因而需要具有奇特性、艺术性、稀有性、可采性、区域性、科学性和商品性。而潮州蜡石就具备了以上奇石造型的必要条件，而且以其优质美色、金黄红艳、富贵润泽，既可观赏、又可把玩，质与玉同、价比玉高的特色，在奇石造型与品赏中总名列前茅，享誉海内外，成为当今奇玉石王国中一朵奇葩。

潮州蜡石造型技艺需经过挑选石料、多种艺术造型的加工、制作脚座、成形命名、奇石保养等五大步骤。其文化特色，是以潮州蜡石的质优色润凝冻和形象美妙多变为主体，加上潮州木雕的艺术底座，吸收潮州玉雕工艺的造型方式，使之更加丰富多彩。又以巧妙的命名，形成了具有潮州特色的盆景、景观蜡石文化和艺术。发展至今，潮州蜡石造型技艺在继承传统的同时，又结合现代人们赏石的审美观念，形成了一套具有地域风格和潮州文化特征的造型技艺和儒雅的赏石理念。

潮州蜡石来源于大自然，并在造型创作过程中恪守"自然天成"的法则，这是物质向精神转化的过程，使人与自然得到融洽。千姿百态的蜡石摆件有着"天地造化"的固有品格，凝重宁静，高雅脱俗，净化心灵，使人们得到空灵、超脱的高品位精神享受，成为美化环境、陶冶情操的艺术品。它是神奇的艺术品，其形、质、色具有人文艺术的特点，通过造型艺术创作了丰富多彩的内涵美，使之成为一首无声的诗、一幅立体的画。潮州蜡石造型技艺的传承与创新，推动潮州赏石文化不断发展，使人们的生活更加美好。

潮州鼻烟壶制作技艺

鼻烟壶的起源，可以追溯至明末清初。当时鼻烟从西方传入中国，起初盛装鼻烟的容器是鼻烟盒——长方形的铁盒子，造型相对简陋单一。中国的能工巧匠经过仔细研究、不断探索之后，融入中国博大精深的传统文化而制作出中国鼻烟壶，造型独特，内膛大壶口小，便于鼻烟的密封保存，加上书画篆刻等中国特色的工艺，鼻烟壶因此兴起。鼻烟壶作为一种传统的工艺品，相对其他工艺品来说，虽然历史不算久远，但却被誉为"集多种工艺之大成的袖珍艺术品"。

近代各种文人雅士、达官贵人喜爱把玩的鼻烟壶多出于潮州。潮州鼻烟壶以其雕刻见长，运用玉石、玛瑙等原材料本身斑斓的色彩，俏色巧雕加工成瑰丽的艺术品。而最珍贵的，要数"水上漂"玛瑙鼻烟壶，就是把玛瑙削磨到如纸一般的薄，放在水里能漂浮在水面上不下沉，俗称"水上漂"。20世纪80年代是潮州鼻烟壶的鼎盛时期，那时潮州的鼻烟壶可谓一壶难求，全被北京琉璃厂、天津古玩商以及国内各古玩行商家抢购一空，潮州鼻烟壶被推向国际古玩市场的历史顶峰。

潮州鼻烟壶作为中国鼻烟壶艺术中的一种，在技法上汲取古法的精华，遵古法制并且不断融合潮州本地的工艺美术特点，成为享誉海内外的独特工艺品种。"俏色巧雕鼻烟壶"的工艺创作是追求物象的似与不似，给观者的感受是藏而不露，含蓄的表达方式使人产生无尽的遐想，体现了中华民族的文化内涵。

潮州鼻烟壶的制作过程如下：

1. 挑选材料

制作鼻烟壶第一步要重视在选料上下功夫，根据材料的特点构思创作。选料虽然会花费大量时间，但也会有益于之后的创作。

2.定壶型、切割壶型、打坯

先在材料上勾勒出形状，定下整体造型，然后进行切割。根据定出的形状，将多余的材料切除。打坯定壶型，这是鼻烟壶制作中基础而关键的一步，在保证壶型完美对称的同时，全方位考虑材料本身的色泽分布及纹理走向。

3.俏色巧雕

图案设计，这个过程中常会有一些想不到的问题，比如颜色上的变化，或者材料内的天然瑕疵等。制作过程需精细入微，器作严谨，对艺人的操作熟练度、审美、创作思维、应变能力有很高要求的，方使雕刻出来的山水人物栩栩如生，玉宇琼楼美妙绝伦，每个图案都是独一无二。

4.掏膛

掏膛是制作鼻烟壶最重要的环节，直接关系到鼻烟壶的质量。一般先用直径0.3~0.4cm的长棒在壶口定点打孔，口径不能太大，否则壶的档次会大大降低。中心点定位要准确，因为该孔是壶体的中心轴，若不正，随着掏膛的进行，膛壁厚度的减少，会导致破壁风险越高。而且，如果定位偏差也没有修改的余地。掏膛不能图快，要随时调整机器的速度、工具使用的力度和角度等。"水上漂"玛瑙鼻烟壶，就是把鼻烟壶内壁削磨到如纸一般的薄而透亮，放在水里，烟壶能漂浮在水面上而不下沉。

5.打磨抛光

玛瑙打磨与其他的宝玉石打磨的工具、工艺有所差别。打磨是从粗砂或油石开始，先去棱角、托顺，做到不扎眼、不扎手。磨顺鼻烟壶，使作品圆润、顺手，再逐步细化，使其表面更完美光滑、光泽感更强烈。

6.配顶，也叫配盖

壶盖是鼻烟壶的配件，它所选用材料和形体制作要与鼻烟壶壶身保持协调。配上鼻烟壶壶盖，一个精致的艺术品便诞生了。

潮州鼻烟壶的制作是环环相扣的，每一道工序都需要艺人的用心和耐心。潮州鼻烟壶有光身浮雕、镶嵌等工艺式，与国内的京派、鲁派、冀派、粤派的内画鼻烟壶截然不同。

2015年，潮州鼻烟壶制作技艺入选第六批市级非物质文化遗产代表性项目名录。

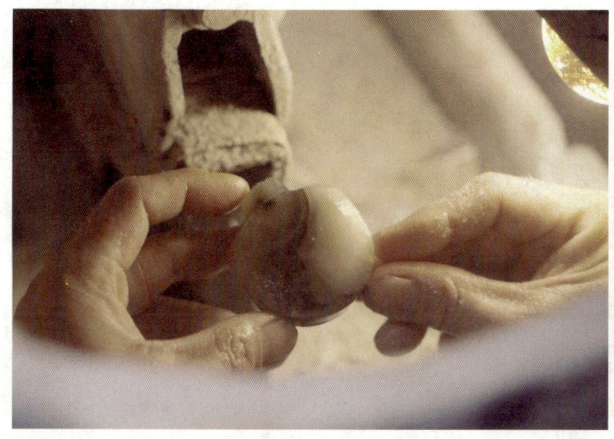

潮州黄皮豉制作技艺

潮州黄皮豉制作技艺历史悠久。据唐《广雅》记载,潮州人自唐宋时就开始制作凉果。明代迅速发展,清代达到高峰。清代潮州是全国闻名的水果产区,盛产柑、橄榄、青梅、黄皮、杨桃、蜜桃和杨梅等"岭南名果"。这些资源给凉果制造业的发展提供了充裕的土壤。

据吴修仁《潮汕植物志》记述:黄皮,芸香科,小乔木,果淡黄至暗黄色,果肉乳白色,半透明,是珍贵的药食同源水果,故有"果中宝"之称。

黄皮豉是潮州传统特色小蜜饯,自明万历年间至今已有四百多年的历史,咸中带甜,肉质柔绵,气味浓郁诱人,是潮州"三宝"之一。

黄皮豉以黄皮果和多种中药、盐和糖经反复腌、蒸、晒而成。制作极为考究,成品要求规格要黄皮果型基本完整;果肉松软、口含能化;凉果的色泽乌黑发亮;味道咸、甘、甜、并有微酸,保有原果独有的香味。

黄皮制作技艺是潮州蜜饯凉果类制作中的重要部分。其制作技艺过程是:将黄皮果洗净,整果盐腌,晒干,退盐,炊制,浸糖,浸甘草及中药香料液,晒干,退冷,检验,包装成品。整个流程需要较长时间。其特点是:果肉松软,口含能化,香味浓郁;还有祛风去瘀、止咳消痰、健脾开胃、生津止渴等功能。

研究表明,黄皮具有以下4种药理作用:(1)消食健胃。黄皮味酸,性平,可消食健胃。民间谚语云:"饥食荔枝,饱食黄皮",说明黄皮可帮助消化。(2)化痰平喘。黄皮果中含有黄皮新肉桂酰胺A、B、C、D以及酚类,多种氨基酸,黄酮甙等,既可调畅气机,又可敛肺气,同时,还可减轻平滑肌的痉挛,收到化痰平喘之功效。(3)降火助消化。夏天吃黄皮果时,可以将果肉、果皮和果核放在口中嚼碎,连渣带汁一并吞下,味虽有些苦,但可以起到降火、治疗消化不良、胃脘饱胀的作用。(4)顺气镇咳。黄皮之所以能顺气、镇咳,是由于它具有松弛胸腹肌肉紧张的作用,使呼吸顺畅没有障碍,咳嗽自然停止。

潮州黄皮豉制作技艺复杂、繁琐,其传承历史上多以师傅口传心授,没有文字记录。由于加工制作时间长,年轻人不热心此艺,若不及时加以保护和扶持,可能导致传统工艺失传的。

2019年,黄皮豉制作技艺入选为潮州市第八批市级非物质文化遗产代表性项目名录。

潮州柑饼制作技艺

潮州柑饼制作技艺，是一种用当地佳果——柑作为原料制成的"饼形"脯饯、药食两用的凉果小食。

唐宋时期，由于潮州气候水土极佳，山地上生长着大量野生植物，如柑橘、橄榄、青梅、黄皮、杨桃、蜜桃、甜李和杨梅等果树。唐《广雅》记载，自唐宋年间，潮州人民就开始制作凉果。明万历郭子章在《潮中杂记》中记述："潮果以柑为第一品，味甘而气香，肉肥而少核，皮厚而味美，此足甲天下亦，有两种，皮厚者尤佳。"可知，柑饼制作至今已有1000多年之历史了。

柑饼是潮州传统特色小蜜饯，沉甸甸的，有一种实在感，尤其外面那层糖霜很诱人。柑的芳辛味依旧在，但不像鲜柑皮那么辛烈，有一种沉淀下来的温醇，肉质有点韧性而胶润，柑肉金黄很有质感。它是潮州最具地方特色的蜜饯之一。

柑饼选用潮州柑中的优良品种蕉柑，先刮去表面的油泡层，用刀把柑划破成4~6星形；后把它压扁挤出核；再盐渍处理；加糖浸制、蜜制，并反复煮制几次；最后上糖衣。柑饼既保持了柑的原味，又有金黄胶润的质感，甘甜更胜鲜柑，营养价值也较高，具有鲜明的风味。

柑饼制作考究，其方法是：选用成熟皮厚的鲜柑，磨皮、划缝取籽、制盐胚、漂水脱盐、热烫、糖腌、成品检验、包装等。其盐腌和浸糖、煮糖这三个过程是关键技艺，需严谨又精工。柑饼具有入口能化，香甜爽润的特征，还有理气健胃、祛痰镇咳之药用价值。

潮州柑饼的制作，由于容易受到不良天气的影响，优质柑的供应难以保障，且生产周期较长，利润微薄，故年轻人不热心此制作技艺，青黄不接现象严重。为使技艺不致消亡，需要采取措施重点保护老艺人、做好扶持传承工作，鼓励年轻人端正认识，积极学习技艺。

2019年，潮州柑饼制作入选为潮州市第八批市级非物质文化遗产代表性项目名录。

潮州老药桔制作技艺

　　潮州老药桔是采用生长于潮州地区的金桔果为原料、经过蜜饯制作而成的一种凉果品，具养生药用价值。其历史悠久，始自唐代，成熟于明代。这一传统凉果制作技艺在潮州地区保存至今，后来也流传到汕头市和揭阳市。

　　据《潮州饰品糖纸工业志》载：1790年，潮州有吴家园作坊制作"轮船牌"系列潮州特色凉果，其中就有老药桔凉果。它的制作过程较为复杂，要经过整果盐腌、晒干、退盐、炊制及浸糖再用甘草和其他中药香料液，再晒干，收回退冷、检验、包装入库等工序才能制成。尤其是用各种中药香料液浸及浸糖的核心技艺，是潮州劳动人民在长期生产实践中总结出来的宝贵经验。主料是金桔、白糖、食盐、甘草、杏仁、胖大海、陈皮、金银花、桔梗、蜂蜜等。

整个工艺流程中对盐腌和浸糖这个核心技艺有着严格的操作要求。具体如下：

（1）盐腌：盐腌主要除辛、苦和涩味，同时又起到除菌保鲜的作用。根据金桔的生长规律，其成熟期比较集中，为延长成品加工时间，使产量、质量不断提高，必须在金桔成熟高峰期大量收购，先加工成水胚贮藏起来，再根据生产需要取出加工成商品。

盐腌的过程是：洗净腌制池，先铺一层粗盐，放入洗净的金桔；当果层放至厚约30厘米时，再均匀地撒上一层粗盐，依次层果层盐。直至叠满后，再在表层上均匀地撒上一层粗盐，最后要用重物压实。腌制时间要几个月。腌制用的盐也有讲究，一般以日晒海盐、盐粒粗者为佳。一般盐的饱和度控制在20%~22%。在腌制期间，每天须用盐水循环回流，保证表层能被盐液全面覆盖，防止细菌对金桔的危害。

（2）浸糖、甘草和其他中药香料液：这个过程，就是食用糖与金桔中水分交换的过程，需要相当长的时间，应从低浓度分次加糖至高浓度，当果实糖分达到50%以上时，再加以干燥处理即成。

现代药理研究表明，金桔含丰富的葡萄糖、果糖、苹果酸、柠檬酸及黄酮甙(如橙皮甙)、挥发油、肌醇、维生素B等。挥发油对消化道有一定的刺激作用，有利于胃肠积气的排出，促进胃液分泌，帮助消化；能刺激呼吸道黏膜，使分泌增加，痰液稀释而易于排出痰；还有降低毛细血管脆性的作用，可防止微血管出血。黄酮甙有降低血脂的作用。

潮州老药桔制作技艺的保护与传承，对研究潮州凉果制作历史有着重要的启示作用。随着时间的推移，现在能真正掌握传统制作技艺之人寥寥无几，亟须采取切实措施确保其传承。

2019年，潮州老药桔制作技艺入选为潮州市第八批市级非物质文化遗产代表性项目名录。

潮州甘草水果制作技艺

潮州甘草水果历史久远。据唐代《广雅》记载，至唐宋时期，潮州人就开始制作凉果。清代为凉果制作之繁盛期。史料记载，当时潮州是全国闻名的水果产区，出产大量柑橘、橄榄、青梅、黄皮、杨桃、蜜桃和杨梅等"岭南名果"。这些资源为凉果业的发展提供了原料保障。

潮州甘草水果是指用各类水果经预处理后，加上甜而不腻的甘草汁，蘸上梅汁或梅粉便成为一种果色清艳的休闲小食。其制作工艺考究，如甘草桃的制作：

（1）擦皮：将新鲜桃子洗净，放入擦钵中，加入适量之食盐，不停翻动摩擦，至桃子表皮均匀擦破后，再用淡盐水洗净。捞上沥干。

（2）料液制备：甘草熬成甘草汁，过滤后加入食糖，煮开后用小火熬至糖水变成有黏性的糖浆，再加入其他配料搅拌均匀放凉。

（3）加料：桃晾干后放入锅里浸泡10~15分钟，捞上沥干，加入梅粉搅拌均匀即可。

其他水果的制作方法基本与甘草桃的制作技艺相同。其特点是：口感酸、甜、甘，既顺口又开胃，大人小孩都爱吃。潮州甘草水果的制作在于细节处理，既严谨又朴实，能保留水果特有的香味和口感，又能入口清甜，回味无穷。产品具有独特的风味特征，是潮州美食中的经典之作。

甘草味甘，性平，无毒，治五脏六腑寒热邪气，坚筋骨，长肌肉，倍气力，解毒，久服轻身延年。生用泻火热，熟用散表寒，去咽痛，除邪热，缓正气，养阴血，补脾胃，润肺；甘草有类似肾上腺皮质激素样作用，有明显的镇咳作用；祛痰作用也较显著。

甘草水果作为一种健康营养的潮州传统美食，如今不仅在潮汕地区受到各个年龄段人群的喜爱，而且还逐渐传播出去，在深圳、广州、河南等地区都逐渐出现甘草水果的身影。甘草水果对原料——各类水果以及甘草有着严格的选料要求。甘草水果中的甘草汁的熬制需要制作人员对火候有严控的掌握能力，能做好甘草水果并不如人们所想象那样的简单，并非一招一式的功夫，而是手艺人丰富实际操作经验的体现。

随着市场经济体制的不断发展，年轻人对于甘草水果的制作技艺不感兴趣，原因是经济效益低，故越发后继乏人，需要采取有效措施给予保护传承。

2019年，甘草水果制作技艺入选潮州市第八批市级非物质文化遗产代表性项目名录。

潮州朥饼制作技艺

朥饼，又称潮式月饼，是广东省潮州市的一种著名特色小吃，主要集中于广东省潮州市，在全国各省市及海外各国均有分布。

潮州朥饼历史最早可追溯至盛唐时期，由于官员被贬南下，以及中原士族南迁入闽后迁入潮州，促进了中原饮食文化与潮州饮食习俗的融合。起初的朥饼制作较为简单，口味单一，未广被人们喜爱。至清代乾隆年间，中秋吃月饼逐渐成为潮人的一种普遍风俗，且制作技巧越来越高。清人袁枚《随园食单》介绍道："酥皮月饼，以松仁、核桃仁、瓜子仁和冰糖、猪油作馅，食之不觉甜而香松柔腻，迥异寻常。"可见在清代中期，潮州朥饼制作技艺已形成并走向成熟并普遍存在。直至清末民国时期，潮商与海内外的贸易往来更加频繁，更是将朥饼从潮州本土传播至全国各地和全世界，大大提高了潮州朥饼的知名度，使潮式月饼与广式、苏式、京式月饼齐名。清道光十九年（1839），专售潮州饼食的"元利号"在上海开业。20世纪50年代和80年代，京剧名家梅兰芳、梅葆玖父子曾先后为潮式月饼写下"茶食泰斗"的题词，成为饮食界的美谈趣事。

朥饼以其香甜、脆软、肥而不腻而驰名海内外。它采用纯手工制作，方法考究：首先，用面粉、朥、适量的麦芽糖和水做成水油皮，面粉和猪朥混合制成酥，再将水油皮包裹酥心，两者糅合，经多次卷叠擀压制成饼皮。其次是制馅：有豆沙馅和水晶馅二种。豆沙馅的制法是将绿豆（红豆或乌豆）用水洗净，蒸熟，碾压成茸状，再把豆蓉、白糖、猪朥一起放进锅中用中火煮沸，边煮再边下猪朥，用锅铲搅拌至豆沙不粘手时，便成为豆沙馅。水晶馅则是将白肉切丁，用白糖腌至呈透明状制成冰肉粒，再与葱油、冬瓜册、芝麻等按比例调和即成。三是成型：将饼馅包裹至饼皮中，收口，包压成腰鼓状即成。四是烤焙：淋上猪油，送入烤炉焙烤（烘烤过程需将饼翻面烘烤）即可。成品要求饼皮薄而不裂，饼馅饱而不露。

据不完全统计，全市从事朥饼制作的企业、工厂、饼食作坊不少于1000家，从业人数超过1万人，其中以"广东老字号"广东扬航食品有限公司作为龙头，具有较大生产规模，主要生产潮州传统饼食，朥饼生产占据较大份额。湘桥区范合盛食品厂、胡荣泉小食店、厚记饼食店等均有超百年制饼历史。从事朥饼制作的作坊或饼食店更是多不胜数，有不少都是经历几代人的传承，保留着传统的制作手艺。这些群体中有的授徒，教授腐乳饼制作技艺，使技艺水平不断提高和高质量发展。有的定期举办朥饼制作培训班，在壮大制作队伍的同时提高技能水平，多年来培养出众多人才，带动人员就业。

潮州作为国家历史文化名城，优秀旅游城市，其知名度不断提高，到潮旅客日益增加。朥饼作为潮州的特产，是知名的茶点和手信，是馈赠佳品。潮州朥饼迎来了良好的发展时期。

2019年，朥饼制作技艺入选为潮州市第八批市级非物质文化遗产代表性项目名录。

潮州绿豆糕制作技艺

潮州绿豆糕，是用绿豆、白糖、花生油和糯米粉制成的一种特色小食。潮州绿豆糕制作技艺的产生有着多方面的因素。南宋时，随着北民南迁，各种作物亦在潮州播种。到了元明农作物品种更为丰富，据《元统一志》记载，潮州土产除稻外，有大麦、麦、栗、豆等作物。这些作物为小食的产生提供原料资源。由于唐宋时潮州自然环境较为恶劣，多毒雾瘴气，容易滋生各种疾病。据李时珍《本草纲目》记载："绿豆磨之为面，澄滤取粉，作饵炖糕……有解清热、补益气、调五脏、安精神、厚肠胃之功。"因此，潮州人民为防瘴疠之病，将中原人带来的绿豆糕制作技艺传承发展下来。

潮州绿豆糕是潮州地区的传统特色饼食，有着几百年的历史。潮州绿豆糕金碧晶莹，入口清香甜美，风味独特，既是一味适合时令的可口药膳糕点，又是一种营养丰富的美食，堪称是潮州地区糕点的佼佼者。

潮州绿豆糕制作工序并不复杂，但制作工艺遵古法传承严格的原料配比及炖制流程，以保持潮州饼食技艺特点。潮州绿豆糕工艺相当考究，其主要原料为颗粒饱满且新鲜的绿豆、白砂糖、麦芽糖、花生油和熟糯米粉。制作流程是：选用新鲜绿豆洗净，晾干后碾碎，浸泡捞上沥干，放蒸笼蒸熟后，加入白砂糖，放入搅拌机搅烂成泥后过筛，将炒好的糯米磨成粉，然后炒制，在锅中放入少量花生油和绿豆泥，中火炒制后放凉，存放两天后，加入熟糯米粉，最后入模成型，包装。它别具风味，具有金黄亮丽、造型精美、入口即化、香甜爽口的特点；又有清热解毒、益气安神、保健肠胃的功能。

潮州人重视红白婚丧、年节祭祖、乔迁新居、婚娶生子等礼仪，这些民俗民风已经发展成为一种固定的社会习俗。每逢这些民俗活动和民间喜庆日子，潮州民间都要制作潮州绿豆糕及其他小食用以祭拜、馈赠。这就促使潮州绿豆糕制作更加规范化和大众化，这种小食在潮州人生活中占有重要地位，受到海内外潮人的热爱和关注。

然而，潮州绿豆糕制作技艺为家族式传承，纯传统手工制作，选料精细，做工考究及控温等工艺流程非三年五载难以掌握，年轻人对其技艺不愿多学，越发后继乏人。

2019年，绿豆糕制作技艺入选潮州市第八批市级非物质文化遗产代表性项目名录。

潮州豆棒制作技艺

潮州豆棒,是通过改变"豆方酥"形态而得名的一种豆类甜口小食。造型小巧,有浓郁的花生香味,口感极好,薄而松脆,入口即化。

豆棒作为潮州市代表性小食品之一,其生产制作以企业为主体,兼杂一些散布在潮州各个角落里的小作坊经营不断地扩大范围至汕头等周边地区,广受人们的喜爱。

豆棒用料很为考究,选用花生仁和白糖精制而成,讲究煮糖火候,对棒打程度和时间有严格要求,这样使豆棒色泽金黄、酥而不硬、甜而不腻。

豆棒中花生为主要成分,花生属于坚果的一种,它有扶正补虚、健脾和胃、润肺化痰、滋养补气,增强人们记忆力、抗衰老以及延缓脑功能衰退、滋润皮肤等作用。

潮州豆棒主要以花生和白糖为原料,通过把烘烤好的花生加入调好了的糖浆里面,然后再经过捶打至花生无颗粒,成为薄薄的一层后,按形状需求进行刀切,切成三到四种形态。豆棒制作从各个方面看来似乎很简单,但是在选料需求上却很严格,要选择颗粒饱满、出油率较高又比较酥脆的花生;制作过程中更需要讲究,糖浆的熬制要控制好温度,不能焦糖化;还要掌握捶打花生的技巧和方式,要将花生捶打至无颗粒状。总的来说,豆棒从选材到加工至出产品,都是环环相扣的,任何一个环节做得不好或者是出现差错,便会影响到产品的质量。

从文化价值看来，潮州豆棒反映了潮州人的生活文化。潮州民风淳朴，生活多彩，重视年节祭祖、乔迁新居、婚娶生子等习俗，豆棒成为其必备小食。特别是中秋节，豆棒更是祭拜月娘的首选供品之一。走亲访友也是珍重礼物，寓意甜蜜、吉祥之意。

　　2019年，潮州豆棒制作技艺入选潮州市第八批市级非物质文化遗产代表性项目名录。

潮州酥糖制作技艺

潮州酥糖是潮州龙湖传统食品名点之一,历来以其酥脆香甜无粕而闻名,成为送礼佳品。潮州酥糖为矩形状,呈橙黄色,清香不腻,入口即化,早已享誉海内外。潮州酥糖其主要原料为白糖、花生仁、猪膀、麦生等。

"潮州酥糖制作技艺"是潮州民间饼食制作技艺的代表,有着悠久的历史。制作时先将糖加水煮沸,再加入猪膀、麦生,当火候适中时,将糖浆倒入盛器进行隔水降温,至糖浆成糯米糍状,迅速上架拉酥,拉酥时须趁热反复拉扯,酥糖方能香脆可口。最后,将加热的熟花生仁压入酥糖,开条切成小块。操作过程,煮糖的火候、拉糖的技术以及融合花生与白糖的温度是其核心技术。

龙湖酥糖,用花生、白糖精制而成。制作十分考究,糖要煮至橙黄;拉糖要将其拉至橙黄色,糖浆煮至糯米糍状时迅速拉酥,且加入的花生必须加热。

龙湖酥糖,成品呈矩形状,完整饱满,色泽橙黄,味道甜香,酥脆爽口,不粘牙齿,是中国饼食中的佼佼者之一。

据当地资料记载：龙湖在近代是潮州一个繁华的商埠，商贾云集。据蔡鸿生先生《清代苏州的潮州商人》一文记述，清末"潮白"，即用蔗汁熬成的白糖（也称"潮糖"），曾远销江淮苏杭等地。通过系列经济活动，潮商获利甚丰，同时又带回了外地一些优秀文化：如园林、苏罐等。在龙湖寨，人们可以看到有苏州民居特色的建筑物，也见到以贩潮糖致富的潮商在民国初年构建并完好保存至今的舒适住宅，这就是龙湖与苏州商贸频繁的见证。当时苏州采芝斋糖果名闻天下，所制松子糖的材料以潮糖为主，配以松仁、花生仁等自然辅料。

潮州人特别重视年节祭拜祖宗、婚娶、乔迁新居、喜生贵子等民俗民风，每逢这些民俗活动和民间喜庆日子，潮州民间喜以龙湖酥糖及其他小食作为祭拜供品、馈赠礼品。这也促使龙湖酥糖制作更加规范化和大众化。

在继承潮州酥糖制作技艺之基础上，梨利饼食店不断创新，受到社会好评，被评为广东省潮菜文化研究会理事单位、"特色美食名店"等，促进了该项目的传承发展。

2019年，潮州酥糖制作技艺入选潮州市第八批市级非物质文化遗产代表性项目名录。

潮州炖糕制作技艺

　　潮州炖糕是潮州地区的传统特产饼食，自元朝末年至今，历史悠久。炖糕细腻柔韧、清甜松爽，老少咸宜，尤其适合婴、幼儿喂食。它有补中健脾的功效，是饼食中的佼佼者。

　　潮州炖糕作为潮州市的代表性食品，以企业为载体，通过扩大经营，遍布潮汕地区大小商场，并在全国和海外各大型连锁超市及特产专柜中销售，得到了各界人士的赞美和好评。

　　潮州炖糕选用的是优质芜湖糯米粉，在制作过程中，温度、火候及湿度的控制十分讲究。"炖"是一道重要工序，质量的关键除了要控制好水温、火候之外，时间也要把握精准，使炖糕入口有清润的口感。炖的优点是有时间性的，经过一格接一格起锅，时间拿捏适中才会恰到好处。倘若蒸的时间把握不准，受热不均匀，致翻砂糖的火候过了，则下一道工序中的糯米粉需少加一些，反之则要多加一些。所有这些，全凭制作者的经验把握。

龙湖炖糕，是潮州炖糕的佼佼者，是以芜湖的糯米粉和白砂糖、糯米、麦芽糖、花生油精制而成。制作工艺很有讲究，如白糖反沙后应静置一天以上等。至于糕的切片要求也很高，每条糕块（长22厘米）一般要切140片左右，使它形似一小本装订成册的书，所以人们也称它"书册糕"，片片紧相贴，雪白如云，滋润细软、犹如凝脂，甜而不腻。这正是龙湖炖糕的特色风味。

龙湖炖糕的制作工艺遵古法制，传承了对原料严格配比及炖糕流程要求，保持了潮州饼食制作技艺的特点。潮州炖糕具有一定的文化价值。潮州人特别重视年节祭拜祖宗或婚娶、乔迁新居、喜生贵子等民俗民风，潮州炖糕成为人们首选的用品之一。从商业价值来看，潮州炖糕辐射出潮州旅游经济产业的发展与繁荣，成为所有到潮州旅游的游客必须携带回家的手信珍品。

2019年，潮州炖糕制作技艺入选潮州市第八批市级非物质文化遗产代表性项目名录。

潮州红桃粿制作技艺

红桃粿是广东省潮州市的一种著名特色小吃，属于粤菜系潮州菜一种，主要集中于广东省潮州市，全国各省市及海外各国潮人地区均有分布。

明朝时期，潮州凭借韩江水上交通的地理优势，形成了以府城为中心的商业贸易地位，成为韩江流域经济中心。商贾往来，各地文化包括饮食文化在此交融。潮州盛产水稻，其中糯米是主要品种，人们常以糯米煮饭或煮粥。后由中原带来的面食习惯与当地的糯米相结合便有了以糯米为馅的面点，并为祈福祝寿，将面点捏成桃形象征长寿，桃粿也由此诞生。经历史发展，又用木刻成桃形印模，用"寿"字作装饰，用红曲红将粿品染成红色，也就成了红桃粿。该时期为红桃粿的初始萌发阶段。

民国时期，潮州从事粿品制作的群体较多，红桃粿是其主要品种，该时期的红桃粿多用于祭祀或办喜事，如祭拜先祖用糯米馅，结婚嫁娶或小孩"出花园"（潮州人传统民俗成人礼）等则用咸或甜的绿豆馅。各种口味的红桃粿应有尽有，而且民间各家各户都会制作红桃粿，甚至能否制作红桃粿还曾视为家庭妇女是否贤惠的标准之一。新中国成立前，在潮州府城一带，家庭"老两合"粿铺和"杨进利"饼食店的红桃粿最为盛名，每逢节日必定门庭若市。该时期也是红桃粿制作技艺走向成熟的发展时期。

红桃粿，作为潮州市的代表性传统小食，主要特征在于其以桃的外形象征长寿吉祥，口感香糯，选料精细，工艺复杂，制作考究。潮州红桃粿精心选用当地生产的糯米、花生、猪肉、虾仁等原材料，经制粿皮、烹调馅料、包馅、印粿、蒸炊等多道工序。随着潮人或外出经商、下南洋谋生等迁徙，现在全国各省市、海外潮人聚居地均有红桃粿的身影。

潮州从事红桃粿制作的企业、作坊不少于800家，从业人数6000人以上，主要以"老两合""刘氏红桃粿"和"杨进利""杨氏红桃粿"作为代表性传承群体。民间各家各户逢年过节祭拜祖先神明、办喜事等也都会自己制作红桃粿，拥有良好的群众基础。近年来，韩山师范学院、潮州技师学院也将红桃粿制作技艺搬进课堂，成为潮菜烹饪专业的教学内容，使该项目得到更好的传承和发展。

历经长期发展，红桃粿具有重要的历史价值、文化价值和经济价值，是联结海内外潮人爱国爱乡的重要桥梁，也是天下潮人的情感寄托。同时，它对促进种植和养殖业、调味品业、茶馆餐饮业、包装业等以及地方的旅游发展有着积极作用。

2019年，潮州红桃粿制作技艺入选潮州市第八批市级非物质文化遗产代表性项目名录。

潮州鼠壳粿制作技艺

鼠粬粿又叫茨壳粿，俗称乌粿，颜色深绿，柔软香甜，有一定的保健功效。它是潮州小食中历史最悠久的品种之一，自南宋至今已有 700 多年的历史。

相传南宋末年，元兵入侵潮州地区，兵荒马乱，百姓流离失所，只能用野菜充饥。饥民无意中发现有一种野草"鼠壳草"，既能充饥，还有特殊的香味，便把它采来食用。后来人们将这种野草可以掺入大米磨成浆做成粿，便称为"鼠壳粿"。

鼠曲草是做鼠曲粿的主料，鼠曲粿深绿的外表，便是这种青草的原色。这是一种潮州地区随处可见的民间青草药，又名白头翁，主要长在田垄、溪岸等地方，到冬季腊月达到成熟阶段，枝条挺拔，枝叶带绒毛，花形呈长条状，有淡淡的香气。

经民间逐步改进，如今的鼠曲粿制作使用当年生产的糯米，以确保鼠曲粿的柔软度和韧性；为了方便使用，人们会把从田间采摘而来的新鲜鼠曲草晒干，一年四季均可使用。粿馅有甜、咸两种口味，甜馅主要原料是芋泥、豆沙、莲蓉，咸馅主要原料有香菇、肉丁、花生仁、虾米等；甜馅香滑甜，咸馅味鲜美，各具特色。

常见的鼠曲粿以甜豆沙馅为主，印模上有"寿""喜"等寓意吉祥字样或"龙凤""福""大吉"等图案，造型美观，有不同规格和重量。

鼠曲粿制作流程非常繁琐，是一件考验耐心和细心的体力活。制作时，先摘出鼠壳草带棉的头部，用水浸泡 1~2 天，每天更换一次水，沥干后放在石舂里面捣烂，再以糯米粉拌和揉制成团块，作为粿皮；用红豆或绿豆蒸熟碾成泥加糖、油制成豆沙作为馅料，期间要经过碾拌、去皮、浸、蒸、研、铲等工序，过程繁琐，制作考究；将揉制好的团块分成小块，搓圆后捏成中间稍微凹陷的圆饼，往中间放入粿馅，包好粿馅之后放入用木雕的粿印模具压印；最后将其垫在蕉叶上，入蒸笼蒸 15 分钟即成。蒸好的鼠曲粿皮薄馅润，色泽墨绿，油光发亮，表皮纹路清晰，口感柔软且有韧性，馅料甘甜香滑，且具有清肠胃、消积食的食疗作用。逢年过节肠胃往往容易积淤，这时多食用几个鼠壳粿，不单是尝一尝口味，还可以消食开胃。

鼠曲粿是潮州人辛勤劳作的智慧结晶。其制作技艺流程复杂，工序要求高，至今仍无法被机器生产替代，工艺价值高。更重要的是，潮州地区民风淳朴，善良孝道，历来重视年节祭拜、乔迁新居、男女婚娶等民间习俗，逢年过节人们经常制作鼠曲粿来祭拜祖先。鼠曲粿不仅是一种大众化的风味小食，还被寄寓了浓厚的乡情，成为海内外潮人难忘的家乡味道，是潮州饮食文化的重要组成部分。如今，鼠曲粿已经从民间的一般食品登上了大雅之堂，各大宾馆、酒店，均有制作传承。

潮州鼠壳粿制作技艺，已于 2019 年入选潮州市第八批市级非物质文化遗产代表性项目名录。

潮州芝麻糊制作技艺

潮州芝麻糊也称芝麻茶,潮州本地特色甜品小食,至今已有几百年历史。自古以来,芝麻糊就被认为是滋补强身、延年益寿的佳品。

潮州芝麻糊选料极为讲究,必须以河南地区产的芝麻和糯米经手工炒制,再用小磨磨成浆制作而成。制作时先将芝麻和花生在锅中不放油慢火炒熟,然后和用清水浸泡好的粳米一起研磨成浆。最后在锅中放清水煮沸,一边倒入磨好的浆,一边用勺搅拌均匀,调入白糖即成。

制作好的芝麻糊色泽灰黑,口感顺滑,具有浓郁的芝麻香气,无焦味,水分≤7.0%。食用者可大口过喉,也可小口慢品,品尝中能够感受到芝麻糊充满口腔的"好闻"香味,是潮州著名的饮食之一。中医认为,芝麻味甘、性平,有补血、润肠、通乳、养发等功效,适于治疗身体虚弱、头发早白、贫血、大便燥结、头晕耳鸣等症状。且芝麻含有丰富的维生素E

和多种不饱和脂肪酸，可以美白皮肤，多食用可排毒养颜，使皮肤减少皱纹的效果。芝麻中还含有防止人体发胖的物质蛋黄素、胆碱、肌糖，吃多了也不会发胖。

潮州芝麻糊历史悠久，是潮州饮食文化一个重要组成部分。它由潮州人民共同发展、弘扬，是潮州人民勤劳、智慧的结晶，在潮州人民的生活中占有重要地位。时至今日，它仍然受到海内外潮人的热爱和关注。潮州芝麻糊以手工制作为主，利用低温、真空干燥法减少挥发油的挥发，保留了芝麻的原味和香气。

现今，潮州芝麻糊已成为时尚休闲食品，是到潮游客必购物品之一，成为居家、送礼、旅行必备优品之选，市场口碑佳。但由于市场产品不断迭代出新，年轻一辈对美食口味、品牌等方面有了更高层面的追求，加之芝麻糊原料挑选受气候等因素制约，古法制作的手工潮州芝麻糊在传承上遭遇瓶颈。近年，随着潮州古城旅游的发展，到潮州来体验古城慢生活的人越来越多，不少小食店和甜品店又恢复了手工制作潮州芝麻糊，迎来了新的景象。

潮州芝麻糊制作技艺已于2019年入选潮州市第八批非物质文化遗产代表性项目名录。

潮州粽球制作技艺

　　潮州粽球是潮州地区传统的季节性小食,有着悠久的历史,在民间流传着"未食五月粽,破裘唔甘放"的气象谚语。

　　不同于其他地方的粽子,潮州粽球个头较小,且不限于单一味道,既有咸的,也有甜的,还有咸甜双烹的,米香、肉香、果香、甜香,各种香味有机交融在一起,给人以美妙的味觉享受。

　　潮州粽球主料为糯米、粽叶(竹叶)、咸草,咸馅主要是虾米、香菇、腊肠、翅脯、莲子、栗子和南乳猪鬃头肉,甜馅主要是水晶馅、乌豆沙馅和绿豆沙馅三种。

　　制作潮州粽球,要先将糯米洗净后用清水浸泡6~8小时,捞起晾干;第二天洗净炒锅,下猪油、糯米略炒,调入鱼露,中火炒至米粒香味四溢、色润光滑,装起待用;粽叶、咸水草洗净下锅沸煮待用。各种材料备齐后,将粽叶卷成锥状,分别放入糯米和馅料(可甜、可咸,也可双烹),包成三角锥体,用咸草扎紧,放进锅内煮约1小时后取出即可。食时佐以甜豉油,其风味更佳。

　　潮州粽球制作工艺要求严格,煮熟的粽球外观棱角分明,隆起四只尖角状如锥子。晶莹的饭粒清晰润滑,十分惹人喜爱。口感糯香诱人,甜馅清甘可口,咸馅则咸中透香、油滑而不肥腻,让人回味无穷,是潮州传统著名的特色小食之一。

由于口味具有地方特色，潮州粽球已成为外来游客必点小食，也是热门的旅游手信之一。为迎合现代人的口味和食用方便，以及健康理念的需求，现在粽球的规格、包装形式均作了改进，粽球大小以单人分量制作，采用独立真空包装，使其保质期延长。

潮州粽球制作技艺不仅对研究地方饮食结构、饮食起源、族群迁徙有一定的参考价值，在传承中还可以加深新一代对传统节日端午节和历史人物的认识，更好地弘扬中华优秀文化。

潮州粽球原本只是作为端午节节日食品存在，自从端午节被列为国家法定节假日之后，这个节日被倾入了更多的关注，也为粽球生产企业带来了无限生机。如今，粽球已经从原有的季节食品晋升为礼品手信，包装装潢也做了改进，有各种各样的礼盒包装款，以满足端午节发放员工福利、走亲访友的需要。市场出现了一大批粽球团购网站，呈现蓬勃发展的良好态势。随着旅游业发展，粽球的传播几乎遍布海内外，有潮州人的地方就有潮式粽球飘荡的香气。

由于潮州粽球自古以来沿袭"作坊式生产、家庭式管理"产销模式，加上节令性强，故经济效益仍不高。目前能掌握该传统制作技艺的人，大多数是中老年人，年轻一代少有传承者有亟待各方面做好扶持和培训的工作。

潮州粽球制作技艺已于2019年入选潮州市第八批市级非物质文化遗产代表性项目名录。

潮州牛肉丸制作技艺

潮州牛肉丸是潮州小食大家庭中的一员，自清末至今已有100多年的历史，是潮州地区传统手工丸类的杰出代表。其主要制作地区是潮州府城，后来流传至粤东各地及海外东南亚各国。

潮州地区溪流密布，植被良好，水源充足，水质清澈、凉滑，适合养殖黄牛，为牛肉丸制作提供了优质原料。黄牛肉性味甘平，富含蛋白质，氨基酸组成比猪肉更接近人体需要，具有补中益气、滋养脾胃，强健筋骨、化痰息风、止渴止涎之功效。

早在民国时期，潮州手捶牛肉丸已是潮州府城人餐桌上的美味，当时有一家名为"和尚"的牛肉丸店远近闻名。手捶牛肉丸具有制作精细、色泽红润、柔脆有弹性和味道鲜美馨香等特点。

其制作方法是：精选新鲜、健康的牛后腿肉、腱子肉作为原料，将其除净筋络后平铺于案板上，用一对重约六斤的铁棒捶打。当牛肉开始变色变稠后，加入适量的碘盐进行调味，继续捶打至肉块成为肉泥。随后将肉泥放入加有少量生粉和冷水的盛盆中，用手抽打至肉酱起胶，能够粘在手上，挤成荔枝核大小的丸子，放进盛有温水的盆中。最后再将其倒入锅里用慢火煮，保持牛肉丸汤底微沸的状态直至熟后出锅。这样既能锁住肉丸中的营养成分和浓郁的牛肉味，又能保证牛肉丸弹性十足的口感。牛肉丸汤则是用精心挑选的牛骨和牛筋慢慢熬制成的，食用时加入适量精盐、味精、胡椒粉、芝麻油和芹菜粒，配上沙茶酱或辣椒酱佐食。

不同于将肉料切碎后剁烂的普通肉丸，潮州手捶牛肉丸需要整片牛肉用钝器锤砸成泥，这使得肉浆保持较长的肌肉纤维，从而在成丸后产生柔韧的弹性。捶打只改变牛肉的物理结构，不改变牛肉的细胞、蛋白质结构。经过捶打，牛肉纤维间距减小，咀嚼起来更富于肉质弹性，煮好的潮州牛肉丸甚至可以在桌子上弹跳起来。

潮州牛肉丸生产工艺流程复杂，每道工序要求的细腻程度之高，是其他丸类生产难以比拟的。这些生产技艺是长期劳动实践的积累，且难以为现代技术所替代，是一份极其宝贵的文化遗产。

长期以来，潮州牛肉丸一直是潮州地区的饮食重要产业，在当地的经济发展中发挥了十分重要的作用。它不仅解决了当地相当数量的人员就业问题，也有效为当地农业增效，还因产品广受欢迎而大量出口。

目前，潮州地区手捶牛肉丸作坊很多，但由于其制作工艺及选料十分考究，能遵古法制的名师不多，这对潮州牛肉丸品牌塑造造成一定的影响。

潮州牛肉丸制作技艺已于2019年入选潮州市第八批市级非物质文化遗产代表性项目名录。

潮式肉脯制作技艺

《论语·乡党》有"沽酒市脯不食"的记载。南北朝时已有多种制脯方法，北魏的《齐民要术》上有专门一章《脯腊》，介绍肉脯的制作及品种。清道光年间，肉脯已成为"满汉全席"中一道菜肴。而肉脯制作技艺从省城传入潮州，则是清末年间，至今流传了100多年。如今，潮式肉脯在全国各地拥有大量的消费者，也遍布世界各地的潮州侨民区，尤其盛行于台、港、澳以及东南亚等地区。

历经各代演绎发展，肉脯制作工艺越来越精细。潮式肉脯制作技艺坚持古为今用，集纳吸收了潮州百年肉脯的传统工艺，从鲜猪肉到肉脯的成型要花上13个小时。其制作流程是：1. 选料。选用新鲜的猪、牛后腿肉，用刀具修整，去掉脂肪、结缔组织，顺肌纤维切成外形规则的肉片。2. 腌制。将按配料比例拌好的辅料在盆内与肉片拌和腌制。3. 摊筛。取肉披贴在筛上，摊筛成薄片。4. 烘烤。将肉片放入室内温度为60℃~70℃的烘房中进行熏蒸处理8~10小时，采用果树木制成的木炭熏烤烘干至含水量为16%~20%，表面油润、色泽深红；烘烤后的肉脯加入油进行拌刷后，烤制成品。整个制作过程采用"九次入味"技法，即原料肉前处理入味、拌料入味、一次腌制入味、真空滚揉入味、二次腌制入味、炭火熏烤入味、拌糖浆入味、加香料入味、放置熟化入味。这是潮式肉脯制作技艺的独特之处。

近20多年的反复深入研究，整合潮州百年肉脯的传统生产工艺，吸收工艺精华，潮式肉脯这项百年传统技艺已推上一个新的顶峰。

20世纪90年代以来，潮州市委、市政府十分重视发展潮州饮食文化，加大对潮式肉脯制作技艺的保护传承力度，从而改变了传统技艺后继乏人的状况。目前，全市生产潮式肉脯的厂家、作坊有近千家，从业人数逾千人之多，产品畅销全国各地及东南亚多个国家和地区。"真美猪肉脯""真美牛肉脯"被评为广东省名牌产品、广东省名特优新农产品；"广东真美食品集团有限公司潮式肉脯创新产业化基地"被认定为广东省中小企业创新产业化示范基地。

潮式肉脯制作技艺已于2019年入选潮州市第八批市级非物质文化遗产代表性项目名录。

潮州鱼丸制作技艺

潮州鱼丸亦名"水丸","潮州四宝"之一,是潮州地区传统名点,主要分布于以潮汕各市为主的全国沿海地区。潮州鱼丸味道清鲜,入口弹牙爽脆,因注重选料和制作工艺而闻名遐迩,是潮州汤菜中的佼佼者。

据有关资料记载,鱼丸制作始于春秋时期楚平王部下的"火头军"。清雍正十年(1732),由一位名叫刘山海的厨师,在南澳厅为黄静宇(最高行政长官)做菜时传入潮州,距今已有近300年的历史。但是随着现代技术的飞速发展,不少传统手工技艺为机制所代替,传统制作鱼丸的技艺日渐式微。

潮州鱼丸,主要以那哥鱼肉加以适当调料制作而成。潮州有美丽富饶的韩江三角洲,海岸线长136公里,海域广,境内海洋水产资源和淡水水产资源非常丰富。同时属于亚热带海洋性季风气候,夏季长、气候暖热,因此具有崇尚清淡、厌肥腻的饮食习惯。潮州鱼丸的原料选自产于潮州沿海的那哥鱼(或马鲛鱼或海鳗鱼),那哥鱼口感爽脆,符合潮州人的口味。那哥鱼主要栖息在沙泥底质的海域或近海沿岸,潮州海岸的环境非常适合那哥鱼栖息,因此潮州鱼丸的品质优于其他地区。

潮州鱼丸形状如球、色泽洁白、肉嫩爽滑、口感弹脆、味鲜香馥，是传统手工鱼丸的极品。它除了具有鱼丸的一般食用功能外，还具有其他鱼丸难以替代的特殊价值。一是文化价值。潮州有"无鱼丸不成席"之说，对潮州饮食文化起到繁荣丰富的作用。二是工艺价值。潮州鱼丸生产工艺流程复杂，每道工序的细腻程度高，且其温度难以把控难度大，是其他丸类生产难以比拟的。这些生产技艺是潮州人民长期劳动的智慧结晶，蕴涵着丰富的科学技术基因。三是经济价值。长期以来，潮州鱼丸一直是潮州的饮食重要产业，在经济发展中发挥了重要作用。

潮州鱼丸做工精细，为潮州筵席上常见佳肴。其制作方法是：取新鲜鲢鱼脊肉，从尾端向上顺骨势下刀刮出鱼肉，用刀背捶成茸酱，加入鸡蛋清及适量精盐、味精，再用手搅匀，用力抽掼，打至鱼肉起胶时挤成拇指大的丸子，加入清水盆中，然后倒入锅里烫熟取出。吃时以骨汤煮至浮动，加入适量的紫菜、味精、麻油、胡椒粉、猪油、鱼露和芹菜珠佐味。

在传承上，由于潮州鱼丸生产技术难度大，上手难，且工作过程特别辛劳，很多年轻人已经不愿意学习这门制作工艺了。再加上多种现代化机械正在不断取代传统的加工器具和用料，使最具特色的潮州鱼丸传统工艺面临后继乏人、难以为继的境况。

潮州鱼丸制作技艺于2019年被列为潮州市第八批市级非物质文化遗产代表性项目名录。

潮州鱼饺制作技艺

潮州鱼饺是潮州地区传统小吃，其皮韧馅滑，味道鲜美香爽，形态美观，是潮州汤菜中的佼佼者。潮州鱼饺制作历史并不悠久，属于潮菜中的后起之秀，却因其独具特色而闻名于全国。

潮州市的海岸线长136公里，海域广，有岛屿（礁）25个，较大的海湾有柘林湾、高沙湾和大埕湾。潮州海洋水产资源十分丰富，沙泥底质的海域非常适合海鳗生长。"一方水土养一方人"，在靠山吃山，靠海吃海的年代，辛勤且聪明的潮州人创作了美食——潮州鱼饺。有别于其他地区，潮州鱼饺的饺皮并非面皮，而是将新鲜的海鳗鱼肉剁成茸、加以适当调料精制而成的，也正是这种特殊原料和特殊工艺使得潮州鱼饺口感香爽。为什么原料一定要选择海鳗而不用淡水河鳗呢？一是河鳗的脂肪量高，含胆固醇多，成品太肥腻影响口感；二是海鳗的鲜味比河鳗更足；第三也是最重要的原因——潮州盛产海鳗。

传统手工制作鱼饺要用新鲜鱼肉（首选海鳗鱼或方鱼）、猪肉、精盐、味精、蛋清、生粉等原料。制作饺皮要先将鲜鱼宰杀取肉去筋骨，刮成茸，在砧板上拍打，碾压成鱼茸后盛于木盆内；加入适量的精盐生粉和蛋清生粉，搅匀后摔打成鱼糜；取出放在砧板上，用面棍擀成薄皮，再切成三角形饺皮备用。然后将猪肉剁烂加入方鱼末和调料拌匀成馅。最后将饺皮放入足量肉馅包成饺形即可。

鱼饺下锅煮熟，下芫荽，加入精盐、味精、胡椒粉，滴上几点麻油，一道爽滑、味道鲜美的饺子汤便呈现在眼前。这是一道广受潮州人喜爱的家常美食。

鱼饺作为潮汕地区的传统小吃，其生产流程复杂，工艺细腻，制作饺皮浆需要独特技术，要求甚高。这些生产技艺是潮州人民长期劳动的智慧和结晶，是一份极其宝贵的历史遗产。潮州鱼饺原料取自当地海产，有效地促进当地海产经济；味道鲜美的鱼饺在大陆城市受到欢迎，同时传播到了台湾，促进了我国台湾与大陆的饮食文化交流。

制作潮州鱼饺需要投入操作台、刮板、砧板、制冷打浆机、真空包装机、急冻库等器具和设备。目前有传统手工制作和半机械化制作两种产品，半机械化制作常出现肉馅不足等缺陷，手工制作则成本高、工时长，效率慢。这样工艺传承受到一定限制。

潮州鱼饺制作技艺已于2019年入选潮州市第八批市级非物质文化遗产代表性项目名录。

潮州鱼册制作技艺

　　潮州鱼册是潮州地区特色传统小食,味道鲜美,口感爽脆,是潮州汤菜中的佼佼者。

　　鱼册形如占卜用的签筒,故又叫"鱼签",其出现相传与祭祀的民俗活动有关。昔时潮州捕鱼人每逢出海之前,都要祈福求平安,供品以当地海产品为主。一款形状如"签筒"的鱼册便应运而生。资料记载,潮州鱼册制作技艺始自唐代,兴盛于宋明,主要流传于粤东地区和东南沿海各市。民国以后这一风味独特的制作技艺被一再改良,并用现代技术解决了产品的储存和运输问题,使鱼册成为全国各地都能品尝到的潮州美味。

　　潮州鱼册既可做汤菜又可做盘菜,味道鲜美香浓而深受人们喜爱。制作上,需用到新鲜鱼(首选马鲛鱼)、湿香菇、白膘肉、酸菜梗、芹菜、红辣椒。配料则是精盐、味精、蛋清和生粉。需要用到的器具和设备有:木桶、砧板、刀、勺子、绞肉机、制冷打浆机、水煮槽、真空包装机、急冻库等。制作过程相当繁复,先将马鲛鱼刨头剔骨后,把剩下鱼肉拍碎搅烂,再在砧板上碾压成鱼茸,放入木盆内,掺入适量食盐、味精和芡粉,搅匀后打成鱼糜,再把鱼糜放入砧板上,用不同刀法刮出有折皱的"册子"片状,并将册片卷上湿香菇、白膘肉、酸菜、芹菜、红辣椒丝等荤素搭配的馅料卷成筒状即成。现今的潮州鱼册制品按制作方式可分为:手工式、半机械化式和机械化式。

　　潮州鱼册技艺至今皆为家族式传承,为追求利润,一些制作者往往在选料上不求质量,故而有失其传统特色;由于潮州鱼册生产技术难度大,特别辛劳的工种如摔打、水煮等,年轻人多不愿意学习,已经出现后继乏人现象;同时,受经济效益影响,多种现代化机械正在不断取代传统的加工器具,这也削弱了潮州鱼册的特色,让传统工艺传承面临困境。亟待引起重视,加以有效保护。

　　潮州鱼册制作技艺已于2019年入选潮州市第八批市级非物质文化遗产代表性项目名录。

潮州市非物质文化遗产名录图典

传统技艺
Traditional Handicraft

潮州朥饺制作技艺

潮州朥饺是潮州地区传统的名小食，至今已有几百年历史了。其色泽金黄、皮脆馅香，形状如月亮，柔软如月光，是潮州民俗中秋祭拜月娘求平安必备之供品。

潮州朥饺遵古法制，驰名海内外，单个产品25至30克，皮厚约0.5厘米，除了饺子形状外，还有类似酥盒等形状。制作虽简单但很讲究，饼皮制作、包料、油炸都有章法。先要备齐冬瓜糖、桔饼、花生、芝麻、糕粉、白糖、猪油、中筋面粉等主料；再把花生炒熟去膜压碎，冬瓜糖、桔饼切小粒和糕粉、芝麻、白糖、猪油拌匀，制成了朥饺的馅。接着制作饺皮：面粉加入猪油和开水，拌匀后搓揉成面团，摊开晾凉，凉后搓成条状切块，用酥槌擀成薄圆形，放上馅料，对折锁边；最后将包好的饺子放进四成热的油锅中，炸至朥饺浮起且表面呈金黄色即成。炸的过程要注意油温和时间，这样的饺子皮才可以酥而不软、馅饱而不露、色亮而不暗，成为酥脆香甜、味道奇特的潮州朥饺。

潮州朥饺作为潮州地方特色小食，以小食店、茶点店为载体，通过这些店铺的经营而遍布于潮州大小街巷，具有一定的商业价值和文化价值。它是潮州小食店菜谱上的一道名菜，是潮州游客热爱购买的手信产品，也是人们逢年过节必备的一道小食，更是人们孝敬长辈、联络感情的重要桥梁。

目前潮州朥饺的存续状况并不乐观。首先，从主要原料来说，现在的冬瓜糖、猪油、花生油受多种因素影响已经逐渐不能达到制作目的和要求。如花生油，市场上有些不法商家为了降低成本，常常反复用同样的油炸制，容易产生对人体有害的物质，严重影响了朥饺的质量和安全性。其次，随着饮食观念的变化，人们对传统油炸食品的态度更加谨慎。作为一种传统油炸食品，如今潮州朥饺的销量已经大不如前，其销售市场正在逐渐萎缩。第三，随着市场逐渐萎缩，利润减少，从事朥饺制作岗位的人员越来越少，年轻人少之又少。所以，传统朥饺技艺人才的储备和培养应引起重视。

潮州朥饺制作技艺已入选潮州市第八批市级非物质文化遗产代表性项目名录。

潮州牛肉火锅制作技艺

潮州牛肉火锅是潮汕地区的一道名菜，自民国迄今已有近百年的历史。牛肉火锅不同于其他烹制牛肉的方式，它是将新鲜的牛肉放入滚开的原汤中，在较短的时间内将牛肉焯熟，最大限度地保留了牛肉的鲜味，再加上潮州特色酱料，使牛肉口感嫩软浓香，营养鲜美丰富，深受广大民众的喜爱。

历史上，潮州牛肉火锅曾两次走出潮汕盛行全国。第一次是在民国期间，第二次则是2014年《舌尖上的中国2》播出后。这两次，潮州人将牛肉火锅化繁为简，提升品质。潮州牛肉火锅以往传统的做法，是将沙茶酱加入锅中，用浓汤做锅底，后来逐渐改进，涮牛肉的锅底只剩下牛骨清汤和白萝卜，以更好地呈现牛肉原本味道，沙茶酱则作为蘸料，用小碟盛在一旁，咸淡酸辣等口味均由食客自己做主，蘸料而食。

潮州牛肉火锅用料极为考究，对牛肉的肉质、厚薄、成熟度均有严格要求。汤是牛肉火锅的灵魂，熬制的汤，需要新鲜牛腿骨、牛排骨和秘制调料实实在在地熬制10小时。这样熬出来的汤底，汤清味鲜，焯出来的牛肉肉质鲜嫩。潮州人对食品新鲜度的追求几近苛刻，牛肉要足够新鲜，不能是冷冻过的。切肉师傅要刀工了得，悉心处理好每一片牛肉，有经验的师傅会研究每一块牛肉的纹路，辨别该如何对这块牛肉下手。刀工好与不好会直接影响口感，切得不好的牛肉难以咬断、口感粗糙。

潮州牛肉火锅不仅味美更是健康养生的佳品。制作需要的原料：牛肉、牛排骨、葱、蒜、红辣椒、香菜、酱油、沙茶酱、辣椒酱。先将牛骨砍碎，加水和南姜块熬制，用文火熬制6～10小时后滤出骨汤作为汤底；再将牛肉顺着纹路横切成薄片于瓷盘上；其后准备酱碟：沙茶酱、老虎菜（将酱油、葱、蒜、香菜、红辣椒混合而成）和辣椒酱。最后将熬制好的骨汤作为汤底，放在炉上加热，投入南姜、玉米等配料煮至沸腾时，便可将牛肉放入锅中焯一下，牛肉断生即可捞出，蘸上适合个人口味的酱料便可食用。

潮州牛肉火锅富含蛋白质、氨基酸，能提高机体抗病能力，对生长发育及手术后、调养的人有补充失血、恢复组织等特别功效；牛肉具有补中益气、滋养脾胃，强健筋骨、化痰息风、止渴止涎之功效，适宜于中气下隐、气短体虚、筋骨酸软、贫血久病及面黄目眩之人食用。

潮州牛肉火锅制作技艺已入选潮州市第八批市级非物质文化遗产代表性项目名录。

潮州糕粿制作技艺

潮州糕粿是广东潮州地区一道传统小食,至今已有几百年历史,坊间称之为"炒糕粿",是一道深受人们喜爱的点心小吃。

潮州糕粿有长条形、三角形、片状等多种形态。其制作技艺十分考究,以过冬的稻米、香菇、虾米、猪肉、鸡蛋为主料,甜酱油、葱、蒜、咖喱粉、鱼露、酱油、反砂糖为辅料。制作过程先将大米浸洗后,水磨成米浆,并用专用蒸具将优质白米浆逐层加工,蒸成约0.8厘米的软硬适中的大块白米糕(俗称:粿),再把蒸熟的厚粿块放置到第二天,使其变硬,切成长3厘米、宽约1.5厘米的小块,加入鱼露和红甜豉油调匀,放在平底锅上用慢火煎,煎至一面呈金黄色且表皮酥脆时,翻过另一面并煎至金黄色时,加入白糖炒匀,再加入芥蓝菜、鲜虾肉、瘦猪肉、鲜蚝仔、鲜鸡蛋等多种配料,又加入沙茶、辣椒酱、味精、雪粉水、上汤,使其成品达到外酥内软、鲜香微甜、咸里带辣,并兼有红、绿、紫各色点缀其间,粿肉层次分明,再调上咖喱的鲜黄色即成。这道小食的出众之处,正在于它的调味和粿的口感搭配得恰到好处。

潮州糕粿分布于潮州、汕头、揭阳等地区，很多大街小巷都有专门的"炒糕粿"小摊，尤以潮州市浮洋镇的炒糕粿最为出名，很多小食店都挂着"浮洋炒糕粿"的招牌。一盘食材丰富多彩的潮州糕粿，既可以作为午餐饱腹，也可作为午后茶点充饥，满足人们的不同需求。如今，不少商家还通过多媒体平台拓宽销售渠道，在电商平台出售传统炒糕粿的原材料。

潮州糕粿的来源与历史已无从考究，但作为潮汕地区最古老的饮食发明之一，代表着潮汕饮食文化的创新、对食材的尊重以及追求绿色健康的饮食观念。当下潮州盛行的咖喱糕粿就是其创新菜。咖喱糕粿是在传统炒糕粿的基础上，以咖喱粉代替传统调味料制作的炒粿，是潮汕小吃创新代表之一。

潮州糕粿作为潮州的一种传统美食，主要原料为优质大米，水磨出大米原浆后蒸熟成糕，完整保留了大米原浆所含的维生素与碳水化合物，味美健康，老少咸宜，已成为海内外潮人美好的记忆，吸引了许许多多海内外游客前来品尝。

潮州糕粿制作技艺已入选潮州市第八批市级非物质文化遗产代表性项目名录。

潮州沙茶粿制作技艺

潮州沙茶粿俗称"灌粿条",是一种用粿条和沙茶为主要原料制作而成的传统特色美食,自明至今已有四百多年历史了。潮州沙茶粿采用干捞的食法,粿条从滚汤"捞"出后需加入油、沙茶酱料等,用潮州方言称为"灌",故而得名"灌粿条"。

沙茶粿作为潮州美食之一,有它特殊的烹调方法:先将芝麻酱或花生酱用热水打开至糊状备用,再将优质的粿条切成条,下锅烫熟捞起甩干,再用高汤烫后捞出沥干水分,放于碗中拌以花生酱、沙茶酱、猪油、鱼露等配料,最后加上焯熟的猪肉片、牛肉片、生蚝、虾、生菜、蒜头膀等,如果觉得腻还可以再加入陈醋。粿条润滑柔软的口感和酱料相得益彰,融汇在一起后迸发出芳香浓烈的气息,润香可口,不干不腻,使人食欲大增,实是一款不可不尝的风味小食。不喜欢粿条的话,还可以将沙茶粿中的粿条换为面条、饺子、米线、米粉等,也十分美味可口,统称为灌粿、灌面、灌饺等。

潮州沙茶粿制作技艺的繁琐不仅体现在沙茶酱的制作工艺上,若想口感好、味道佳,还要通过高汤来赋予粿条鲜香

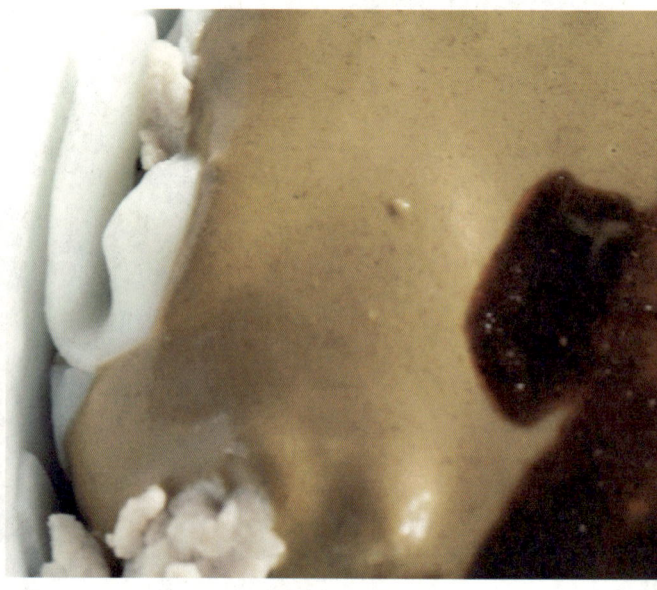

味。两次不同的水烫有其不同的作用,而作用也不单一,除去杂质的同时赋予口感,赋予口感的同时又增加鲜香味,这正是潮州沙茶粿的魅力,让人有深刻的体味。

潮州沙茶粿在潮州和周边地区广泛流传,各个城区、乡镇的大街小巷中都有几间潮州沙茶粿小食店,成为当地人三餐和夜宵的好去处。作为潮州传统特色美食,虽然年代久远,而时至今日,潮州沙茶粿不仅没有被淡化,而是越来越受到人们的喜爱。目前,潮州沙茶粿仍然保留传统的制作方法和传统样式,为了适应不同人群的不同口味的需要,也有所改良,在酱料比例和配料种类上已作了调整。

潮州沙茶粿历史悠久,风味独特,是潮州饮食文化的一个重要组成部分。上百年来,它由潮州人民共同创造,是潮州人民勤劳、智慧的结晶,在潮州人民的生活中占有重要地位,深受潮人乃至国人的喜爱。

2019年,潮州沙茶粿制作技艺已入选潮州市第八批市级非物质文化遗产代表性项目名录。

潮州春饼制作技艺

潮州春饼，又叫潮州春卷，是潮州地区街头巷尾的传统小吃佳品，至今已有100多年历史了。据唐代《四时宝镜》书中记载："立春日食萝菔、春饼、生菜，号春盘。"可知最早之春饼是卷着菜一起吃的，并将菜料盛在盘里，故称"春盘"。这种在立春日吃春饼的习俗，于唐代时由北方迁徙至潮州定居的中原望族传到潮州。尔后，随着社会发展，人类文明进步和人们生活水平的提高，在春日吃春饼的习俗也发生了变化，渐渐地成为人们四季餐桌上的美食。

潮州春饼制作技艺十分考究，首先将面粉、水和盐制作面糊，右手不停旋动手中面糊使之维持成类球体，再将面糊球在平底锅上旋出一张圆形薄饼皮；将新鲜绿豆去壳蒸熟，加入香菇、鲜虾肉、猪肉、翅脯、味精、鱼露、砂糖和蒜蓉等作馅料，其中的猪肉要提前一天腌制，瘦肉加味精、精盐、鱼露、胡椒粉、砂糖腌制，膘肉则直接加糖腌制（腌制后叫水晶肉或玻璃肉）；准备好馅料后，取薄饼皮1.5张(半张作贴底)铺在板上，然后卷成筒状，填上馅料，放入沸腾的油锅里炸至金黄色，捞起沥干油分即成。潮州春饼呈长方形，规格约长8厘米、宽4厘米、高2.5厘米，形如长枕，黄金通透，外酥里嫩，味浓香郁，具独特的潮州地方风味，是潮州著名小吃之一。

潮州春饼作为潮州百姓日常生活中不可缺少的食物，延续了饮食文化的文脉，体现祖先的创作智慧。在潮州春饼的整个制作流程中，春饼皮制作是最重要的，潮州老字号"胡荣泉"的春饼皮都是手工做的，无添加剂，手制饼皮也比较薄，馅料肉厚，有料有内涵。目前，潮州春饼仍然保留传统的制作方法和样式，但为了适应不同人群口味上已有所改良，即在馅料中加一小块甜馅，甜咸混合。

潮州春饼这道潮州传统特色小吃，历史年代久远，但一直没有被淡化，而是越来越受到人们的喜爱，说明潮州春卷作为传统美食文化印记，在民间广泛传播。目前潮州春饼已融入潮州文化旅游市场，很多海内外游客特别是回乡的潮人，千里迢迢来到潮州，都会品尝一下潮州春饼，再饮几口浓郁的潮州工夫茶，留住浓郁的乡情记忆。

2019年，潮州春饼制作技艺已入选潮州市第八批市级非物质文化遗产代表性项目名录。

潮州鸭母捻制作技艺

潮州鸭母捻又称"糯米汤圆",是潮州传统名小食,至今已有100多年的历史了。"鸭母捻"一名的由来,据传有两种:一种是因煮熟后的丸子漂浮在汤水中,宛如一只只白色母鸭在水上戏水,"捻"字在潮州话中的意思即是指鸭、鹅等禽类在水中浮沉游动的样子,故称之为"鸭母捻";另一种是源自它的形状,因在过去这种汤圆形状比普通的汤圆更大,形如鸭蛋,而鸭蛋用潮州话又叫"鸭母卵",与"捻"字发音接近,故称为"鸭母捻"。又因吃时每碗四粒四式,故也有潮州人称之为"四式汤圆"。

潮州鸭母捻制作技艺精细,原料以糯米为主,配以红豆、绿豆、冬瓜糖、花生仁、芋头白糖、香黄片和玉竹等。其制作方法是:选用正暹罗糯(即泰国糯米),将糯米淘后浸透2小时,水磨成浆,倒进布袋中,压上石块挤出水分,当水分适当时倒出,用力揉压至又柔又韧成皮坯待用,再分别用红豆沙或绿豆蓉、芋泥、水晶等做馅,包成鸭蛋大的汤圆。包时有四种不同形状,对应不同馅料:圆形包绿豆馅,扁形包红豆沙,尖状包水晶馅,椭圆形包芋泥馅等。包好后放进熬好的玉竹水中煮熟,再加入白糖即可。潮州鸭母捻色泽瓷白、软滑细腻,香甜美味,不同的馅心给人带来不同的味觉体验,还可配上白果、红薯、银耳、木耳、薏米、鹌鹑蛋等,以丰富人们的味觉享受。冬夜夏日,来它一碗,不太甜,也不过饱,热可暖胃,凉可解暑。

潮汕老一辈的居民对潮州鸭母捻很熟悉,以前沿街"鸭母捻"叫卖声就像百听不厌的乡曲。"鸭母捻"在旧时可是高级的食品,不是随时都能吃到的,只有亲戚朋友远道而来,主人才会用鸭母捻待客,寓意甜美如意。早在民国初年(1911),潮州人胡荣顺、胡江泉兄弟在潮州古城太平路140号开办饮食店,并各用其名中一字为店号,称"胡荣泉"。开业不久,其制作的鸭母捻便闻名遐迩,至今还成为该店接待各地游客的招牌小食。

潮州鸭母捻历史悠久为潮州人喜欢的食物,延续了潮州地区饮食文化的文脉,体现祖先的烹饪创作智慧。同时,潮州鸭母捻吸引了海内外游客前来品味,繁荣了潮州文化旅游市场。

潮州鸭母捻制作技艺已于2019年入选潮州市第八批市级非物质文化遗产代表性项目名录。

潮州市非物质文化遗产名录图典

传统技艺 Traditional Handicraft

潮州糯米猪肠制作技艺

潮州糯米猪肠是广东潮州地区民间传统特色小食，历史悠久，四季皆宜，老少喜爱。

一般制法是取直径约为3至4厘米的猪大肠中段，用食盐、纯碱或淀粉反复搓洗至无异味，将糯米先浸软，与五花肉、香菇、虾米、莲子等辅料拌匀，调入食盐、味精、胡椒粉等调味品，然后填装入洗好的猪肠中（"胀"在潮州方言中是把东西装入容器中的意思，民间"猪肠胀糯米"叫法由此而来），两端用纱线扎紧，或用针线封住猪大肠的两端，再放开水锅里煮约1小时，捞出斜切成小片，蘸甜酱油食用(酱油调进红糖、适量辣椒、淀粉，小火煮开，撒进炒香的白芝麻)。制作糯米猪肠，要选用的是猪大肠的肠头部分，因其形直，馅料装进去会更均匀。所用的糯米必须充分泡发，口感才更绵软可口。潮州糯米猪肠的制作核心在于糯米的挑选和馅料的炒制及包扎，操作过程严谨且精细，用料极为考究，对产地、季节、大小有严格要求，原料质量与成品质量息息相关。

糯米猪肠作为潮汕特色小吃，一直深受本地群众和四方游客的喜爱，有外地亲朋好友来潮汕游玩，总不忘带他们尝尝这道潮州风味小吃，感受一下潮州风情。在物质充裕的今天，人们对猪肠不屑一顾，但是将其制成糯米猪肠，其身价品位倍增，亦可成为端上宴席的一道佳肴。糯米猪肠香黏可口、甜而不腻、糯香四溢，在历史演变中，以其独有的风味被潮州人代代传承，成为一份经典古朴的平民美食。吃糯米猪肠，除了直接切成片，浇上梅汁、白糖等加水煮成的调味酱之外，还可以将其切成片后，用一个平底铁锅放入油进行两面煎烙，烙好之后装在盘子里，再浇上调味酱吃，这样更加适口。一碟糯米猪肠摆上桌，那光泽便让人垂涎。咬一口，猪肠的肉香，香菇虾米的鲜香，板栗的松香，还有糯米的甜香，会让口腔里味蕾立刻充盈，令人记忆深刻，回味无穷。

糯米猪肠主要以广东省潮州市为核心，分布于普宁市、汕头市、揭阳市等周边区域。糯米猪肠的产生及其发展历史，是潮州人民勤劳、智慧的结晶，是潮州美食文化研究不可缺少的部分。

潮州糯米猪肠制作技艺已入选潮州市第八批市级非物质文化遗产代表性项目名录。

潮州宵米制作技艺

潮州宵米是潮州民间传统小食,至今已有一百多年的历史。潮州宵米成品约3.5厘米高、2.5厘米宽,形似石榴,象征多子多福,寓意吉祥。

潮州宵米皮薄馅滑嫩,清鲜香醇,味美爽口,是潮州菜著名的配桌点心之一。其制作技艺十分考究,先将面粉加入鸡蛋液搓揉拌匀后搓成条,切成圆厚片后用宵米棍擀成圆形(边成菊花状);接着将瘦肉、笋肉、香菇切细粒、虾米切末,将鱼炸后切末待用;再将香菇下鼎爆香,又将瘦肉、虾肉、笋肉、香菇炒熟后,加入味精、精盐、胡椒粉、麻油拌匀,勾芡成宵米馅;最后将宵米皮包上馅,捏成石榴状,放进蒸笼蒸十分钟取出,淋上熟猪油即成。上席时可配上陈醋食用。过去由于生活水平低,潮州宵米馅的原料也较普通,后为了增加味道,往往在馅中加入炸香的一种海鱼,俗称"铁脯",将其磨成末加入馅料之中,因而口感更加美妙独特,这种特殊的制作方法也一直延续至今。

潮州宵米制作技艺最先来源于北方。由于古代北方的主要农作物为大麦、小麦,故面制品是其主要食粮,加上北方天气寒冷,"烧卖"小食也成了北方人饱腹的一种饮食形式。唐宋时,为逃避战乱,不少达官望族及难民纷纷迁逃来潮州定居。由于潮州气候温暖、土地肥沃、物产丰富,北方人将带来的"烧卖"技艺与当地饮食习俗融合,各种面制品技艺随之传承发展,宵米是其中之一。唐刘恂在《岭表录异》中,记载了当时岭南一带民众将稻米舂成粉的场景,还记录了潮州有一种取面粉制皮、包上馅料,然后上蒸笼蒸熟的面点小食。后来"烧卖"这种小食被移植到南方,一些地方以读音来给它命名,便有了许多读音相近的不同名字,如"烧米""宵米""小米"等。

潮州宵米在过去潮菜筵席中,往往被作为配桌点心,与广州宵米在馅的制作上略有不同。广州宵米的馅全部是肉类,而潮州宵米的馅料则要加入一些鲜笋等素菜,这样吃起来没那么肥腻,而且口感也更清爽。

潮州宵米以潮州市为核心,分布于周边汕头、揭阳、汕尾等各城市以及东南亚各国,口味具有潮州地方特色,成为外来游客必点食品,是潮州饮食文化一个重要组成部分。

潮州宵米制作技艺已入选潮州市第八批市级非物质文化遗产代表性项目名录。

潮州粿汁制作技艺

潮州粿汁是潮州地区民间的一种小食，迄今已有近百年历史，这道既经济又实惠的地方特色小食，在潮汕地区已是家喻户晓。潮州粿汁最早源于对潮州粿条边角料的利用，后来经过潮汕先民的不断创新，形成独具一格的新的美味佳肴，延续至今。

潮州粿汁的制作技艺十分讲究，首先将隔冬的优质大米淘洗干净后，浸泡三小时以上，水磨成米浆后分次倒在烧热平底生铁锅中迅速摇匀（皮厚约2mm），至米浆凝结并稍呈米黄色后翻面，同样煎至米黄色且有米香散出立即取出，晾干后切成三角形的粿汁皮备用。煮制时，将晾干的粿汁皮放进沸水锅里，加入少许精盐、米浆煮熟。吃时再加上提前制作的葱珠膀、炸花生仁、卤豆干、卤蛋和卤肉、卤猪肠等浇入碗内。这道小食的制作主要体现在粿汁皮的制作上，要调好米浆的浓稠度，以及煎时对火候和汤汁浓稠度的把控。煮制时加入米浆，不仅增加了粿汁的米香味，也使得粿汁更加润滑爽口，这些都全凭师傅较长时间的积累沉淀和丰富的实际操作经验。卤猪肠、卤肚肉、卤蛋或腊肠的搭配，更增加了人们的各种口味需求，满足不同人群的需求。潮州粿汁米香浓郁，柔软顺滑，韧性适中，制作简便，价格也相对实惠，极接地气，具浓郁的地方风味。

潮州粿汁主要分布于潮州、普宁、汕头、揭阳等城市，在城区或乡镇的一些大街小巷，都有一两间潮州粿汁小食店。20世纪二三十年代，潮州城中九板桥头的"妹仔粿汁"和谢振辉粿汁等店就很负盛名。潮汕地区很多家庭，都会在家备一些晾干好的粿汁皮，随时可制作成早餐、夜宵等。目前在潮州城中的粿汁作坊不多，市面上虽存在许多粿汁店，但大多用成品皮进行制作，会制作粿汁皮的人已越来越少，制作出来的粿汁品质也不同。但大多数店家还是能遵循传统粿汁的制作工艺，并根据现代餐饮业的发展改变经营模式，为传统餐饮行业灌入新血液，使得潮州粿汁更好地传承下去。

在物资匮乏的年代，人们把吃不完的粿条边角料重新利用，是一个时代潮汕人生活状况的体现。而潮州粿汁就是那个年代的产物之一，其存在更是体现了潮汕先民勤俭节约的生活智慧。随着时代的发展，粿汁以其独特的风味在潮人餐食中占有一定地位，深受各年龄阶段的人群所喜爱，并随着潮州旅游业的发展，吸引了各地游客前来品尝。

潮州粿汁制作技艺入选潮州市第八批市级非物质文化遗产代表性项目名录。

传统技艺
Traditional Handicraft

潮州鱼生制作技艺

　　潮州鱼生是潮州地区传统美食之一，是一种具有地方特色的传统刺身。

　　潮州人吃鱼生的习俗由来已久。清李调元《南越笔记》载："粤俗嗜鱼生，以鲈以鲤以白以黄鱼以青鲚以雪鲮以鲩为上。鲩又以白鲩为上。"清乾隆周硕勋《潮州府志》称，在潮州"蚝生，虾生，鱼生之类，辄为至味"。而今，潮州人仍喜食鱼生，做法和吃法上颇具地方特色。潮州鱼生的制作技艺十分考究，一般选用在江水或者山泉水里养殖的淡水鱼（以草鱼为主）为主料，先将鱼置于砧板上用刀拍晕，剖腹取出鱼肠，用汤匙刮清鱼腹肉血污，用刀尖划破腹背部鱼皮，用手撕开鱼皮，起出一面鱼肉，去掉腹内鱼骨，用干净白布擦干水；再如法处理另一面鱼肉，鱼骨剔除不用，把鱼肉挂于通风阴凉处风干去掉红肉，刀切成薄片，放在竹篾匾上；鱼皮用开水烫后去鳞片，捞干改刀放在中间；再准备芫荽、芹菜切段，姜、红辣椒、萝卜干、萝卜切丝、蒜头和杨桃切片，将上述配料整齐地放在竹篾匾上；最后加上南姜末、豆酱、花生油、麻油等酱料。

　　潮州鱼生要求制作者的刀工精细，能剔除鱼骨，切的鱼肉薄厚适中，有"红肌白理，轻可吹起，薄如蝉翼，两两相比"的美誉。潮州鱼生吃法上也颇有特色，把鱼生和各种香辛配料混合在一起。特制的香油酱，不仅能增加风味，同时又有一定的杀菌作用，使鱼生成为独具风味的美食。鱼生肉质富有弹性，口感新鲜，鲜而不腥，而且富含蛋白质、矿物质和维生素等营养，是中国乃至世界海鲜刺身里的一朵奇葩。

潮州鱼生作为潮州的特色美食，刚开始以餐厅酒店为载体，通过餐厅酒店的经营和扩张，现遍布到潮州市区大大小小的街道，并在网络上有了一定名气，得到各界人士的赞美和好评。潮州鱼生刀工精细，配料讲究，传承古法，具有较高的技艺价值。肉中含蛋白质、脂肪、18种氨基酸等，还含有人体必需的钙、磷、铁及多种维生素，有祛风治痔、补脾益气、利水消肿等功效。

潮州鱼生既有用四大家鱼制作的家常鱼生，也有用深海鱼制作的高档鱼生，丰富多样，能吸引不同类型的消费人群，在游客人群中颇有名气。潮州鱼生的不断兴起，促使潮州旅游经济产业的繁荣，是潮州美食文化中的重要组成部分。

潮州鱼生制作技艺入选潮州市第八批市级非物质文化遗产代表性项目名录。

潮州虾生制作技艺

潮州虾生，是潮汕地区以新鲜的虾类生切成片、辅助以一些配料蘸作调味的独特小食的总称，是一道具有地方特色的海鲜刺身。至今已有几百年历史。

潮州虾生一般以鲜活的卢虾作主料，以红辣椒、蒜头、姜、萝卜干、萝卜、芫荽、芹菜、酸杨桃作配料，再加以南姜末、豆酱、花生油、麻油、酱油、芥末等酱料辅助，造型薄如蝉翼、晶莹剔透，吃的时候更可尝到独特的虾香和各式调味料混合在一起的特殊味道。虾生肉质滑嫩，有弹性，鲜而不腥，风味堪佳。它不仅富含蛋白质、矿物质和维生素，营养丰富，是海鲜刺身里的一道佳肴。

潮州虾生制作技艺如下：将芫荽、芹菜切段，姜、红辣椒、萝卜干、萝卜切丝，蒜头和杨桃切片，把上述配料整齐地放在竹篾上，再将鲜活沙卢虾放入冰水中，搅拌5分钟（便于剥离虾壳）后，去除虾头，剥去虾壳和虾尾，取出虾肠，用白毛巾吸干水分，从虾腹开始用滚刀法将虾身片成厚约0.2cm的薄片，将虾片摆放在冰盘上，食时佐以酱料油或酱油芥末。

潮州市海岸线长达136公里，海域广、海洋水产品丰富，其中主要虾类有龙虾、对虾、沙卢虾。潮州既有丰富的淡咸水渔业资源，又有悠久的历史，在饮食文化的熏陶下，潮州人在历史长河中逐渐摸索出一套具有潮州地方特色的虾生制作技艺。潮州虾生刀工精细，配料讲究，传承古法，具有较高的技艺价值。从营养学角度来说，潮州虾生没有经过传统的炒、炸、蒸等烹饪方法，因此营养物质没有完全流失，是一道极富营养的菜肴；虾的蛋白质营养均衡、含有甘氨酸——这种氨基酸含量越高，虾的甜味就越高，虾中丰富的氨基酸易被人体吸收，具有增强人体免疫力的作用；虾体内的虾青素是一种作用强大的抗氧化剂，可以有效对抗衰老；对调理疾病也有着很大的作用。虾肉质松软，易消化，对身体虚弱以及病后需要调养的人是极好的食物，有调理疾病的作用。

潮州虾生作为潮州的特色美食，现通过餐厅酒店的经营和传播已在互联网上得到传播有了一定的名气，受到各界人士的赞美。潮州虾生在不同历史时期，通过改良创新，保存着古老的虾生做法，是潮州历史、文化和美食的研究价值，是潮州饮食文化不可或缺的部分。现在潮州虾生既有用沙卢虾制作的一般虾生，也有用龙虾制作的高档虾生，层次多样，口碑良好。

潮州虾生制作技艺于2019年入选潮州市第八批市级非物质文化遗产代表性项目名录。

潮州笋粿制作技艺

潮州笋粿是潮州地区时令名小食之一，至今已有500多年的历史了。潮州笋粿皮柔馅香，色白如雪，形如半月，粿皮柔软而有韧性，单个产品25～30g，皮约0.25厘米厚，主料是笋、虾米、五花肉、湿香菇、粘米粉，馅料既爽脆又清香，是由潮州盛产的笋和传统的粿皮制作而成。潮州地区盛产竹笋，笋粿这种潮州民间小食便是以竹笋为主要原料。笋粿因主要原料是春笋，故有较强的季节性，一般都在潮州盛产春笋的五六月上市。

潮州笋粿的制作技艺十分考究，首先用黏米浸泡舂成粉，揉搓成有韧性的粿皮，用手掌拍压成中厚周薄的圆形，用江东竹笋切成粒状炒香，加上香菇、虾米和猪肉加入鱼露做馅料，用手掌压成中厚周薄的粿皮，放上炒好笋馅和一只虾米、一片湿香菇、一片五花肉，捏成顶尖突起有蒂的半月形粿状，然后放入蒸笼中蒸熟入笼蒸制约25分钟取出装盘，再在粿面刷上蒜头油，并淋上陈醋，即可食用。潮州笋粿选用米香足的本地粘米粉制作粿皮，是其灵魂。馅中的竹笋是用潮州本地的时令竹笋切丁，炒香后加上腌制后的五花肉、香菇以及虾米，使其既有竹笋的清香，又有香菇肉类的浓香。

潮州笋粿主要分布区域以潮州市为中心，分布于周边汕头市、汕尾市等各城市，主要制作地是潮州古城，后来传播至周边各县市。早在民国时期，潮州城中有刘氏家族的老太爷刘光荣开的一家"老两和"粿店，专做红桃粿、笋粿等各类粿品，十分出名。潮州地区在春秋两季中，既阳光充足又雨量充沛，是竹笋生长的旺季，也是笋粿制作上市的大好时光。

潮州笋粿是潮州饮食文化中"粿"的重要代表，也是潮州人民生活中不可或缺的特色小吃，蕴含着深厚的潮州小吃的文化内涵。潮州笋粿与传统的潮州粿品不同，包制的形状为上凸下平的半月形，手法独特。由于笋粿风味独特，且具有时令性，喜欢食用的人多，购买的人也多，具有较高的经济价值。

正宗的潮州笋粿制作技术对于手工的要求很高，需耗费大量的人力，又考验制作人员的技巧和耐心，能做好笋粿不是一朝一夕的功夫，需长期积累的经验和不断打磨出来的。目前，潮州各地的笋粿店不多，但小摊档不少，市面上有大量的人员在制作笋粿，应季销量可观。一些潮州本地的饭馆、餐厅，也把潮州笋粿作为特色菜肴招待顾客。

潮州笋粿制作技艺于2019年入选潮州市第八批市级非物质文化遗产代表性项目名录。

潮州水晶包制作技艺

"潮州"一名始于隋开皇十一年（公元591年），即"潮水往复之地"之意。相传吉祥的凤凰曾栖于此，给潮州带来瑞气，故潮州城也被称为"凤城"，它是历代郡、州、路、府的治所，享有"岭海名邦"的美誉。

水晶包是潮州特色小吃之一，从粤式水晶包改良而富于潮州口味。由于口感好、造型美，深受人们喜爱。

水晶包的主要分布区域，以广东省潮州市为中心，辐射到汕头、汕尾、揭阳等周边县市还有潮籍华侨聚居的马来西亚等地。

传统的潮州水晶包，至今已有100多年的历史。水晶包玲珑小巧，皮晶莹透明、口感黏糯、甜馅润滑、咸馅清香，是潮州有名的传统小食。

水晶包的原材料包括生粉和馅料。甜馅有绿豆瓣、白糖、油；咸馅有熟绿豆瓣、青蒜粒、叉烧肉粒、虾米片、香菇粒、调料等。馅料的制作分为两种：1.甜馅，将绿豆瓣浸后蒸熟碾成泥，加糖加油制成豆沙；2.咸馅，将香菇粒爆香后，加入叉烧肉粒、虾米片、熟绿豆瓣、青蒜粒，调味后拌匀而成。水晶包的制作流程：将生粉过筛放在案板上，加入90℃热水快速搅拌至光滑无粉粒，即成水晶皮面团；取面团15克，用擀面杖擀成中间厚、四周薄的圆形面皮一张；馅料配15克（豆沙或绿豆瓣）放入面皮中间（咸馅需再加入叉烧肉、虾米片、香菇粒），捏成包子形；再用旺火蒸制8分钟，至熟取出即成。

水晶包口感黏糯，有咸、甜两种口味，它是潮州饮食文化中的代表小食之一，百年来，蕴含着潮州小吃深厚的文化内涵，给一代又一代潮州人不可磨灭的独特存忆。

现在潮州市面上有许多街头小吃的店铺、摊位都有制作售卖水晶包，制作成本不高，适应的人群较多，销售量比较可观。

潮州水晶包制作技艺已于2019年入选潮州市第八批市级非物质文化遗产代表性项目名录。

潮州无米粿制作技艺

潮州无米粿这种传统小食，有着悠久的历史。无米粿，形如圆墩，皮薄半透明，爽软滑润，鲜香可口，深受潮州人的喜爱。

无米粿又称水晶球，因为在制作过程中没有加入大米成分，故被称为"无米粿"。传说古时有位巧媳妇，家里来了客人，因为家中一时没有大米可做饭接待，她灵机一动，遂把番薯磨成粉料制作成粿皮，再加入馅料，做出了无"米"之炊。这就是"无米粿"名字的由来。

潮州无米粿，以生糙雪粉制皮，馅料由绿豆茸、蒜头、葱白、熟猪肉、虾米、鱼露、味精、胡椒粉等近十种原材料制成，每个重约20克。制作过程：雪粉和冷水拌匀，再将1000毫升水煮开，遂把雪粉浆放入煮开的开水中拌成熟粿皮，冷却后备用。将绿豆碾成绿豆蓉，加入鱼露、虾米、蒜头、葱白、胡椒粉等配料制成豆蓉馅备用。将熟猪肉切粒备用，用粿皮20克包豆蓉馅15克，加入猪肉粒包成圆形的粿，放入蒸笼蒸熟。吃时亦可用油煎。

无米粿的分布区域主要以潮州市为中心，扩散至周边的汕头市、汕尾市、揭阳市等城市。

千百年来，无米粿是潮州人日常生活中的特色小吃之一，文化内涵深厚。如今，街头巷尾随处可见的小吃摊店上无米粿的身影。

无米粿与传统的潮州粿品不同，是由雪粉制成，并且加入了大量的水，制作工艺较难。由于无米粿口感黏糯，喜欢食用的人多，销售量比较可观，具有较高的经济价值。

潮州无米粿制作技艺已于2019年入选潮州市第八批市级非物质文化遗产代表性项目名录。

潮州菜头粿制作技艺

菜头粿（即萝卜糕）是潮州地区的传统特色小食，自明朝末年至今已有500多年的历史。菜头粿煎后外酥里嫩，香甜可口富含营养，是潮州人喜爱的风味小食。

潮州菜头粿制作技艺是潮州饮食文化与民俗文化的组成部分，其最早制作地和成名地是广东广府及福建泉州、漳州等地。自宋代至近代，由于大量福建人从泉州、漳州迁入潮州，也带来了菜头粿制作技艺的民间习俗。尤其到了明代，潮州地区大兴土木，兴建寺院及祠堂，于是菜头粿也成了人们祭祀神明、祖先的重要供品，菜头粿制作技艺也广泛传播至各家各户，成为时年八节的必备祭品。

潮州菜头粿，具有独特的制作方法和特色。菜头粿的主要原料是萝卜和米浆（或粘米粉），米浆中所含的淀粉和着味道特别的萝卜丝，煎后外酥里嫩、香甜可口，且此做法极大程度地保留了萝卜本身的营养物质，深受大众的喜爱。

菜头粿的主料包括萝卜、粘米粉、香菇、虾米、芹菜、青蒜、香腐脯、花生仁、胡椒粉。

制作方法（流程）：

1. 将萝卜洗净，去皮刨成粗丝（萝卜丝不可过细，否则会影响口感）。

2. 将萝卜丝和粘米粉按 10∶3 的比例拌匀，如果萝卜丝浆过稠可加入适量的清水，再加入香菇、虾米、芹菜、青蒜、香腐脯、花生仁、胡椒粉拌匀。

3. 将萝卜丝浆铺在蒸盘上，后抹平表面，将剩余的米浆淋在表面，入蒸柜蒸熟。

蒸熟的菜头粿可以趁热切块吃，也可冷却后切成长方形，加油煎一面至金黄色，再煎另一面。食用时，佐以辣椒醋更可口。如果蒸熟后不用油煎，吃起来有一番风味，其特色除了口感软滑香甘外，还能改善肠胃消化功能，降低血脂、软化血管、稳定血压作用，素来，它是潮州人喜爱主要小食。

菜头粿是潮州地区代表性小吃之一，体现了潮州人善于将蔬菜与米浆结合的饮食习惯。潮州地区自古地少人多，粮食一直比较紧缺，睿智的潮州先人巧妙地把大米与萝卜等蔬菜结合，制作出菜肴，既起到饱腹的作用又节省了粮食。

在现今餐饮行业中，制作菜头粿较多，销售量也大。因此，现有掌握菜头粿制作技艺的人不少，存续状况良好。

随着时代的发展，人们对饮食的追求注重清淡、营养健康，菜头粿制作过程简单，保留了大部分营养物质，而且低热量、富含膳食纤维，符合人们的饮食追求，有利于推广。

潮州菜头粿制作技艺已于 2019 年入选潮州市第八批市级非物质文化遗产代表性项目名录。

潮州糟肉制作技艺

　　潮州糟肉,是潮州地方饮食的组成部分,其具有独特的地方口味,是潮州人过节和款待客人的一道美食。

　　潮州地区属亚热带海洋季风气候,日照充足,雨量充沛,所以潮州地区温度高且湿气大,食物容易腐败变质。早在明朝时候,潮州人就懂得利用糟卤来腌制肉类,流传至今已有600多年的历史了。糟肉比较开胃,而且咸淡适中,吃起来入口咸、回味却是甜的,是较有乡土特色的小食之一。

　　潮州糟肉因区域的不同,制作方式也不一样。凤凰地区和饶平北部山区制作的是凉糟肉,而潮州古城区制作的是热糟肉。

　　潮州糟肉选料时,在制作上十分考究,所用的猪肉要用上等的五花肉,并且是农家养的猪。因为农家猪比饲养场养的猪白肉层较厚,吃起来口感较顺滑。糟卤要选自福建古田一带为佳,要有两年以上的糟卤才符合要求,使用前要用料理棒打至细腻。一般一斤五花肉搭配80克糟卤。

潮州糟肉制作流程：首先把五花肉洗净，下锅焯水后除去表面的污垢；其次在五花肉皮上抹一层酱油（上色），下热油锅炸至猪皮起泡，起锅切厚片待用；再次是将红糟卤用刀压细腻，加入花雕酒、精盐、白糖、五香粉拌匀放入五花肉腌 30 分钟，逐块整齐地摆在扣碗里；接着放入蒸笼用大火蒸 90 分钟，取出反扣于盘子上，稍加装饰即可。这样制作出来的糟肉，出品具有色泽棕红、质嫩味鲜、鲜咸适中、口感脆爽、糟香浓郁的特点。

陈明宏是潮州糟肉制作技艺的第四代传承人，几十年如一日，坚持在传统的基础上结合新原料、新工艺不断创新，将潮州糟肉制作技艺发扬光大。

潮州糟肉制作技艺已于 2019 年入选潮州市第八批市级非物质文化遗产代表性项目名录。

潮州虾饼制作技艺

潮州小食属潮州菜系中的一大类型。它萌发于唐代，形成于宋代，而明朝为兴旺时期。潮州小食在继承传统之基础上不断创新发展，享誉海内外。

唐刘恂《岭表录异》中，就记述了当时岭南一带民众将稻米舂成粉的场景，还记录了潮州地区有一种取面粉制皮，包上馅料，然后上蒸笼蒸熟的面点小食。可知唐代潮州小食已初具雏形。

虾饼是潮州地区小有名气的传统小食，至今已有100多年的历史，是潮州人喜欢的食品。虾饼色泽金黄、酥香爽脆、香气诱人。

潮州位于韩江中下游，是广东省东部沿海的独特港口城市之一，东与福建省的诏安县、平和县交界，西与广东省揭阳市的揭东区接壤，北连梅州的丰顺县、大埔县，南临南海接通汕头市。靠近海域，海产品丰富。

虾饼制作的原料选用沙虾，因沙虾壳薄肉甜，油炸后可连壳吃，口感脆香，不留渣壳，而且色泽金黄带红，胜于其他虾类。调料包括面粉、生粉、泡打粉、葱花、辣椒、糖、油等。制作流程：沙虾仔洗净去须；将面粉、生粉、泡打粉按比例拌匀，用清水调和后加入葱花，稍微发酵后，分别装在特制工具上，贴上沙虾仔定形后放进130℃左右的油锅里，炸至金黄色捞起；后再放进160℃左右的油锅里复炸，捞起装盘，盘边饰以芫荽；食时佐以用辣椒、白糖和水调制而成的蘸料。

潮州虾饼，以沙虾仔、面粉为主料精制而成。制作考究，炸制油温、时间要求严格，还要复炸，这样使虾饼色泽金黄带红、酥香爽脆、酥而不硬，虾香、面香、葱香融为一体。从历史文化价值看，潮州虾饼是一道传统的潮州小吃，是潮州食品文化不可或缺的一部分。从工艺价值看，制作不能被机器所替代，人工调和发酵是最重要的制作方法，只有这样，虾饼才呈现出家乡味。从保健价值看，虾的营养价值极高，能增强人体的免疫力和抗衰老。

潮州虾饼，除在饶平很受欢迎外，外地来的游客也对它一见钟情。逢年过节，少不了这道美食。

潮州虾饼制作技艺已于2019年入选潮州市第八批市级非物质文化遗产代表性项目名录。

潮州油糙制作技艺

潮州油糙，也称油堆、煎堆，是一种以糯米粉制成球状型油炸而成的小吃。

油糙主要流行于两广地区，是一种历史较为久远的特色小食。据清屈大均《广东新语》记述："广州之俗，以烈火爆开糯谷，名曰爆谷，为煎堆心馅。煎堆者，以糯米粉为大小圆，入油煎之，以祀先及馈亲者也。"随着时间的推移，油糙演变出丰富多彩的形态，有番薯油糙、南瓜油糙，有外糯馅脆的、也有外脆馅软的，有外形膨大而中空的、也有充实柔韧的。这里介绍的是一种饶有趣味的油糙，即外形浑圆膨大而中空的油糙。

潮州油糙的主料包括番薯、糯米粉、糕米志、泡打粉、生芝麻、芋头、白糖、猪油和香葱等。油糙制作方法：香葱洗净切珠，放进热油中炒至金黄色，便是葱珠油；芋头去皮，切小块，上蒸笼蒸熟，取出压成泥；在锅中加入猪油，放进芋泥和白糖，翻炒至糖融化，加入适量的葱油不停搅拌，制成芋泥待用。番薯去皮切小块，上蒸笼蒸熟后趁热加入糯米粉、糕米志和泡打粉，揉和成团；面团摊开晾凉后搓成条，揪成剂子；将剂子擀成圆形，放上芋泥，用虎口收口，中间留出一点空隙，揪掉多余的面皮，搓成圆形的油糙坯子；取油糙坯子涂抹上清水，粘上芝麻后放进三四成热的油锅中，炸至金黄色捞起即成。

潮州油糙用料简单但制作讲究。油炸过程中，要不停地搅拌，使油糙受热均匀；刚放进去的油糙，若冒泡太大，改用文火，并不断翻动，让油糙受热均匀。油糙在热的作用下，中间的空气膨胀，带动粿皮不断膨大，最后用大火迅速定形，让油糙酥脆。出锅的油糙，外形浑圆膨大，口感酥脆，馅料香甜可口。

潮州金钱酥柑制作技艺

金钱酥柑是潮州地区一道传统的配桌名点,自清代中期至今已有近300年的历史。金钱酥柑是由潮州柑而得名的一种水果菜,色泽金黄,形如古代钱币,采用的烹制方法是油炸,因此口感外酥内嫩、香甜可口,风味独特,富含糖类、维生素等的营养。

潮州金钱酥柑这道名点,得益于潮州的特产水果——潮州柑。潮州柑栽培历史悠久,迄今已有1300多年了。潮州地区山清水秀,气候宜人,被誉为南方水果之乡,一年四季都能闻到瓜果的清香。潮州人利用潮州柑果肉甘甜饱满的特点,创作了独特的水果菜——金钱酥柑。

金钱酥柑选料讲究,原料包括蜜柑、糖冬瓜片、鸡蛋、面粉、柑饼、熟白芝麻、白膘肉、白糖、猪油等。蜜柑一定要用冬季的潮安区古巷镇枫洋岭后的蜜柑,形状滚圆,柑汁多,饱满、甘甜、皮薄。

金钱酥柑制作加工流程相对复杂,工序分为:1.先把蜜柑剥去皮,将柑肉一片一片分开,除去丝膜,用开水泡过,去其酸质后,用刀从外面逐片分瓣,但不要切断,使一边相连成圆形,同时剔去柑核待用。膘肉下锅氽开水泡片刻,取出沥去水分,用砂糖腌渍。2.将糖冬瓜片、桔饼、膘肉切成圆形片,然后把切开的1片柑片,放上糖冬瓜片、桔饼片、膘肉片,再取出1片柑片盖上,使之成金钱形状,并逐个夹好,涂上干淀粉,用盘盛装。3.将鸡蛋去壳,盛入碗中,加入面粉打匀,再将金钱柑片逐个蘸上蛋面浆,放进旺火沸油的鼎中炸熟,取起盛入盘中,撒上白芝麻上席。

从历史文化价值来看，金钱酥柑是潮州一种独特的水果菜，通过一代又一代的传承，它的技艺已构成潮菜饮食文化的一部分。从工艺价值来看，金钱酥柑的制作在于蛋糊和炸的环节上，使口感外酥内嫩；另外，裹上蛋面浆，保留了蜜柑的香甜可口。从保健价值来看，金钱酥柑用面糊保留了潮州柑的汁甜味美，营养丰富，特别是维生素 C 含量多，有助消化、增强抗病毒能力，可促进新陈代谢，防止维生素 C 缺乏病的保健作用。

金钱酥柑独特的风味，很有代表性，但目前它的销售还不太旺，因为加工繁琐，加工程序复杂，而且取料需要精准、讲究，不太满足市场需求。所以，这就成为当前继承和传授的关键问题。

潮州金钱酥柑制作技艺已于 2019 年入选潮州市第八批市级非物质文化遗产代表性项目名录。

潮州麦烙制作技艺

麦烙是潮州地区的传统特色小吃,自明代中期至今已有 400 多年的历史。麦烙有咸有甜,各具口味,是潮州人人喜爱的风味小食。

潮州麦烙以冬麦为主料,味道清美,有咸和甜两种口味,都符合大众需求,甜味主用红糖,咸味加入盐、韭菜或香葱,其中的韭菜若是沙地种植的,味道会更加香浓。它是潮州特色小吃中的典型代表之一,冬麦营养成分具有养胃健胃、补气益气、调理肠胃、滋阴补阴、清肺润肺、治疗便秘等功效,这符合潮州菜清淡的口味与营养健康的标准。

麦烙的制作工艺看起来简单，但没有经验的积累与熟练的技艺，很难制作出完美的麦烙。例如，冬麦粉与水的比例、烹制过程中的火候都关系到成品的口感和质感，这需要一定的手法与技巧。

麦烙的用料：

1. 甜口味的，包含冬麦粉、碱粉（小苏打）、红糖、猪油、花生油。

2. 咸口味的，包含冬麦粉、碱粉（小苏打）、韭菜（香葱）、精盐、猪油、花生油。

麦烙的制作流程：

1. 甜麦烙的制法是将冬麦粉、水、小苏打、红糖混合成糊状的浆；锅具洗净，热锅，倒入油。当油温升到约 120℃时（油温太高糖会焦掉），用锅勺勺入粉糊，用筷子和勺子晃动烙饼，并将其翻面，煎至两面金黄色后出锅装盘即可。

2. 咸麦烙的制法是先把韭菜或香葱洗净切成粒末，再将冬麦粉、水、小苏打、韭菜或香葱末、盐混合成糊状；锅具洗净，热锅，倒入油，候油温升到约 120℃时，用锅勺勺入粉糊，用筷子和勺子晃动烙饼，并将其翻面，煎至两面金黄色后出锅装盘即可。

潮州地区的饮食文化历史悠久、博大精深。麦烙作为其中的一个代表，丰富了潮州小食，在传承与发展潮州菜过程中起到了一定的推动作用。为了更好继承、传播与弘扬潮州菜，必须从这些潮州特色小吃出发，给予足够的保护力度，培养扩大传承队伍。

潮州麦烙制作技艺已于 2019 年入选潮州市第八批市级非物质文化遗产代表性项目名录。

潮州蚝烙制作技艺

　　潮州蚝烙制作技艺始自唐代，这与潮州独特的地理位置有着密切关系。潮州地处亚热带，南临大海，海产丰富。潮州菜的最突出特点是以烹制海鲜见长。对海鲜的烹调选料考究，制作精细，并以酱碟佐料，更新鲜美味，清而不淡，鲜而不腥，郁而不腻。如鸳鸯膏蟹、生菜龙虾、红炖鱼翅、蚝烙、清炖乌耳鳗、清汤蟹丸等，都是潮菜海鲜类的代表名作。其中，蚝烙这道菜广受喜爱。

　　潮州背山面海，唐时生活于潮地的畲族先民就懂得以海产品作为食物，起初以生吃为主，后来逐步进化到以熟食为主，而且当时潮地肥沃、植物生长旺盛，各种植物也成为畲民的食品。潮州刺史韩愈有诗曰："鲎实如惠文，骨眼相负行。蚝相粘为山，百十各自生。蒲鱼尾如蛇，口眼不相营……调以咸与酸，芼以椒与橙……"这是韩刺史对当时潮州先民饮食生活的真实写照，此项技艺经人们不断实践、发展，传承至今已有1200多年了。潮州蚝烙取材考究，制法独特，乡土气味浓，如今不管街头巷尾摊店，还是餐厅酒楼，人们均能尝到其特殊风味，它是潮州小食中最接地气、也最受欢迎的特色小食之一。

蚝烙也称蚝煎，是久负盛名的潮州民间传统小食。潮州蚝烙制作技艺，以珠蚝和地瓜粉为主料的烹制技艺。潮州蚝烙的用料，包括珠蚝、地瓜粉、鸭蛋、大蒜、芫荽、胡椒粉、猪油。

制法流程：

1. 将新鲜珠蚝（一种较小的海蛎，饶平县汫洲镇的珠蚝最饱满肥美鲜甜）清洗干净后晾干（因为蚝的含水量大，若没晾干水分会影响成品的口感）。

2. 将本地粗粒地瓜粉（色偏灰）用擀面杖碾细碎，加水混合成糊（用筷子拉起可连成一条线流下）。

3. 大蒜洗净切碎，鸭蛋打散搅匀，芫荽洗净待用。

4. 热锅后加入猪油，大概三四成油温时加入粉水，待粉水表面快凝结时均匀地加入蚝（蚝易熟，后放可保持蚝的鲜嫩感），撒上蒜苗粒，再淋上鸭蛋液，表面凝结后用锅铲切块，再翻面（平底锅不易翻面，因此先切块更容易翻面），煎至两面金黄酥脆后装盘，在蚝烙中间放上芫荽点缀，配以鱼露、胡椒粉佐食。上盘后，再撒些芫荽及胡椒粉，吃时蘸鱼露或沙茶酱。它不仅色泽金黄、脆而不硬、松而不散、酥香鲜美，而且含有维生素、牛磺酸、钙、磷和锌等营养成分，有着通水气、润肺部、利肾水等功效，它是潮州地区餐桌上的一道亮丽的佳肴。

蚝在亚热带、热带沿海都适宜生长。我国分布很广，北起鸭绿江，南至海南岛，沿海皆可产蚝，因此物资丰富且价格不昂贵，本地地瓜粉也质优价廉，两者相结合所制成的蚝烙很受各地消费者的欢迎。对蚝烙技艺的传承发展、促进蚝的人工繁殖和地瓜种植，调动当地渔民、农民生产积极性，有助于推动经济发展。为了大力传承和弘扬潮州菜烹饪技艺，必须抓好潮州小食的传播工作，加大保护力度，擦亮"中国潮州菜之乡"的金字招牌。

潮州蚝烙制作技艺已于 2019 年入选潮州市第八批市级非物质文化遗产代表性项目名录。

潮州落汤钱（糯米糍）制作技艺

潮州糯米糍，俗名"落汤钱"，是潮州地区的传统节庆食品。潮州人在每年的冬节期间制作糯米糍祭祀神明、祖先，其制作技艺反映了潮州地区人民的传统生活习俗和文化内涵。

据史料记载，糯米糍起自疍家。唐宋时，韩江流域有疍民栖身。据说疍民制糯米糍是为纪念伍子胥的功绩，南明王朝时糯米糍还曾作为朝廷贡品。后来，疍民与陆上人家往来，将制作糯米糍技艺传下来，至今已有1000余年的历史。

潮州人在农历十二月廿四日这一天，不只祭拜司命公，还要诸神并祀。乾隆版《澄海县志》记载：相传是日诸神朝天，各家具香烛酒馔，印纸马轿焚送之。至来年正月四日复具茶果迎之。乾隆版《南澳县志》也说：凡神庙及人家各备仪供养，并印幡幢、舆马、仪从于楮上，焚而送之，谓之"送神"。在"送神"的祭品中，一定会有甜糯米糍（俗称"胶罗糍"，类似北方年糕，即"落汤钱"）、纸马纸鹤、灯芯草和一纸"奏疏"。甜糯米糍吃后粘口，专门供"老爷"吃，一来是甜品，吃得甜丝丝，蜜口甜言；二来粘口，胶住嘴，说话不清楚，不让"老爷"将人间事说得太白了，以免受惩罚而遭灾。这是一种古俗，在《淮南子》逸篇《万毕术》中就已有记载："十二月廿三日，家家户户具酒果饴糖，送灶神上天。置刍豆于灶前，以秣神马。其置饴糖，寓意为塞满口，使之上天不得多言。"

每逢冬节，潮州各家各户都习惯制作糯米糍，增添喜庆气氛。其制作原料是糯米、黄豆、花生仁、芝麻、白糖、油、淀粉等。制作流程是：将糯米洗净浸泡，捞起沥干后放入大鼎蒸熟，倒入石臼舂打至糊团状糍粑，整团糍粑取出放于簸箕里；此时家中老少和亲朋好友净手后，手蘸油料，把糍粑分成三四个小糍团，再搓成蘑菇状，捻出一块块小糍粑，蘸上黄豆粉、花生粉、芝麻、白糖等配料即成。其特点是：状如铜钱，小巧玲珑，香甜柔软，老少皆宜。落汤钱（糯米糍）不同于其他地方的糯米糍，不是将糯米蒸熟后轮番将米饭舂打成糊团，而是将糯米粉团煮熟后趁热用面棍搅至起筋，然后分个沾粉料而成的。完美的落汤钱（糯米糍）成品十分柔软、黏性大、香甜可口，所以潮州人总爱说成"软过糯米糍"。

落汤钱也叫"胶罗钱""软果"，是用糯米做的，其味甘、性温，食之有益气止泄、补中益气、主消渴、暖脾胃之效。糯米口感香糯黏滑，常被用以制成风味小吃，既是药膳又是美食，难怪既是烹调家又是美食家的潮州人特别喜欢。

落汤钱（糯米糍）是潮州饮食文化的组成部分，充分体现潮州人民的创造智慧。其产生及其发展历史，有重要的文化研究价值。其工艺流程具有一定复杂性，工序要求极高，对原材料的选用严格要求，还需要制作人员丰富的实际操作经验积累。

随着经济发展和社会变迁，人们的节庆饮食有了多种选择，从而冲淡了糯米糍的地位，其制作技艺现在只有少数年事已高的妇女在传承，后继乏人，亟须保护。

潮州落汤钱（糯米糍）制作技艺已于2019年入选潮州市第八批市级非物质文化遗产代表性项目名录。

潮州蜜饯地瓜制作技艺

番薯又名地瓜、红薯,"蜜饯地瓜"就是一款采用"糕烧"的方法烹制而成的潮州传统甜品小食,有悠久的历史。

蜜饯(浸)又称"糕烧",是将食材切块后在糖浆里腌渍,再煮到糖浆呈蜜糖状粘挂在食材上,而不像普通甜品那样有足够的甜汤。糕烧的特点是糖浆的浓度比一般的甜品要高得多,在传统潮州菜中,最常用于糕烧的食材要算番薯跟芋头了。

潮州蜜饯地瓜,自民国初期至今已有100多年的历史。其色泽金黄、浓甜香滑,有补中和血、益气生津、润肠胃通便等功效,是潮州人人喜爱的风味小食。

用料:地瓜、白糖、葱、食用油。做法:将葱切成葱珠,下锅热油炒至金黄色成葱珠油待用;再取潮州本土出产的红肉番薯,洗净去皮后切成3~4厘米长的条状,放入白糖浆中用中小火烧煮约十分钟,取出装盘,淋上葱珠油即可。潮州蜜饯地瓜,色泽金黄、香滑浓甜、软糯柔韧,是潮州名小食之一。

在正宗的潮州宴席上，通常会上十二道菜肴，而头尾道的菜肴必为甜食，因为潮州人讲究"头甜尾甜"的意头，其中蜜饯地瓜这道传统潮州甜品经常是作为喜庆宴会的最后一道压轴菜出现的。这道最尾的甜品也体现了潮菜筵席的风格特点。例如大喜席用十二道菜，其中包括咸、甜点心各一道；通常有两道甜菜，一道作头甜，一道押席尾，头道清甜，尾菜浓甜，寓意生活幸福，从头甜到尾，越过越甜蜜；有两道汤（羹）菜，席间穿插上工夫茶，解腻增进食欲等，与广州菜、东江菜的风格迥然不同。

潮州菜在讲究色、味、香的同时，还着意在造型上追求赏心悦目。这道蜜饯地瓜对地瓜的刀工等方面进行改良，就体现了潮州菜对菜品的精细要求，使潮州菜的筵席自成一格。

2019年，潮州蜜饯地瓜制作技艺入选为潮州市第八批市级非物质文化遗产代表性项目名录。

潮州翻沙芋制作技艺

潮州翻沙芋，是一种用芋头、猪油、白糖及配料制成的小食甜品。翻沙芋自明代以来，在潮州地区及周边的汕头、揭阳等地广泛传播。在潮州菜宴席尤其是婚宴、寿宴，它是不可或缺的佳肴。

潮州小食属潮州菜系中的一大类型。它萌发于唐代，形成于宋代，至明代已达兴旺时期。据唐刘恂《岭表录异》记述，当时岭南潮州地区有一种取面粉制皮包上馅料，然后上蒸笼蒸熟的面点，可知唐代潮州小食已初现。

新中国成立以后，尤其是改革开放以来，潮州市委市政府十分重视潮州小食这一独特饮食文化，制订措施予以保护和弘扬，在继承传统之基础上创新发展。随着生活水平的不断提高，人们对品尝各式小食的需求越来越大，因而潮州小食的品种也更加多样化，无论在数量或质量上都比以往有着更大的突破，迄今已有 100 多种，备受海内外人士的青睐，风靡全球。

翻沙芋以香芋头和白糖作为主料精制而成，外酥里嫩，色香味俱全，是潮州地区的传统名菜（甜菜）的代表作之一。

　　潮州翻沙芋制作工艺，十分讲究。其制作方法是：精选大芋头，脱皮洗净切块后，放入蒸笼蒸熟，将熟芋块倒入锅中油炸，炸至块面起硬时熄火待用，然后煮糖浆。先将白糖和水约半瓷碗倒入锅中煮，煮时须用文火，同时用铲反复将糖浆搅均匀至糖浆连锅放入冷清水中凝结成胶状后熄火；再将芋头倒入糖浆锅中反复搅拌，使芋头均匀粘上糖浆，糖浆凝结后即为成品。它的特点是：金黄闪亮、小巧玲珑、外酥里嫩、色味俱佳。其工艺流程，工序要求高，翻沙芋的关键，炸熟的芋头倒进糖浆里翻炒时手法繁杂，是机器无法替代的。

　　潮州翻沙芋制作在选料上十分严格，掌握技艺需要较长时间，经济价值较低，因此，不少年轻人不想学习，制作技艺濒临失传，亟须给予抢救保护。

　　2019年，潮州翻沙芋制作技艺入选潮州市第八批市级非物质文化遗产代表性项目名录。

潮州凤凰浮豆干制作技艺

潮州凤凰浮（"浮"即油炸）豆干制作技艺凤凰浮豆干，以凤凰山的山泉水和优质黄豆精制而成，它和一般豆干不同之处，在于吃后有着一股特别清爽、豆香的韵味感觉，这与其产地——山清水秀的凤凰山有着密切的关系。

凤凰浮豆干制作技艺简单，食用方便，高蛋白、低脂肪及降血压、血脂和降胆固醇等功效。凤凰浮豆干，形似金三角，色泽金黄，外酥内嫩，具有独特风味，是老幼皆宜、养性摄生的美食佳品。

历史文化价值：凤凰浮豆干有几百年的历史，它的产生和发展是潮州饮食文化必不可少的一部分。

工艺价值：凤凰浮豆干的制作在于"炸"的环节，其关键是控制火候。炸太久会变黑，炸不够火，口感差，只有炸得恰到好处才会呈现金黄色且外酥里嫩的口感，色香味俱佳。

营养价值：凤凰浮豆干配上采来的"草仔"（本地一种植物），蘸辣椒蒜泥醋笋酱料一起吃下，有消食开胃的功效。另外，豆干含有丰富蛋白质和人体必需的多种氨基酸，其比例更接近人体的机能需要，营养价值较高。

凤凰浮豆干在潮州很热销，小至街巷摊点，大至酒楼饭店均有售，是年轻人必点的消夜。

潮州凤凰浮豆干制作技艺已入选潮州市第八批市级非物质文化遗产代表性项目名录。

潮州栀粿制作技艺

栀粿，是广东潮州地区传统时令小食，至今已有几百年的历史了。栀粿色泽棕黄，晶莹润滑，甜润爽口，凉喉解渴，其色、香、味俱佳，深受人们的喜爱，是潮州传统小食之一。栀粿是潮州传统小食之一，风味独特，具有清热祛疫助消化的食疗功效。

栀粿的主要原料为糯米和栀子。

传统的制作方法是：用糯米浸渍后，用手工石磨磨成粉浆待用；洗净栀子（民间通称枝子或黄枝）并捣碎，用水浸泡后滤渣成为黄色药液；倒入糯米粉浆（粿浆）中，再加铺姜碱液（铺姜是潮汕通称的青草药，晒干煅成炭末，浸水滤渣取液）拌匀（时下因加工工序麻烦，故常用碳酸氢钠即苏打粉和浓茶水代替）；盛放入专用粿帕，装入蒸笼，炉火蒸熟便成棕黄色晶莹润滑、香喷喷的优质栀粿。放凉后，即可食用。

家庭主妇们喜用纱线牵拉，将栀粿切成一小片一小片的，盛放于白瓷盘上，蘸着白砂糖食用。甜润爽口，凉喉解渴，其色、香、味俱佳，深受潮人的喜爱。

栀粿食用季节性强，主要是在端午节时用来拜神、祭祀祖宗，平时很少出现在人们的视野中。又因其制作流程比较复杂不容易操作，故市面不常见到，日常售卖主要面向于一些外地游客。

潮州栀粿制作技艺已于2019年入选潮州市第八批市级非物质文化遗产代表性项目名录。

潮州朴枳粿制作技艺

"朴枳粿"因用料朴枳树叶而得名。朴枳树即朴树,又名朴子树、朴仔树。它属榆科,落叶乔木,主要分布于我国东南部诸省及台湾岛。朴子树的根、皮、叶均可入药。《潮汕百草良方》有载:"本品微苦、寒凉,有清热、凉血的功用。"

朴枳树还记录了潮州人的一段辛酸历史。据传当年元兵于清明节前入侵潮州,杀戮掠夺,民不聊生,潮民被迫避入山林,潮州人饥不择食,只好摘朴枳叶和果子充饥。后人为永记这深仇大难,在清明节加工蒸制"朴枳粿",沿袭至今。故潮州地区有"清明食叶"的民谚。

朴枳粿是一种时粿,所以每年只有在清明节前后几天食用售卖。但保存运输性不强,而潮州地区每年还是延续了这传统,在清明节前后制作朴枳粿,不能自制的话,也会到粿铺去购买。朴枳粿除了食用外,还作为祭祀拜神之用,是潮州文化中的一个传统民俗。年轻一代的人,现在对于拜神祭祀这些活动已经淡化,现在基本上是一些上了年纪的老人、妇女和专门师父,秉持风俗而继续传承着这门传统制作技艺。

朴枳粿是潮汕地区特有的粿品,特别以潮州为主。一般在清明节期间,这时朴枳树刚刚抽出嫩芽新叶——具有时令特点的好原料,故清明节前后几天制作的朴枳粿不苦涩,绵润可口,甜美清香,有消食健胃祛积之功效。

潮州小食属潮州菜系中的一大类型。它萌发于唐代，形成于宋代，兴盛于明代。至今潮州小食在继承传统之基础上创新发展，享誉海内外。

根据唐刘恂《岭表录异》记述可知唐代潮州小食已经初现。

宋代尤其是南宋，大量北民迁移至福建后，再由福建迁徙至潮州定居，带来了各种农作物品种在潮州播种，如水稻、有大麦、小麦、粟、豆等品种。他们成熟的生产技术推动了经济发展，潮州饮食文化也得到充实与提升，促使潮州小食逐步发展。

元明时期，潮州地区农作物更为丰富。据明嘉靖《潮州府志》记载："谷、白早、赤早、安南、乌种、早秫、白尖、赤脚尖、齐种、黍、稷、大麦、小麦、荞麦、乌豆、赤豆、绿豆、白目豆、芝麻。"这些作物为潮州小食制品提供了足够的原材料，使小食品种更为丰盈多样化。

清代，潮州对外贸易十分活跃，故潮州小食也迎来了繁荣发展时期。潮人制作或购买各式小食来欢庆传统节日，以及祭拜祖宗和婚娶、生子、寿诞、开业等礼俗，使其更加规模化与大众化。

民国时期，潮州府城酒楼，茶楼及各式小食作坊大量涌现。当时，湘子桥就有"一里长桥一里市"之称，桥上摆满了小食，还有特色彰显的潮式炒面摊店，故流传有"桥顶食炒面，大街看亭字"的俗语，可见当时潮州小食之繁荣。

新中国成立以后，尤其是改革开放以来，潮州政府十分重视潮州小食这一独特饮食文化，采取措施予以继承和保护。随着生活水平的不断提高，人们对各式小食的需求越来越大，品种也更加多样，迄今已有100多种潮州小食受到国内外人士的青睐。

潮州朴枳粿制作技艺已于2019年入选潮州市第八批市级非物质遗产代表性项目名录。

潮州猪脚圈制作技艺

猪脚圈是潮州地区传统的特色小食。顾名思义，名字取自它外形圆圈的形态就像切下来的一节猪腿，故称为"猪脚圈"，深受小孩子们的喜爱，自清末至今已有100多年的历史了。好的产品，要求外表金黄、粉浆薄而脆、馅料饱满，吃起来香味浓郁、齿颊留香、回味无穷。

猪脚圈一年四季都有制作售卖，一般由摊主在路边店支起炉架，放上粿坯，边油炸边售卖。制作的原料主要是低筋精面粉、粘米粉、花生油、发酵粉和适量调成的粉浆，外加馅料——芋头碎粒、青豆仁（炊熟）、生葱珠、精盐、五香粉、胡椒粉、味精粉和芝麻油等，馅料和粉浆搅拌均匀后就可以制作了。猪脚圈工艺流程比较复杂，工序质量要求高，很多工序不可能采用机器生产，在一定程度上限制了产量和销售量，经济效益也受到了制约。

猪脚圈制作技艺是潮州饮食文化的重要组成部分，体现潮州人的创造智慧，丰富了潮州小吃的内容和人们的消费种类。

　　连年来，刘宗楷制作的小食名点多次在海外和全国各地演示参展，均获好评，多个品种获得省级和市级名小食荣誉称号。刘宗楷自身经验丰富，厨艺精湛，在小食名点制作上独具一格，是潮州小食制作的代表性人物之一。为了让潮州传统美食文化发扬光大，得以传承和发展，他利用当地媒体向民众传授潮州小食制作方法，还创立小食工作室，让厨艺惠及更多美食爱好者。

　　潮州猪脚圈制作技艺已于2019年入选潮州市第八批市级非物质文化遗产代表性项目名录。

潮州草粿制作技艺

草粿又称仙草蜜,是广东潮州地区一款颇具地方特色的传统小食。

制作草粿需用一种称为草粿草(也称仙人草)的植物,它是梅州一带的特产。清朝药物学家赵学敏在《本草纲目拾遗》中记载:草粿草全身可药用,性甘凉,内服有清热解毒、凉血利尿,有助治疗跌打肿痛、感冒、糖尿病等症。

制作草粿时一般从山上采下这种草药(草粿草)后,将它洗净、煎取药汤汁,也可经过研磨、捶打后取其浓汁,兑水加入一定量的淀粉,置于瓷钵或木桶中均匀搅拌,再用慢火蒸熟就行了,盛于陶钵冷凝成膏状,即成为黑色晶莹的草粿。

潮州民间有流传着"草粿煮熟,天时变局(指雷阵雨),二碗卖做一"和"南畔浮乌云,草粿卖有存"等民谣。因为草粿的原料是淀粉,当气候炎热,草粿卖不完时便容易腐败变质,吃后会使人腹胀致消化不良。食用时,用专用铜勺将草粿切成一片片装进小食碗,撒上白砂糖粉,便可啜饮。它适合时令,食用方便,价格适宜,盛夏酷暑在潮州地区畅销不衰,深受海内外潮人所欢迎。

草粿制作大部分靠师傅口传授艺。随着老艺人不断离世、市场经济效益较低等原因,制作技艺开始出现青黄不接的困境,有必要予以重视并采取保护措施。

潮州草粿制作技艺已于2019年入选潮州市第八批市级非物质文化遗产代表性项目名录。

潮州市非物质文化遗产名录图典

传统技艺 Traditional Handicraft

潮式卤水制作技艺

　　潮式卤水是潮州饮食文化的重要内容，也是潮州民俗活动主要祭品，遍及千家万户。

　　唐韩愈《初南食贻元十八协律》诗中便有潮州熟（卤）肉加工的记录，南宋林洪著作《山家清供》书中对"卤"有详细描述。可见，潮式卤水的历史已有1000余年了。

　　潮式卤水是中国三大卤水之一，不仅特色鲜明，而且各种价值突出。它是联结国内外潮人爱国爱乡的重要纽带，对促进潮州养殖业、旅游业、调味品等行业发展起着积极作用。

　　潮式卤水天下闻名，堪称岭南一绝。其原料选用范围广泛，卤水中既有中药香

料，也有植物香料，还使用多种调味料，如八角、桂皮、南姜、蒜头、老抽、鱼露。卤料可用于家禽家畜、海河鲜，也可用于各种蔬果，如鹅、鸽、五花肉、牛肉、鲫鱼、鲍鱼、豆腐、萝卜等。而卤制有着精而繁细之特质，有调色、调香、调味的起卤，又有对不同原料进行的卤制，如卤狮头鹅、卤五花肉、卤鲫鱼、卤鲍鱼、卤鸡蛋、卤豆腐、卤萝卜等。

潮式卤水卤制流程：首先，起卤。将各种香料分别洗净、去异味、起香，浸油后装袋；植物原料洗净，南姜切片、装袋；鹅油和香葱炼成香葱油；卤鼎放入清水和香料包，旺火烧开，加入植物包、香料油、香葱油，调色、调味后用中慢火熬6小时，取出香料、植物包，滤出杂质即成。其次，卤制。将卤料放进卤汤中，旺火烧沸后改慢火，卤至其入味，捞起晾凉改刀装盘，淋卤汁放芫荽，佐上蒜泥醋即成。

潮式卤水制作技艺的郭氏第三代传承人郭卓钊以及刘氏第三代传承人刘磷利等传承人，在注重传统的基础上，不断整合创新，使之发扬光大，并毫不保留地将技艺传授给下一代，使之后继有人。

潮式卤水产品，先后获得"广东岭南特色食品""广东自主创新产品""广东名小吃""地方特色农家美食""广东省名特优新农产品""潮州十大手信"等称号。

潮州卤水制作技艺已于2019年入选第八批市级非物质文化遗产代表性项目名录。

潮州九制话梅制作技艺

　　潮州九制话梅是经多次晒煎制、能经久贮藏的蜜饯制品。由于它具有药用价值，又是传统调味佳品，向来享有盛誉。潮州九制话梅制作技艺主要分布在潮州市区、潮安区以及汕头、揭阳等周边地区。

　　潮州九制话梅有着悠久的生产历史，早在明清时期就已闻名遐迩，销往全国各地。潮州青梅起初是由野生品种驯化而来，到了明清时期，农果大量种植而成林成片。当时潮人已能制作各类蜜饯凉果。据《潮州饰品糖纸工业志》记载：1790年，潮州吴家园作坊制作的"轮船牌"系列特色凉果，九制话梅列于其中。

　　九制话梅制作以晒煎为中心，由选取肉厚核小的青梅，清洗后盐腌、晒干、漂洗、晒干、浸制、晒干等多道工序构成。其特点是：外表有一层白色糖霜，入口有甘、酸、甜、香四味，且有生津止渴之功效。长期以来，深受各界人士喜爱。

　　潮州凉果制作技艺亦称蜜饯凉果制作技艺，是所有水果加工制作的总称。据唐代《广雅》《北户录》记载，自唐宋年间，潮州人民就开始制作凉果。以此可知，潮州凉果制作技艺之历史，于今已有1200年了。

从现今所见方志及族谱资料可知，潮地自唐五代始便接纳了来自福建、江西一带而来的望族移民，乃至宋、明从上述两地迁来的移民数量甚大。这些南迁的中原人将自己的饮食习惯带至潮州，并与当地的生活习俗融合，形成了独特的民风民俗。由于潮地水土肥沃，气候温和，水果植物生长旺盛，有柑、龙眼、荔枝、柚、杨桃、香蕉、橄榄、杨梅等果树，为潮民提供了足够的水果原料。"蜜取花间液，柑藏树上珍"之句，说的就是潮州柑。又明代万历年间潮州知府郭子章在《潮中杂记》中载："潮果以柑为第一品，味甘而气香，肉肥而少核，皮厚而味美，此足甲天下亦，有二种，皮厚者尤佳。"说明了用柑制作凉果最佳，此时潮人已用野生蜂蜜制作美味可口的蜜饯柑饼。

明嘉靖万历年间，由移民之故，劳力资源增多，经济快速发展，潮州蜜饯技艺也随之兴旺。明户部左侍郎林熙春（1552—1631）曾写过一首《感史诗》："瓦陈红荔与青梅，故俗于今若浪推。法酝必从吴浙至，珍馐每自海洋来"。反映了潮州蜜饯制作的真实情况，当时制品作为贡品奉献朝廷。

到了清代，潮州制糖大发展，制作凉果的作坊日渐增多。据《潮州饰品糖纸工业志》载：1790年潮州吴家园作坊就制作"轮船牌"系列潮州特色凉果，产品畅销各地。

新中国成立后，1956年成立了地方国营潮州市潮安凉果厂。老艺人们继承传统制法，将老香黄、老药桔、黄皮豉作为"潮州三宝"推向全国各地，深受游人好评，为地方经济作出贡献。

"九制话梅"作为潮汕地区传统小食，虽然产业曾遭受过冲击，但潮汕地区的相关企业数目仍很多，各家工厂生产的产品每年都会销售一空，因而"九制话梅"等凉果市场依然有着良好的发展前景。如今，人们的物质生活十分丰富，可以选择的美食种类繁多，而年轻一代对于"九制话梅"这些凉果的喜爱已经大不如前。对制作技艺的传承也缺乏热情，亟须引起重视。

潮州九制话梅制作技艺已于2019年入选潮州市第八批市级非物质文化遗产代表性项目名录。

潮州大新溪村咸牛奶制作技艺

  咸牛奶是饶平县浮滨镇大新溪村百年传统特色的绿色健康食品，以独特的香味、开胃消食、去腻滋补等功效而深受大众喜爱。

  自清代乾隆年间，聪明的大新溪人就开创了咸牛奶的制作工艺，延续至今。由于历史悠久，咸牛奶最初是如何兴起的，谁也说不清。20世纪六七十年代，营养丰富口感特别的"咸牛奶"，在这个物质贫缺的小山村里被当成了很珍贵的一道菜，只有客人来的时候才端出来一起细细品尝。每逢赶集的日子，辛勤的村民将制作好的咸牛奶带到圩市，随之一排小长龙占据在街道旁，闻着奶香，顾客们你一瓶我一瓶地购买咸牛奶，凭着其色香味俱全和易于保存的特点，成为馈赠佳品，它还漂洋过海被作为手信带去探望在外的老唐山人。

  大新溪村制作咸牛奶最火红的时候共有50多头水牛在产奶，曾试图将"咸牛奶"作为特色产业进行推广，但由于制作很费工夫利润又低廉，村民热情不大。自20世纪90年代开始，村里的咸牛奶生产逐渐减少，如今只剩下4个生产户了，咸牛奶的生产陷入尴尬境地。

  咸牛奶的制作过程属纯手工非常费工夫。先用大鼎煮好70℃左右的热水备用，再将刚挤出来的新鲜牛奶用大碗装盛后放到热水中隔水烫温，并用小火保持水的温度。然后，将适量的白醋加入烫牛奶的热水中搅匀。接着，用一把特制的小勺和一个茶杯，将牛奶与醋水混在一起，牛奶在醋水中迅速凝结成小白团。此时，将其倒到手掌中，熟练地把它捏成围棋子大小"奶块"，放进特制的"咸汁"中浸泡入味，浸泡五至六个小时后，咸牛奶便可以上桌当小菜吃了。

  潮州大新溪村咸牛奶制作技艺已入选潮州市第八批市级非物质文化遗产代表性项目名录。

潮州薄壳烙制作技艺

薄壳烙，是一种以薄壳和地瓜粉为主料的潮州特色小吃。不仅味道鲜甜美味，而且其中的薄壳富含蛋白质、钙、铁等多种营养元素，属于高蛋白、低脂肪的小海鲜，能够降低脂肪和胆固醇，还具有调节血脂、预防心脑血管疾病及平咳喘等功能。虽然薄壳烙使用煎的烹饪手法，但是地瓜粉的降火功能却很好地降低了因煎制而上火的可能性，很符合潮州菜清淡的口味与营养健康的标准，是潮州特色小吃中的典型代表之一。

潮汕地区盛产海鲜，在"靠山吃山，靠海吃海"这一人类生存规律的支配下，在很古远的年代，便有了喜食海鲜的习惯。在漫长的历史进程中，潮人喜食海鲜的习俗，逐渐形成了一种潮州饮食文化，当潮州菜得到形成、发展的时候，这种特色自然也就成为潮州菜的突出特点。其中在潮汕盐度较高的海湾或岛屿的滩涂中，生长着薄壳的海鲜（学名寻氏肌蛤，又叫海瓜子），因其味道可口，营养丰富，故常被人们烹饪制作成薄壳烙这道风味美食。

制作工艺看起来简单，但没有丰富的经验积累与熟练地的操作技巧，是很难制作出完美的薄壳烙的。例如地瓜粉与水的比例关系到成品的脆感和质感，烹制过程中的火候关系到薄壳肉质的好坏等，这些都需要一定的手法与技巧。

薄壳烙制作技艺的出现，是潮州地区地域、经济、饮食文化的突出体现。由于地域关系，潮州地区海产品丰富，海鲜经常是本地人餐桌上的美食之一。而薄壳亦和其他海产品一样，物产丰富、价格便宜，在潮州经济文化条件下，自然而然地诞生了薄壳烙。如今，它密布于通街大道的大排档、饭店当中，很受各地消费者的喜爱。

潮州饮食文化历史悠久，博大精深，薄壳烙这个代表性小食，也为潮州菜发展作出贡献，在传承与保护潮州菜中发挥了推动作用。

潮州薄壳烙制作技艺已入选潮州市第八批市级非物质文化遗产代表性项目名录。

潮州咸水粿制作技艺

　　咸水粿是广东省潮州市一种地方性的汉族传统粿食小吃，价格便宜，颇受当地老百姓的喜爱，是一款非常大众化的小食。咸水粿是一种由米浆做成的如同小碟子的粿皮，中间盛放着热乎乎的辣椒、酱菜、脯粒（菜脯，即萝卜干）。粿皮色泽嫩白，口感润滑柔软，有清淡的米浆香味，配以菜脯的咸香，香气扑鼻，味道可口。

　　咸水粿是一款历史悠久的潮州传统小食，相传在潮州流传至今已有几百年了。咸水粿虽然材料简单，但制作方法十分讲究：首先将大米洗净后，倒入清水中（清水没过大米）浸泡一夜，使米粒变软。倒掉泡米水，将大米放入料理机，倒入清水搅打，接着静置沉淀再继续搅打，一直重复操作，直到米浆细腻（即米浆静止时沉淀物与水的比例约为1∶1）即可。最后取模子刷油（防粘底），将搅拌均匀的米浆倒入模具内，放置蒸锅上蒸熟即可。其配料也是很讲究：菜脯要选择清甜带芳香的，切成丁后配上蒜头一起翻炒，用温火慢慢焖煮，把菜脯的香味完全炒制出来。食用时直接取出蒸熟的粿皮，然后在粿的中间添加菜脯粒。

从商业价值来说，目前咸水粿一般是以小吃摊点的形式出卖，摊主先把粿皮蒸好备用，而菜脯干切成丁，加入蒜蓉，用小炉子微热，现做现卖。制作过程虽简单，但许多步骤需要靠制作人日积月累的经验，如对米浆稠度的把握以及对蒸制时间的把握等，这些是无法靠机器代替的。

潮州小食属潮州菜系中的一大类型，萌发于唐代，形成于宋代，而明朝为兴旺时期。如今潮州小食在继承传统之基础上创新发展潮州小吃的知名度不断提高，咸水粿甚至上了央视"舌尖上的潮州美食"节目，许多外地游客慕名而来，促进了潮州的旅游业发展。

新中国成立以后，尤其是改革开放以来，潮州市委市政府十分重视潮州小食这一独特的饮食文化，制订各种措施予以继承和弘扬。随着人民生活水平的不断提高，对品尝各式小食的需求量越来越大，从而催生潮州小食的品种也更加多样化，目前无论在数量或质量上都比以往有着更大的突破。近几年，涌现出许多售卖咸水果的商家，而且大多以年轻人为主，有的是家传，有的是拜师。

蔡海平从父亲手中继承咸水果的制作工艺，营业状况良好，所制作出来的咸水果深受顾客的喜爱。

潮州咸水粿制作技艺已于 2019 年入选第八批市级非物质文化遗产代表性项目名录。

传统医药

Traditional Medicine

中医养生（潮州暑茶）

　　潮州暑茶是驰名的地方保健药茶。明清以来，针对当地暑热病季节性多发病，中医界逐步创制了用多味解暑药物组成药茶，用于民间防暑降燥。尤以潮州府城南门"广生堂"、东门街"和仁堂"和西门"万春堂"久负盛名。20世纪50年代以后，市区中医门诊部设立加工厂生产暑茶，由于暑茶方便灵验、经济实惠而很受本地人欢迎，成为夏季消暑畅销品。

　　传统暑茶经医生推荐和民众比较认可的方剂有：一是以草药为主，麻黄叶、药丸草、蚶壳草、葫芦茶适量熬水加红糖；二是鲜荷叶1张、鲜竹叶2片、绿茶3克，沸水冲泡，频频饮用；三是青蒿、薄荷叶、荷叶、藿香各300克，切碎微火微炒，甘草90克打成粗块，五味药混匀分装，每包13克，开水冲泡，每服1包，每日2次。被临床广泛使用的有，以青蒿、佩兰、神曲、莲叶、野菊花、淡竹叶、茯苓、滑石、葫芦茶、谷芽、麦芽、厚朴、山甘茶、甘草等30多种中草药，经石臼捣烂过筛暴晒，加姜水搅和并晒干，去除杂味，制成茶剂，存放2年再行包装，十分实用。虽各家药店的药料加减各异，但都能达到解暑性能好、色香味较佳、易保存的效果。

潮州暑茶具有清热解暑、理气消滞、和胃健脾、祛湿利尿等功效。其苦中带甘，气味芳香，口感甚好，并不拘于夏日解暑饮用，还可作为四季清热消食祛积之用，是老少皆宜的保健药茶。

长期以来，经营潮州暑茶的医药世家从医后人，不断探索，改进方剂，辨证实热暑热、气虚暑热、阴虚暑热，分别制成不同标识的暑茶用于临床。并尝试改进剂型，将药料净化，制成冲剂、浓缩药剂，服务民众，对传承传统医药发挥了重要的作用。

目前，不少诊所有自配"伍暑茶"药料销售或煮成凉茶应季供应。流通的暑茶制品有：中草药略加切碎的原型茶剂；药料经石臼捣碎、过筛加工的粗粒茶剂；将材料粉碎为末的袋装茶剂；将暑茶熬制浓缩加糖的冲剂和制成软包装的饮料型汤剂。

但传统暑茶配方较多，但仍未能形成统一方剂和规模化生产制作，这制约着潮州暑茶的拓展空间。

潮州暑茶于 2018 年入选潮州市第七批省级非物质文化遗产代表性扩展项目名录。

民俗
Folk Custom

茶艺（潮州工夫茶艺）

潮州地区饮茶历史可追溯至宋代，当时潮州八贤之一的张夔有诗曰："燕阑饮伯呼酪奴，鸾旌凤吹光寒儒"，其中酪奴即是茶的别称。至清代中期，潮州地区饮茶已蔚然成风，清俞蛟《潮嘉风月记·工夫茶》中就有了工夫茶的最早记载，当时工夫茶冲泡方法已形成规范。

现在，潮州工夫茶的分布以潮州为中心，辐射整个潮汕地区，在东南亚等地也有较强的影响力。

潮州工夫茶之冲泡用茶，以乌龙茶类为宜，其中尤以潮州单丛茶最受青睐。冲泡之水以山泉水为上、江水为中、井水为下，又有"山顶泉清澈，山下泉重浊，石中泉清甘；沙中泉清冽，土中泉浑厚；流动者良，负阴者胜；山削泉寡，山秀泉神，其水无味"的说法。煮茶之火，当为"活火"，所选之炭以绞只和橄榄核炭为佳。潮州工夫茶主要程式有茶具讲示、茶师净手、泥炉生火、砂铫淘水、榄炭煮水、开水热罐、再温茶盅、茗倾素纸、壶纳乌龙、甘泉洗茶、提铫高冲、壶盖刮沫、淋盖追热、烫杯滚杯、低洒茶汤、关公巡城、韩信点兵、敬请品味、先闻茶香、和气细啜、三嗅杯底与瑞气圆融等 21 项。

潮州工夫茶以"七义一心"为其茶道规范之美，是谓"立七义一心以尽道"，形成了潮州工夫茶独特的茶艺文化，以"和"为核心，以茶德和茶理为人生之导向，其精神内涵集中体现潮州人"和"的思想境界。潮州工夫茶是中国茶文化与地域社会文化相结合的集中体现，在潮州文化中占有极为重要的地位。

潮州工夫茶艺已于 2008 年入选第二批国家级非物质文化遗产代表性项目名录。

畲族招兵节

广东省潮州市畲族的招兵节主要分布在潮安区凤凰镇石古坪畲族村、文祠镇李工坑畲族村（含黄竹洋自然村）和归湖镇山犁畲族村、碗窑畲族村、岭脚自然村、湘桥区意溪镇雷厝山自然村、饶平县饶洋镇蓝屋畲族村以及相邻的梅州市丰顺县凤坪畲族村，是一个以祭祀、祈祷为主要形式的图腾崇拜和祖先崇拜相结合的民俗活动，是当地畲族人民最隆重的传统民俗节日。

畲族向来有自己世袭的法师，专门担负畲村和境内的祈雨、请神、推地灵和驱鬼除魔等职责。有自己法师的畲村，招兵活动每2～3年举行一次，农历除夕前一天或除夕夜请兵，农历正月初四前择日发兵。没有自己法师的畲村，则视其经济情况，一般每三五年举行一次，把请兵和发兵活动结合在一起进行。这种请兵和发兵的活动，称为招兵节。

畲族招兵节祭祀的主要神灵是盘瓠。据民间传说，盘瓠是东海苍龙，寄托在高辛帝皇宫中刘氏大耳婆的耳卵中，长大后出类拔萃。后来国家受番邦侵犯，辛帝出榜招贤："凡能收服作乱的滨夷王者，愿将三公主赐其为妻。" 盘瓠自告奋勇上前揭榜，亲赴番邦咬断番王头，制服外乱，因而成了辛帝驸马。驸马王到广东安家后，还曾到茅山学法，统领各路兵马，扶正祛邪，庇佑人间。畲族人通过招兵节这一活动，缅怀驸马王，传承驸马王精神，并请天兵天将降临本村护佑人畜平安、子孙昌盛。

历史上，凤凰山各畲族村的招兵节由各村自主组织，于冬至前后3天请法师择吉日举行。整个活动历时3天，共有28个项目，分为祷告、请神、安神、招兵和收邪等5个段落。整个过程都贯穿着畲族人民对盘瓠王的崇敬和怀念，是畲族人民祈求祖先神灵庇护、驱除邪恶、消灾纳福、保护子孙昌盛和六畜平安的一种祈福活动。

畲族招兵节集畲族文化之大成，涵盖了畲族的宗教信仰、神话传说、语言、音乐、舞蹈、武术、服饰、饮食等诸多内容，全方位展示了凤凰山畲族文化的原生态面貌，具有较高的学术研究价值和欣赏价值。

由于种种原因，虽然招兵仪式已简化，但也已不经常举行。而且由于畲族有语言没文字，受法师文化素质的约束，再加上族内法规不宜对外公开等原因，使招兵节活动的传承发展面临重重危机，亟须采取有效措施加以保护和扶持。

畲族招兵节已于2007年入选潮州市第二批省级非物质文化遗产代表性项目名录。

饶平彩青习俗

饶平彩青习俗也称"三饶钉桌""摆桌碗",是饶平县三饶、新丰、汤溪、钱东等乡镇元宵节期间的传统民俗活动。饶平彩青习俗从古代中原"钉饳"演变而来,随中原移民南迁由福建而传入当地,至今已有近700年历史。

每年农历正月十二日至十六日元宵节期间,当地人家各展技艺,在街头巷口摆起八仙桌、圆桌,将精工制作的美食摆上桌面,各家盘碗争奇斗艳,菜式也精彩纷呈。每年这时,人们都要评比谁家的桌碗做得最多、菜式最好看。

饶平彩青的制作原料多以五谷、面粉、薯类、枣类、菇类和各种鲜果为主,亦有使用猪、鸡、鹅、鸭的肉类以及内脏等。按其造型设计来看,有桌碗和桌盘两种,桌碗多以不同色彩的米类或豆类一层一层地粘在锥形的面团上,使之成为锥体,并在上面摆出"五福临门""五谷丰登""风调雨顺"等字样,以表达人们祈祥纳福之意;桌盘多以面团揉捏成不同的造型,或为人物,或为动物,大抵以花鸟鱼虫和古代人物为主。

饶平彩青习俗自传入粤东地区以来,不断吸收、借鉴当地民间艺术形式,融合不同历史时期工艺技术、历史故事、美术形式等,形成了自己独特的艺术风格以及与之相应的民俗文化特色,对研究传统"钉饳"习俗在粤东地区的变迁具有重要价值。

近年来,随着电影、电视等文艺形式的多样和普及,人们的审美观念不断变化,传统民间文化活动逐渐失去其影响力,加之彩青的制作十分复杂繁琐,这项技艺的传承面临青黄不接的困境。因此,亟待有关部门采取有效措施加以抢救和保护。

饶平彩青习俗已于2007年入选潮州市第二批省级非物质文化遗产代表性项目名录。

潮州市非物质文化遗产名录图典

民俗
Folk Custom

庙会（潮州青龙庙会）

潮州青龙古庙，也称安济圣王庙，始建于明代，距今已有400多年历史。潮州旧府志、县志及清人笔记中有"滇人有宦于潮者，奉（王伉）神像至此，号安济圣王，立庙镇水患，遂获安澜"之记载。传统庙会以青龙古庙为活动中心，以遍布潮州各地的神前（社）为依托，庙会活动影响遍及粤东地区，并受到侨居海外的潮、客属人士的关注。

安济王诞原为农历三月二十七日，后演化为从农历正月二十四日至月末的数天中选择。每年正月初四，当地士绅耆老齐集青龙庙内，由主事掷筊（杯）择吉日，从正月二十四日起掷，每掷筊一次代表一天，胜筊那天为庙会日，如直到月末仍占无胜筊，则从头再占直至择出好日子。择日后昭告各地神社。旧时潮州城中有民众自发的庙会活动组织，如下市、大街、上东堤、下东堤、下水门、太平后巷、北门、汕头等社，以及侨属以侨居地组织的"实叻社"（新加坡、马来西亚）、暹罗社（泰国）、安南社（越南）等。

传统潮州青龙庙会活动分青龙庙与神前两个部分，青龙庙由当地耆老乡绅及庙祝负责活动的组织、联络等工作，包括接待香客，祭祀佛、道、儒和民间吉祥神，

保护神等，以祈福禳灾、求赐子嗣、祛除病痛等。神前活动一般以行业或居住地为单位组建，分工明确，各负其责，规范条理。传统上，各地神社在上一年年底已早早定制、督造各式花灯，到了农历正月十三日至十五日"兴灯"，这是庙会活动的前奏。潮州城内张灯结彩，火树银花，连续三夜游灯，灯光烛天、弦歌动地。庙会前一天。有专门人马提大灯笼、执安路牌、敲马头锣，遍行全城，以示报知游神路线，称为"先安路"。庙会当天，由真君宫鼓乐队当响道，其余锣鼓班及花灯队伍皆追随神轿后面，抬安济王爷及其大夫人、二夫人神轿出巡，由春城楼上堤落竹铺直上太平路，后按预定路线巡游，所到之处，住家铺户摆设香案恭迎，人们争相摸神轿以消灾祈福，烟花爆竹声持久不息。庙会通宵达旦连续三昼夜。各神社摆香案、设茶座，并请戏班或木偶戏搭台演出，招引游客观赏，接待游神队伍，叩迎圣（神）驾。巡游后"回銮"，当巡游队伍回到一定地段时，所有锣鼓队同奏潮州音乐《水底鱼》，鼓乐起时，扛神轿者都将轿直撑至头顶，高擎神轿及神像奔跑直入庙门。

　　潮州青龙庙会既承载着闽粤地区对蛇神的传统崇拜，又与潮人崇尚、祭祀一心为民的地方神明祇密切相关，并以其独特的祭祀格局而享有盛誉，也成为海内外潮人凝聚乡情的重要纽带。

　　由于历史和政治等因素影响，潮州青龙庙曾一度遭到破坏，庙会活动也受到极大限制。改革开放以后，在潮州市委市政府和海内外潮人共同努力下潮州青龙庙会得以恢复，重现其民俗盛况。

　　潮州青龙庙会于2012年入选潮州市第四批省级非物质文化遗产代表性扩展项目名录。

潮州"出花园"

"出花园"是潮州地区民间人生礼仪习俗的重要活动之一,是标志着家家户户的孩子长大成人而举行的"成年礼"。潮州"出花园"习俗起源于何时已无从考证,相关史料记载:"生子虑难育者,辄请禄神到家供奉。俟此子十六岁时(俗多在十五虚岁),请道士以纸为园,设列盆花,令此子坐其中,道士扮花公花妈为之宣诵,既毕,遣出,焚园,谓之'出花园',乃罢禄神之祀。"

"出花园"一般选在农历正月十五元宵节或七月初七"七巧节",如今多在正月里根据孩子的生辰八字择日举行。当天,孩子先用浸泡十二种鲜花的温水沐浴,寓意用芬芳洗去孩子气。沐浴后系上母亲亲缝的新肚兜,装上十二颗桂圆和两枚顺治铜钱,穿上外婆送的新衣服和红木屐,寓意跨出花园门槛后一帆风顺、一生平安、吉祥如意。早餐要给孩子吃用猪内脏(猪肝、猪心、猪肾、猪肠、猪肚)煮的汤,代表更新内脏。

"出花园"的孩子还得在房里举行"拜床神"仪式,以祈求"公婆神"保佑,仪式需在床上放一只箩筐,盛放甜薯粉丸、乌豆酒、米果和"三牲"等供品。三牲之中,男孩子需放公鸡,代表将来朝气蓬勃、雄壮有为;女孩则用母鸡,祈求将来生儿育女、传宗接代。"出花园"这一天,孩子必须整天躲在屋子里,不得到露天处乱跑;母亲要代表孩子到庙宇祭拜保护神"花公花妈",答谢神明庇佑孩子健康成长的隆恩。

潮州"出花园"宴请亲朋，让孩子坐大位，象征孩子已长大，成为家中栋梁；宴席的菜式包括葱蒜芹菜煮甜豆腐、豆粉丝煮鸡蛋、蒸乌鱼、煮鲫鱼或鲤鱼等，菜式总数应为双数，且每一道菜都有其独特的寓意。

潮州"出花园"有着完整而系统的仪式过程，由中国传统成年礼嬗变而来，并在其历史发展过程中，不断吸收融入潮州地域文化特色，在当地民间具有广泛的传承性。在潮州当地，孩子无论男女，家庭不分贫富，到十五岁时都必须举行"出花园"仪式。"出花园"的每个环节都有其特定的文化内涵，包含着社会和家庭对于新一代的期望和祝愿，富有潮州地区独特的人情味，对于构建和谐社会具有积极意义。

潮州"出花园"风俗曾在很长一段时间被禁止，改革开放后，慢慢地在一些家庭开始举行"出花园"仪式，当地恢复了生机。随着社会的发展，其仪式诸环节有的已被删改或赋予了新内容，如今传统的潮州"出花园"这种淳朴习俗如何传承好、保护好，必须引起社会重视。

潮州"出花园"于2009年入选潮州市第三批省级非物质文化遗产代表性项目名录。

端午节（大城所端午节游旱龙）

潮州市饶平县的大城所创建于明洪武二十七年（1394），是明代潮州设于近海地方的四个千户所海防城堡，曾承担着抗击倭寇、防治海贼、保家卫国的军事职能。大城所端午节游旱龙的习俗由来已久，明代《东里志》中对其已有记载："大城所结彩为龙舟，或以彩纸糊之，各扮故事，演戏竟日。"

每年端午节前，人们用竹片、竹篾扎制龙舟，并分别用粉红色、青色、紫色、大红色、黄色、赤褐色的纸糊成六条龙舟，分别代表大城所中城隍庙、关圣帝庙、五显爷庙、天后宫、鹤松庵等村庙，待农历五月初一至初六出游。游龙舟队伍自本庙开始出行，先响地炮，由长者一人在前引路泼"红花仙水"，鸣锣十三声开道。此时，鼓乐齐鸣，扮演戏曲故事。本庙（社）少男扛彩旗，壮男扛结彩龙舟，后生仔肩抬老爷神像、香几，长辈在龙舟后助阵，整个队伍浩浩荡荡，所到之处乡民夹道喝彩。龙舟每到城门和衙门都要燃放地炮三响。其中，五月初一、初四、初六纸糊龙舟游到西门外；五月初二纸糊龙舟游到北门外；五月初三纸糊龙舟游到南门外。龙舟出城门后，彩龙部体和绣球由孩子们撕抢到家中插吉祥。五月初五端午节当天所游龙舟有所不同，各家各户均要等"龙"的到来，在司命公（灶神）前摺香祷告，以求平安。大城所端午节游旱龙，龙舟穿街过巷，热闹非凡，祈求人丁兴旺、五谷丰登，经商者得财、读书者得仕途、沿海海防平安、百姓安居乐业。

  大城所端午节游旱龙既是纪念屈原的传统民俗活动，又呈现出与众不同的民俗形式与内容，在潮州及至广东省内均独具一格。从旱龙的制作技艺到游旱龙的过程，该民俗活动中囊括了潮州地区的刺绣、剪纸、雕刻等传统工艺，以及潮州音乐等诸多民间艺术形式，具有高度的审美价值。明清以降，端午节游旱龙习俗与所城内各种民俗活动相互融合，在保留了潮州文化特色的同时，又渗入了客家文化和闽粤沿海的海洋文化特征，特别是表现明清海防历史的扮景活动，呈现出卫所最传统的职能，对研究我国东南沿海海防和海洋文化发展具有重要的意义。

  大城所端午节游旱龙于2015年入选潮州市第六批省级非物质文化遗产代表性扩展项目名录。

传承人（排名不分先后）

THE CHAPTER OF INHERITORS

民间文学
Folk Literature

林朝虹
项目名称：潮州歌谣

　　林朝虹，女，1970年生。硕士，中国民间文学教授。自幼生活在潮州府城，跟随长辈学习"歌囝"。

　　2008年以来，林朝虹把自己学会的1000多首潮州歌谣记录下来，不断地传授给更多的人，且创编了《韩愈治潮》《"一根牛绳"精神扬》《门脚一丘田》《网络安全歌》《七步洗手歌》《逆行者之歌》《有闲来食茶》等歌谣作品。2012年，出版含有1003首潮州歌谣的《全本潮汕方言歌谣评注》，荣获第十一届中国民间文艺山花奖·民间文学作品奖、2014年广东省文艺精品奖。

　　多年来，林朝虹一直致力于潮州歌谣进校园的工作，创新性地提出并带领团队不断地构建潮州歌谣多形态传承体系。林朝虹是广东省省编教材《潮汕文化读本》小学版分册主编（一二年级童谣）和"送给潮汕孩子的珍贵礼物"丛书《童谣绘本》（一套六册）主编，教材和绘本共发行10多万册，并在100多所小学和幼儿园开展潮州童谣传承实践，深受师生欢迎。

丁丽曼

项目名称：潮州歌谣

丁丽曼，女，1963年10月生。从小受到母亲丁玩烈的熏陶，从1970年就开始学习、吟唱潮州歌谣《唪金团》《正月是新年》和《潮州百屏灯》等，1978年9月考入潮州市文艺培训班后有更多时间和机会吟唱潮州歌谣；1984年5月调到潮州市如南幼儿园工作以后，利用有利条件，经常辅导幼儿学习潮州歌谣，从中积累了大量的实践经验。

丁丽曼严格遵循潮州歌谣的基本特点和要求，同时吸收其他文艺体裁，例如潮州歌册、方言歌、快板、戏曲等的长处，并把快板、手巾、葵扇、木椅等地方特色浓郁的道具以及舞蹈动作等融入创作，以表演形式搬上舞台，让更多儿童能够参与到演出中来，有效地提高儿童的参与度和学习兴趣。通过采用唱、念、演相结合方法推广潮州歌谣，既保留传统又有所创新，更好地传承、传唱潮州歌舞，也体现了个人的风格。

自1981年从艺以来，丁丽曼创作了大量的潮州歌谣。其中《夸社区》获省第四届曲艺大赛三等奖，《娶新娘》获省岭南童谣节三等奖，《文明之花遍地开》获省群众文艺作品评选三等奖；创作、导演的多件潮州歌谣、歌册作品入选《潮州市原创潮州歌册作品选DVD》。

丁怀宇

项目名称：潮州歌谣

丁怀宇，男，1977年生于潮州市湘桥区磷溪镇仙田三村。从小酷爱潮州歌谣及潮州音乐，受到祖父丁瑞藩先生的传授及悉心教导，掌握积累了较高的吟唱能力以及潮州歌谣咬字和字体意义的分析与执教能力。后在市潮剧团工作十年从事戏曲表演，其间对潮州歌谣更勤于学习及探索，特别是歌谣谱曲及编排表演探索和实践方面的。2003年创办艺术培训机构，专业从事传播潮州歌谣工作，着重对潮州歌谣吟唱过程的发音研究。

丁怀宇的传承特点，是在运用潮州话六个母音基本概念的基础上，详细分析口型以及发音位置，特别对每个字音的字头、字腹、字尾的分析示范，在教学上做到清晰明了，字正腔圆，易学易懂。他特别强调音调和字调的调和，更难能可贵的是，在授课过程中对歌谣的字义耐心解释，不厌其烦。

丁怀宇执着于潮州歌谣的学习，在发音及字义的钻研中不断提升。多年来在传承传统的基础上，大胆尝试创作了一些新编歌谣节目，他和学生的作品多次荣获省级、市级以上的奖励。

钱明弟

项目名称："打破鼓"传说

钱明弟（治），男，现退休，1941年生于饶平县官田乡，原饶平镇文化站站长。9岁入学，读书至初中，因家贫而休学。

1968年公社化时，在本村食堂当总务，同时在大队文工组、文艺组、毛泽东思想文艺宣传队工作，先后担任队员、队长和演员、导演，1974年调到公社胜利水库宣传队任导演。1977年任公社文化站副站长兼戏院经理，并组织影评组、剧评组任组长。任镇个体委办副主任期间，组建"三球俱乐部""三棋协会"，受聘为顾问，负责举办节日文体活动。1984年任站长时，组织"业余文艺创作组"，创办《文峰》双月刊共13期计4万余字、发行量8000份，被县里选送汕头市出版成果展出。

1989年，他编辑出版《古城风采》4000册。1993年，编辑出版潮剧本《打破鼓》，印数2000本，时任组长兼编辑。1988年，为弘扬民间传统文化、艺术，组织群众性万人参加"三饶镇元宵灯会"，连续举办五届；任统筹策划举办了两届"元宵烟花晚会"。

钱明弟参加工作后，前半程做业余文艺宣传，后半生搞文化工作，一直到退休还乡。

传统音乐
Traditional Music

黄义孝，男，1935年生，潮州大锣鼓著名鼓师。

12岁，他即随老一辈名师丘猴尚学习大锣鼓演奏，后又向各门派名师学习，博采众长，掌握了潮州大锣鼓所有传统曲牌，其大锣鼓演奏表现力丰富，震撼力强烈，自成一格。黄义孝发掘整理了一批大、小锣鼓传统曲目，还创作了多个新曲目，一直热心致力于潮州音乐的传承。40多年来，出自其门下的鼓乐手已超过200人，不少已成为省、市的知名潮州大锣鼓演奏家。

黄义孝

项目名称：潮州音乐

陈镇锡，男，1943年生。二级演奏员。

他13岁即拜师学艺。在学习大锣鼓演奏中，主要致力于潮州大锣鼓的司鼓艺术，有50多年的丰富演奏经验。其执鼓主奏的多个曲目，曾在各项重要赛事中获金奖、银奖或优秀表演奖。还编著有《潮州大锣鼓》一书，由人民音乐出版社出版，广受好评。多年来他致力于培养大锣鼓演奏人才，不少已成为省、市的名家，为潮州音乐的传承作出了积极贡献。

陈镇锡

项目名称：潮州音乐

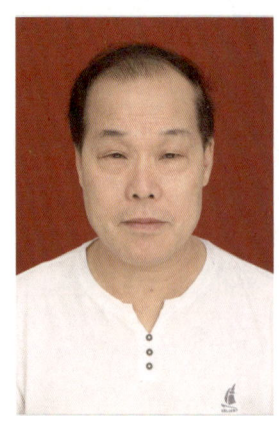

丁广颂

项目名称：潮州音乐

丁广颂，男，1954年生。自幼酷爱潮州音乐，跟随父亲学艺，并在潮安县文艺培训班学习。1977年进入潮安县潮剧团担任领奏。1978年拜广东潮剧院黄壮茂为师继续深造，后担任潮州市潮剧团领奏。

在长期的艺术实践中，他逐渐形成了自己独特的演奏风格，其演奏情调饱满，能深刻理解作品，内容展示作曲意图，在速度、力度以及音色等方面出类拔萃，比较全面地掌握了二弦、唢呐、扬琴、二胡、椰胡等乐器的演奏。并在传统演奏技艺的基础上，大胆吸收其他民族乐器的演奏方法，加强了潮乐乐器的表现力，先后在潮剧《莫愁女》《曹营恋哥》等几十台剧目中担任演奏。每年参加演出200场以上，多次随团到中国香港、中国澳门、泰国、新加坡、马来西亚等国家和地区演出，引起较大的社会影响。

丁广颂积极参加社会公益活动，认真做好音乐教学及传承工作，辅导和传授的学生皆有所成。

余少萤，女，1981年生。自幼受锣鼓世家氛围熏陶，6岁即跟随父亲陈镇锡在潮州民间音乐团学习锣鼓和扬琴演奏。2000年考入星海音乐学院，师从陈天国等学习潮州大锣鼓和潮州音乐，毕业后在广东第二师范学院音乐系担任音乐教师。

从艺20多年来，她多次参加国内外演出，发表科研论文、艺术作品数十篇。其演奏深得父亲真传，注重神、气、韵、味，旋律曲调优美秀丽，具有鲜明的艺术风格。特别是潮州大锣鼓，司鼓娴熟、感情细腻、刚柔相济，充分发挥复杂多变的鼓套表现风格。

余少萤任教以来系统主讲潮州音乐的专业知识，已培训传授学生、学员上千名，为潮州音乐的传承和发扬作出了贡献。

余少萤

项目名称：潮州音乐

李泽英

项目名称：潮州音乐

李泽英，男，1944年6月生。他为潮州庙堂音乐名师李嘉炎（东崖）先生的侄儿。幼承家学，对庙堂音乐造诣颇深，研究并熟悉庙乐和各种杆板、赞板、佛曲。曾协助李嘉炎对庙乐进行整理、录音、记谱，编印成资料。1962年起，他又拜潮州二弦名师蔡戊子先生为师，学习二弦演奏，继承蔡戊子演奏艺术，其弓法灵活多变，技巧娴熟。

李泽英对庙堂音乐深有研究，精通庙堂音乐各种唱诵程式，熟悉潮乐各种乐器的演奏，有较高的演奏水平。针对潮州庙堂音乐向来由师傅口传身教、没有统一乐谱的情况，他主持编印了《潮州庙堂音乐》一书，共收入庙乐125首。

李泽英历任潮州市民间音乐团活动团委、弦乐组组长，并随乐团参加国内外各项重大演出活动。多年来，李泽英为开明乐社培养青少年学员100余人，并在老干部大学讲授潮乐。多次受潮州电视台《潮州好地方》《青青园中葵》《潮州纪事》等栏目的专访。

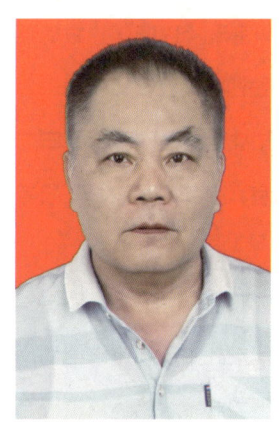

陈邦煌
项目名称：潮州音乐

陈邦煌，男，1961年生。1978年至1982年在汕头戏校音乐班学习二弦和唢呐演奏，师从胡昭、王安明等名师，熟练掌握了潮州音乐轻、重、活、反各种调式演奏。

通过长期的艺术实践，陈邦煌对音乐的声音高低、速度快慢、力度抑扬和节奏顿挫具有敏锐听觉及判定能力。在唢呐方面，根据吹奏乐句的长短、强弱、高低，能较好地掌握呼气压力和呼气流量控制；同时也能在吹奏过程中自如进行循环换气，在乐队演奏中获得好评。在二弦方面，根据二弦的演奏特点，从"刚劲型""稳定型""灵活型""文雅型"多种二弦演奏风格中吸收运用，在轻重、快慢、虚实和强弱等演奏手法技巧上有均不同处理方法，形成自己的演奏风格，广泛地适用于潮州音乐及潮剧舞台的演奏。

其技艺特点：在潮州二弦表现轻六调方面，以分弓、中速、长弓和快弓为主，指法用快压指、滑指相配合；在表现凝重深沉的重六调方面，以长弓或慢弓为主，指法用压指或慢压指；在表现委婉缠绵的活五调时，则以慢长弓或波弓为主，指法以滑指、压指相结合；而在表现闲逸谐趣的反线调时，变换以分弓为主，指法用滑指或者四活指。在潮州唢呐上，快速连奏时，音高、时值和速度控贴稳；分奏时，单吐的吐奏深厚，保持音结实丰富、重音铿锵厚实，强劲有力。

由陈邦煌领奏的多个作品荣获国家、省、市的多个大奖。

庄楷伟

项目名称：潮州音乐

　　庄楷伟，男，从小深受潮州音乐的熏陶，10岁开始学习潮州音乐。1998年，跟随潮乐专家庄英波、庄自安等乐师学习。2001年，以优秀的成绩考进汕头戏校，师承潮乐名师林益树、陈书敏等潮乐前辈学习潮州音乐的主奏乐器扬琴，毕业后成立"潮州音乐工作室"。多次随市民间音乐团、市文化馆潮乐团出访我国的北京、上海、香港、澳门等地和美国、新加坡、马来西亚、泰国等国家。

　　庄楷伟熟悉掌握潮州弦乐诗、潮剧、潮州大锣鼓等相关潮州音乐传统演奏技法。在其主要乐器扬琴的演奏技艺上，具有个性鲜明、独特的演奏风格。由于在传统的潮州音乐演奏过程中，扬琴没有统一的演奏符号，其在演奏实践中严格对琴竹的运用进行合理搭配，在各段乐句中根据音乐情绪的起伏变化进行弹奏，有时长轮，有时双竹。特别是在双竹弹奏运用上，十分讲究，什么地方用双竹，什么地方用单竹，他都力求处理恰当。同时根据对音乐作品的理解，运用装饰音群组成的惯用音型(加花)，从而使整个音乐作品艳郁华丽、细腻缠绵，形成了自己与众不同的风格。除了能娴熟演奏扬琴外，庄楷伟还在潮乐队中充当多个角色，演奏多种乐器，如潮州音乐的椰胡演奏、大提琴等。

　　多年来，他致力于创新，潜心研究潮州音乐作品的演奏技法、表现手法，对传统潮州音乐曲目进行科学配器，使潮州音乐作品在不失传统中更加丰富多彩，更具艺术魅力。

释传然

项目名称：潮州禅和板

释传然法师，女，1960年2月生于潮州。中专文化程度。1984年于来龙庵剃度出家。现任潮州市佛教协会副会长，来龙庵、福寿庵住持，广东省第二届佛教协会常务理事。曾被中国佛教协会授予"中华佛教百名弘法之星"称号。

释传然法师出家后，得到开元寺释慧原法师亲授佛乐禅和板。1982年释慧原法师出任开元寺住持，同时成立《潮州佛乐》演唱团，传然法师是团员，并被慧原法师指定为领唱者。尔后，为使佛乐更全面地代代相传下去，慧原法师于1987年特指召传然及其师兄弟三人到方丈草舍学习。经过较长时间面授学习，全面地掌握了所有的佛乐唱法。释传然法师在福寿庵、来龙庵任主持时，组织师兄弟为出家僧人及在家居士教唱。在教唱过程中，努力追求优美典雅之韵味，其悠扬婉转庄严的乐曲震撼所有学员，使学员们法喜充盈。多年来，在传然法师带领下，先后在开元寺、来龙庵、福寿庵用佛乐禅和板做佛事活动几十场，备受广大信众的好评。

近年来，为使佛乐禅和板能够有效地保存，释传然法师请社会热心人士为其录唱佛曲，并灌录成音碟，广泛传播。2014年，星海音乐学院副院长蔡乔中教授率领岭南非遗音乐文化资深采集组及中国音乐学院地方音乐研究所乔为民教授等领导和专家们先后两次到潮州采访、搜集资料。传然法师率领信众为其专场唱诵"潮州佛乐禅和板"，得到领导和专家们的高度评价。传然法师不负师望，为积极弘扬潮州佛乐禅和板作出了应有贡献。

杨俊成

项目名称：潮州大锣鼓

杨俊成，男，1963年生。潮州市湘桥区人。非遗项目潮州大锣鼓市级传承人，广东省音乐家协会、曲艺家协会会员，潮州市音乐家协会潮州音乐研究会监事长。

杨俊成是潮州大锣鼓第四代传承人之一，师承武派鼓师林坤河先生潜心学艺，承传潮州传统大锣鼓《六国封相》《洪迈追舟》《抛网捕鱼》《告官》《三关》《掷钗》《双咬鹅》《十仙庆寿》等传统曲目，协助传授各地锣鼓，特别是东洋塭锣鼓队，积累了丰富的教学经验。

30多年来，他一直致力于潮州大锣鼓的创新和传承，在潮州大锣鼓传统技艺的基础上，创新若干大锣鼓鼓垒，添加新手势和武术动作，使潮州大锣鼓肢体语言更具恢宏气势，传统文化更有独特魅力。

2004年，他与人合作创作并配鼓、司鼓的《农家乐》荣获广东省音乐家协会、南方电视台、潮州市广电局联合举办的大锣鼓比赛铜奖。2011年，他创作、配鼓、司鼓的《闹元宵》获潮州市花灯节组委会、文广新局举办的大锣鼓比赛金奖。2012年，他配鼓、司鼓的《滨江赞》获广东省民间潮乐大赛大锣鼓总决赛银奖。

多年来，他被多所中小学校、企事业单位和乡村聘请开展潮州大锣鼓传承活动，培训的多支潮州大锣鼓队，参加各种演出、比赛并获奖，深受好评。

施绍春
项目名称：潮州大锣鼓

施绍春，男，1957年生。民间音乐（音乐创作）专业高级工程师。舞象之年先后拜师入武派鼓师许裕兴之弟子卢清江、林坤河门下，承传《关公过三关》《英雄们战胜大渡河》等潮州大锣鼓多套，是潮州大锣鼓第四代传承人之一、市级非遗传承人。

施绍春长期致力于锣鼓古谱及史料收集、整理与研究，参与韩山师范学院《潮州音乐》一书《潮州锣鼓乐》篇章撰写；提出"司鼓三大要素"概念，创设"四先四后一同步"教学法；发明潮州大锣鼓"铜制打击乐二笔记谱法"，其研究成果发表于2017年《韩山师范学院学报》第5期；创新大锣鼓对垒，吸收中国拳击及大关刀技法糅合于司鼓，丰富了鼓垒和肢体语言；先后创作《欢聚》《鼓鸣狮舞》《逐梦》等多首大锣鼓作品并荣获省、市级奖项，2012年荣获广东省民间潮乐大赛大锣鼓总决赛金奖。

他先后在广州大学、星海音乐学院、广州图书馆、宝乐文化有限公司、潮州广播电视台、饶宗颐学术馆、意溪中学、中心小学等地举办"潮州大锣鼓系列讲座"。2015年赴日本开展"潮州大锣鼓与日本太鼓艺术交流"。

受聘新加坡华声音乐社、马来西亚古晋潮侨俱乐部、广州大学、韩山师范学院及中小学、企事业单位，在乡村开展潮州大锣鼓传承；开设大锣鼓创作课程，培训创作人才。至2021年止，已培训20多支大锣鼓队和150多名司鼓，分别参加各种演出和比赛并获奖。

王茂标

项目名称：潮州大锣鼓

王茂标，男，1952年11月生于潮州市枫溪英塘村。

1966年小学毕业时，即参加英塘锣鼓队第六届培训班学习司鼓。师承本村王映明先生及师叔廖成溪先生，学习潮州名师黄义孝老师执教的革命歌曲新编的大锣鼓。

1967年读中学时参加英塘文化室剧组，随郑炳烈老师学习戏剧司鼓。1969年读书毕业后，扎根农村务农。自此以后至1994年以前，活跃在农村文化阵地，跟随王映明先生协助传教本村锣鼓队和业余执教外乡锣鼓队。

1998年至2017年，他先后接受各学校、乡村锣鼓队的聘请，业余执教传授潮州大锣鼓技艺，足迹遍布潮汕地区。

谢楚伟

项目名称：潮州大锣鼓

谢楚伟，男，1974年9月生于潮州市枫溪镇。2018年被评为潮州大锣鼓第六批市级代表性传承人。

1985年，他进入池湖锣鼓队任司鼓，跟随名鼓师学习潮州大锣鼓传统曲目。师从国家级代表性传承人黄义孝，学习潮州大锣鼓演奏技艺。2003年加入潮州市民间音乐团任司鼓。其间认真学习和研究、创作了"彩鼓三鼓连奏"演奏技艺。

自1998年以来，谢楚伟先后多次应邀到潮州各个乡村及学校负责锣鼓队的辅导，培养了一批批学生参加各级文化部门主办的活动演出和比赛，屡获佳绩。2017年，谢楚伟创办了自己的潮州大锣鼓工作室，继续致力于开展潮州大锣鼓项目保护和传承等工作，热心公益，工作室长期免费培训青少年潮乐爱好者。他辅导的池湖锣鼓队以潮州大锣鼓曲目《潮乡情》参加"潮州市2017年民间潮乐大赛"，获潮州市总决赛金奖。

2017年，他接受广东省非物质文化遗产保护中心采访，并记录潮州大锣鼓《六国封相》《十仙庆寿》等曲目。2018年7月，他赴广州星海音乐学院国乐系岭南鼓乐团艺术作交流演出。同年12月担任首届潮州市青少年儿童民族器乐大赛评委。2020年12月参加中央电视总台《年的味道》编制工作，录制潮州大锣鼓传统曲目。

雷楠

项目名称：畲歌民歌

　　雷楠，畲族人，男，1944年生。1965年潮安中师毕业后，进入潮安凤南乡政府工作。1992年起，调到潮州市政府台湾事务办公室工作，直至2004年在市台办主任岗位退休。

　　从懂事起，雷楠就常听母亲文香唱畲歌。数十年来，他深入田野调查，访遍每个畲族村，多次赴湘、浙、赣等地畲村调研，挖掘搜集凤凰山畲族文化资料。他先后同游文良、陈焕钧、石中坚等，合著《凤凰山畲语》《凤凰山畲族文化》《畲族祖地文化新探》三本书，书中收集了文香、雷楚良等多位歌手相传的数百首凤凰山原生态畲歌，并将之分门别类，按照畲歌韵律特色用国际音标注释。同时创作《凤凰山茶歌》《山路歌言世代钦》等凤凰畲语歌词，参加国家非遗文化保护中心和浙江省文化厅主办的"中国畲族民族节"比赛，分获金奖和银奖。

　　近年来，在各畲村和公众平台上，雷楠积极传授潮州畲歌的技艺，为弘扬潮州文化尽力。

雷楚良

项目名称：畲歌民歌

雷楚良，男，1936年生。自幼喜欢唱畲歌，其歌声开朗、豪放，自成一格。在新中国成立后各个历史时期中，他经常自编民歌宣传时政、讴歌生活，如《唱李工坑》《担水》《深坑深》等，为村民所喜爱。

因对畲族和潮州传统文化充满浓厚兴趣，并通过研读许多书籍和史料，他在畲族文化、畲族歌曲和潮州大锣鼓等方面颇有研究。多次赴潮州、汕头、福建、宁德、浙江等地参加文化活动，演唱畲歌，扩大畲歌的影响力。1990年、2007年雷楚良两次赴福建、浙江参加畲族民歌演唱活动，获浙江省景宁"三月三"歌唱会优秀奖。他以独特的风格引起了族人及专家的关注，深受好评。曾经被广东电视台、潮州电视台、凤凰电视台等多个媒体采访报道。

雷楚良一生大部分时间奉献给了畲族文化传承，经常辅导子孙唱畲歌，并收有徒弟教唱畲歌，获得"畲族歌王""畲族文化传承人"等称号。

传统舞蹈
Traditional Dance

施策，男，1937年生。舞蹈专业副研究员。

50年前，施策即得到当时潮州鲤鱼舞唯一传承人翁得荣先生的传授，全面掌握了该舞蹈的表演技巧。后又搜集整理了鲤鱼舞各种翔实资料，并请人记录乐谱、绘制舞图，编写出包括历史渊源、演变过程、动作、场记说明及造型、服装、道具制作等的舞蹈合本，使潮州鲤鱼舞得以在民间更为广泛地流传。他还为《中国民族民间舞蹈集成·广东卷》编写了饶平布马舞的详尽文字资料，尤其是把小型民间舞蹈布马舞改编为大型广场舞蹈，在保持其传统特色诸方面上作出了重要贡献。

施策
项目名称：潮州鲤鱼舞

石应瑞
项目名称：潮州鲤鱼舞

石应瑞，男，1941年8月生。师从翁得荣先生研习潮州鲤鱼舞技艺。

"潮州鲤鱼舞"相传源于古代的祭祀及欢庆活动，作为民间广场舞蹈之一。该舞蹈既表现出鲤鱼细致入微的生态形象，又加入了大量南派武功中的架势及古典戏曲表演中的一些动作，如鲤鱼跃龙门的轻盈技巧、大刀的盘腰接手，力度和难度较大，对舞蹈者要求比较高，是典型的男子舞蹈。由于石应瑞有扎实的舞蹈基础，并且在汉剧团中学过一些武功套数及刀枪把式，因此具备了学习鲤鱼舞的有利条件。

20世纪80年代，他调入潮州市文化局工作以后，基于对艺术的追求和对民间舞蹈传播的责任感，开始其文艺实践活动。1982年起，他在潮州市民间音乐团首次重排鲤鱼舞，重组鲤鱼舞队。此后多次利用举办大型文艺演出活动机会表演鲤鱼舞，并先后赴香港、澳门演出，均获好评。

在继承传统之基础上，为将原属广场舞蹈的鲤鱼舞搬上舞台，石应瑞根据鲤鱼舞蹈的素材特点，加入10名女舞者作为小鲤鱼，定名为《跃龙门》。该项舞蹈在参加1981年汕头地区职工文艺会演中，荣获最高奖项"优秀奖"；1999年舞蹈重排后参加省电信系统文艺会演获表演二等奖及创作奖，并于2000年获广东省作品评选三等奖。

杨启钿

项目名称：潮州鲤鱼舞

杨启钿，男，1962年生于潮安区庵埠镇文里村。现为潮州鲤鱼舞市级非物质文化遗产代表性传承人。

自幼热爱民间传统技艺，机缘巧合之下与潮州市鲤鱼舞传承人石应瑞老师相识，遂于2011年与一些热爱民间文艺的青年一同到潮州市区拜石应瑞老师为师，学习鲤鱼舞舞蹈技艺。同年9月，他在文里村成立鲤鱼舞俱乐部，任常务理事兼鲤鱼舞表演队领队，向热爱传统民间技艺的青年传授鲤鱼舞舞蹈艺术。自鲤鱼舞俱乐部成立以来，他先后带队参加在潮州市人民广场举办的"潮州书香文化节开幕表演""潮安县运动会开幕式表演""中央电视台·星光大道冠军选手走进潮安"大型文艺晚会演出和"汕头市澄海区文艺巡游""庵埠镇霞路村文艺巡游""文里村文艺巡游""潮州市运动会开幕式表演"，以及在东莞市举办的"非遗"会演等，均获社会各界的称誉。

李蔚

项目名称：潮州饶平布马舞

李蔚，男，汉族，1930年8月生。生前是潮州市饶平县文化馆辅导干部，曾参加省布马舞专家挖掘、收集、整理民间舞蹈资料，是广东省非物质文化遗产项目潮州饶平布马舞省级代表性传承人。2018年12月25日去世。

1950—1951年，李蔚任饶平县沿海工作队艺宣组副组长；1955年至退休前任饶平文化馆舞蹈专职辅导干部（辅导组长）；1959年在广东省群艺馆音乐舞蹈讲习班学习；1962—1964年，兼任饶平县黄冈歌舞团总编导；1981年，获评为广东省农村文化艺术先进工作者（出席省表彰会）；1987年12月，经汕头市群众文化专业中级职务评委会评为馆员资格。

黄耀好

项目名称：潮州饶平布马舞

黄耀好，女，1945年生。潮州饶平布马舞省级非物质文化遗产代表性传承人。1959年在饶平潮剧团开始跟班布马舞，1965年至1971年在饶平县文艺轻骑队工作期间，多次作为舞蹈队员参加新丰、九村一带的布马舞演出。1987年起，协助丈夫余构清编导饶平布马舞，对布马舞的传统技艺予以创新，把民间舞蹈、民间音乐、民间工艺三者融合于一体，既保持民间舞蹈的传统特点及表演程式，又注入新的时代气息，形成了自己独特的艺术风格。在丈夫逝世4年后接任饶平布马舞队编导，每逢重要节假日，组织潮州饶平布马舞队到县城及各乡镇表演。为使饶平布马舞这项民间舞蹈薪火相传，黄耀好经常深入社区、学校、家庭及工厂选拔新演员，每年授徒传艺100人以上，28年间授徒传艺达2000多人。

刘树钊

项目名称：潮州饶平布马舞

刘树钊，男，1972年12月生于广东省潮州市饶平县黄冈镇。本科毕业，现在饶平县青少年宫工作，潮州市省级非物质文化遗产项目潮州饶平布马舞市级代表性传承人。

刘树钊于1996年开始接触布马舞，1997年以布马舞标旗手的身份参加公安部春节联欢晚会。2005年，开始做布马舞的辅导工作，参加第七届亚洲文化艺术节、欢乐亚洲嘉年华文艺汇演的巡游中担任指挥。2010年参与布马舞编导，参加上海世界博览会"广东活动周"的演出；2013年，参与编导的《饶平布马舞》在广东省非物质文化遗产传统舞蹈会演中获得金奖。从2014年起，他接手并全面负责饶平霞西布马舞队的编导工作，同年3月被潮州市文化广电新闻出版局评为非物质文化遗产项目"饶平布马舞"市级代表性传承人。

通过多年的经验积累，刘树钊熟悉、掌握整套布马舞的表演程式、队形以及舞步、音乐、编排要领等。在动作讲解与示范、图形创编与舞蹈编排等方面推陈出新，在保留原有的布马舞特色的基础上大胆创新舞台表演形式，使表演更具时代气息，而且适应各种表演场所的需求。他编导的饶平布马舞多次参加全国、省、市、县组织的大型活动和比赛，给人们留下深刻的印象，享有较高的声誉。

高秀贞

项目名称：潮州饶平布马舞

高秀贞，女，现任潮州饶平县中心幼儿园园长、饶平县幼儿布马舞编导，是"饶平县非物质文化遗产——少儿布马舞传承基地"主要负责人。2005年10月，高秀贞成立"小精灵布马舞队"，编导了各类幼儿布马舞节目参加全国、省、市、县各类展演，成为潮州市幼儿本土文化教育的成功典范之一。2007年至2010年，她编导的幼儿布马舞《瓮城小将》先后荣获广东省流动演出节目网上评选活动最佳人气奖、广东省第七届少儿艺术花会银奖、朝霞杯第四届全国儿童艺术展演活动录像评选二等奖。

作为非物质文化遗产项目潮州饶平布马舞市级代表性传承人，高秀贞一直秉承着对饶平布马舞文化坚持不懈的热爱和发扬光大的精神，一切从少儿出发，从本土出发，不断充实和拓展布马舞的艺术精髓，壮大布马舞队伍，扩大布马舞文化的辐射区域。积极开展丰富多彩的教育、文化、艺术等儿童喜闻乐见的活动，寓教于乐，充分发挥基地对幼儿的教育引导功能。

近年来，布马舞文化内涵得到更好挖掘，布马舞文化已成为饶平县中心幼儿园课程，幼儿园创编出来的幼儿"布马舞操"现已成为该园幼儿早操编排的保留内容。在布马舞的传承与艺术创新上起到了引领示范作用，使饶平县中心幼儿园成为"潮州市中华优秀文化艺术传承示范学校"。

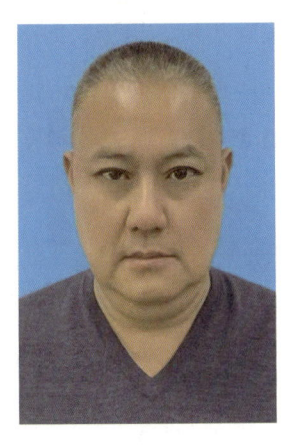

杨少双

项目名称：潮州麒麟舞

杨少双，男，汉族，潮州市潮安区庵埠镇文里村人，是潮州麒麟舞第四代传人。

他自小喜爱武术，于1996年师承杨别人师傅。他熟悉麒麟舞的各种礼仪和巡游程序，平时喜欢钻研麒麟舞的套路，研究前辈们舞麒麟的程式和技巧，使前辈的技艺得以继承。在道具器械上，他进行了一番改进，通过技术和基本功的演练，从原来的案桌地面表演提高到可以在案桌上进行高台表演；将潮州大锣鼓器乐融入麒麟舞的表演中，并在传统的基础上创新音乐伴奏使表演过程中融入了"金榜题名""好梦圆""阖家欢乐"等表达和美好的生活愿望，增强了技术难度，增加了观赏性。

杨少双于2014年重新创立了潮州市潮安区文里麒麟舞队，并担任法人代表及教练。节目多次代表潮州市参加全省或全国性的麒麟舞大赛，屡获佳绩，为庵埠文里村传统民间艺术的继承和发扬作出了贡献。

杨泳龙

项目名称：潮安文里英歌舞

杨泳龙，男，1959年生。2017年被评为广东省非物质文化遗产项目"潮安文里英歌舞"省级代表性传承人，2019年去世。

杨泳龙少年时即喜习英歌舞。1966年，他在潮安庵埠文里小学读书，一边学习英歌技艺，练习压腿、踢脚、扎马步等武术基本功和英歌舞基础动作"耍槌花"。1975年在学习英歌技艺期间，得到前辈杨卫师傅的赏识，将其毕生技艺传授给他。从艺30多年，杨泳龙为英歌舞的传承、发展做了大量工作。他经常利用夜间和几位前辈研究，不断演练，开创了英歌舞一系列的套路和阵法，流传至今的动作主要有"洗街""单、双镖枪""背槌""过跨""勾脚""过跨"等，主要阵法有"天罡图""满天星""双金钱""众星捧月""打中街""双龙吐瑞"等，动作和阵法的配合变换自如，动作豪放，阳刚威武，为子孙后代得到更好的传承英歌舞奠定了基础。

2008年，他带头号召村民及企业家出资兴建了一座英歌大楼，为英歌舞队员提供了一个良好的学习环境。2013年亲自带队前往东莞市清溪镇参加广东省"热土风情舞岭南"非物质文化遗产传统舞蹈会演比赛中，节目荣获成人组"银奖"。

在传承之路上，杨泳龙把主要精力集中于传习培训和展演发展上，不断收徒传艺，加强技艺培训，让英歌舞技艺得以发扬光大。

杨应锋

项目名称：潮安文里英歌舞

杨应锋，男，1972年生。中共党员、潮州市潮安区庵埠镇文里村人。2016年被评为省级非物质文化遗产项目"潮安文里英歌舞"市级代表性传承人。

杨应锋致力于不断创新思路、拓宽视野、改进方法，有效地开展传承活动。他扩大传承保护队伍，对传承项目开展培训，利用项目传习设施、工具等对英歌舞核心技艺进行教学训练。利用节假日及有关庆典活动举办英歌舞展演，使英歌舞技艺得到了传承和发展。这既丰富了群众精神文化生活，又彰显了非物质文化遗产的魅力，收到了良好的社会效果。

他多次参与并带领潮安区文里英歌舞队参加省、市组织的各类活动。2013年参加东莞市清溪镇非物质文化遗产传统舞蹈会演获得银奖，同年中央电视台《星光大道冠军选手走进潮安》文里英歌舞队应邀登台表演；2016年应邀参加由主办的"文化踩街活动"；2017年3月参加文里村"文化强市—文里在行动"第四届民俗文化节巡游，6月参加广东省首届"文化和自然遗产日"主会场系列活动，12月参加澳门回归十八周年庆典活动；2018年参加中央电视台"唱响新时代"潮州会场演出，得到社会各界的称誉。

谢承华

项目名称：潮安文里英歌舞

谢承华，男，1967年生。中共党员，潮州市潮安区庵埠镇文里村人。2016年被评为省级非物质文化遗产项目"潮安文里英歌舞"市级代表性传承人。

谢承华多次带领潮安区文里英歌舞队参加省、市组表演活动。2013年，参加东莞市清溪镇非物质文化遗产传统舞蹈会演获得银奖；中央电视台《星光大道冠军选手走进潮安》时，带领文里英歌队登台表演。2016年，应邀到湘桥区参加由潮州王伉传统文化研究会主办的"文化踩街活动"。2017年3月，参加文里村"文化强市—文里在行动"第四届民俗文化节巡游。2017年6月，参加广东省首届"文化和自然遗产日"主会场系列活动。2017年12月，参加澳门回归十八周年庆典活动。2018年，参加中央电视台"唱响新时代"潮州会场演出，受到社会各界的肯定。

一直以来，谢承华致力于英歌舞技艺的传承保护工作，拓宽视野，想方设法，把"潮安文里英歌舞"这一与老百姓精神生活息息相关的民间文化技艺发扬光大。他培养人才，扩大队伍，传承培训英歌舞核心技艺。同时，积极配合上级文化行政管理部门做好对非物质文化遗产项目的保护传承和宣传展演工作，为满足市场文化需求尽心尽力。

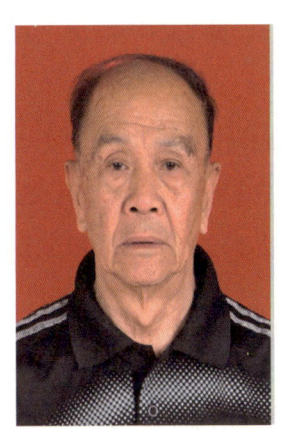

许两声
项目名称：潮安舞龙

许两声，男，自幼喜欢舞龙，少年时跟随父亲许映武、堂伯许迎春学习制龙技艺和舞龙表演套路。13岁时，他就利用其父制龙剩余的材料自己编制布龙，并组织一批同龄儿童训练舞龙。17岁在长辈们的指导下，肩负起制作舞龙的任务并兼任舞龙队教练，20岁就已全面熟练地掌握了每一环节的技术要领。

不单从长辈们手里传承了整套技艺，许两声还善于钻研、勇于开拓、大胆创新。在他与舞龙结缘的岁月里，虚心听取老一辈的意见和建议，大胆地提出了自己的看法，不断实践并总结经验，逐步修改、完善每一个动作，形成创新的表演技巧。实践中，他编排了一套"双龙抢宝"表演套路，还受"鲤鱼舞"的启发，大胆构想，与许润昭、黄介炎联合创作了文艺表演节目"龙腾鱼跃"，使舞龙艺术得到了提升。

潮安电视台多次专题采访报道许两声的制龙工艺及编导动作，汕头、潮州、饶平、澄海等地也多次请他培训舞龙队伍。2010年，他应邀赴泰国为潮人协会传授舞龙技艺，为传播舞龙文化作出了积极贡献。

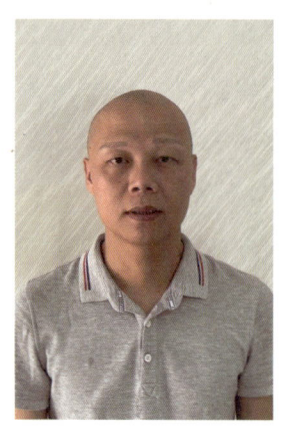

杨伟财
项目名称：潮安舞龙

杨伟财，男，1980年生。从13岁起就参加舞龙队的各项活动。除了制作设计外，主要是做好舞龙珠和各个环节的人力安排。

他在传承人杨耀钦的指导下，技艺更上一层楼。他具有独特的组织能力和表现形式，能通过龙珠的套路，指挥整条龙的动作表演，使舞龙过程有序不乱，整体连串，在各个不同场地和环境中都取得了完美的表演效果。其舞龙动作灵活、生动活泼、技艺运用自如，节奏分明有特色。

他带领的舞龙队先后参加了潮州市广济楼落成剪彩仪式、潮州市元宵花灯节大游行、"凤凰腾飞·大美潮州'喜迎党的十九大'潮文化展示活动周"暨潮州民间舞蹈文艺汇演活动、潮安区非物质文化遗产活动周开幕式、央视《2018春节戏曲晚会》、2018年潮州市牌坊街文艺巡游表演等活动。特别是在广东省舞龙技艺大赛等活动中，表现优秀。其舞龙队突出的艺术技巧以及显著效果，获得全国第13届民间文艺山花奖、表现中华民间艺术表演作品奖。

杨耀钦

项目名称：潮安舞龙

杨耀钦，男，1948年生。自小对舞龙技艺怀有浓厚的兴趣。

潮安区彩塘新联的龙颇有特色，长达26米，分龙头、龙尾和6个肚，共8节，直径70厘米，单龙头就有10多公斤重。没有过人的体力和一定的武术功底这是很难驾驭的。从20岁出头杨耀钦就开始学习舞龙，掌握了舞龙全套基本动作，练就了扎实的基本功。1972年起开始担任舞龙队教练员，并负责龙的设计、制作。

几十年来，他既传承了舞龙技艺，又不断发展创新。从过去的3～4套舞龙动作，研究增加到现在有七整套连贯的动作模式，各个活动模式不断变化，开头和结尾形成完美的连接和呼应。舞龙由8人表演，全舞分为7套，以其舞姿取名为"献珠呈祥""穿云渡风""飞腾报喜""双喜盈门""春江戏水""江南夺宝"和"龙门高跃"，每段舞蹈行云流水，荡气回肠。

杨耀钦一马当先，参加演出实践，严格要求自己，不怕苦不怕累，当好舞龙队员的领头人，为队员们树立榜样。

曾培伟
项目名称： 潮安新义青狮舞

　　曾培伟，男，汉族。1982年10月生于潮州市潮安区。自幼喜欢武术，在家传的基础上练就南枝拳的基本功，还先后到过广州、揭东、揭西等地拜师学艺。

　　2011年担任新义青狮队副队长、总教练职务，培养出一批又一批的武术、舞狮爱好者，先后在彩塘金砂附近几个村传授武术舞狮技艺。

　　2011年参加澳门国际传统武术精英大赛，获得传统南枝拳二等奖；2014年带队参加全国传统南枝武术精英大赛，获得集体武术一等奖和单人奖项6金5银；2013年至2018年，先后带队参加潮州市舞龙运动比赛，取得优异成绩；2021年，带队参加广东省中学舞龙比赛，取得单狮表演第四名等。

　　曾培伟于2014年被评为潮州市非物质文化遗产项目"潮安新义青狮舞"市级代表性传承人。

曾宪强

项目名称： 潮安新义青狮舞

曾宪强，男，1959年1月生于潮州市潮安区，汉族。自小喜欢武术舞狮，热心公益。20世纪90年代初，出资并重新组织新义青狮舞队。

在舞狮队中担任队长一职期间，曾宪强带领队员到各地学习与比赛，参加各地节日庆典和庙会舞狮活动，开展免费公开课和义演，取得了良好的社会反响。从而扩大了青狮舞的知名度舞狮队队伍不断壮大，技艺不断提升。

舞狮队的传承离不开每一位传承人的认真工作和无私贡献，传承人把各自的技艺一批批、一代代地传承下来，为新义青狮舞的传承和发展起到了重大作用。

多年来，曾宪强在武术推广、促进体育文化产业发展作出了贡献。曾参加澳门第五届"文武中国"武术比赛，获得金牌4枚、银牌2枚、铜牌1枚；醒狮网上争霸赛荣获"风采奖"等。近年来他担任龙狮协会理事顾问。

2014年，曾宪强已被认定为该项目市级代表性传承人。

传统戏剧
Traditional Drama

陈鹏，男，1942年生。14岁即登潮剧舞台演小生，有40多年从事潮剧表演、导演，作曲、司鼓等的经历。

对潮剧艺术有把握全面、经验丰富。尤其在潮剧音乐上造诣深厚，建树甚丰，不仅掌握所有的传统曲牌、唢呐牌子、弦套、锣鼓经、作曲技法和演唱技巧，还为近100个演出剧（节）目设计唱腔和伴奏音乐，并由中国戏剧出版社出版了《陈鹏潮剧唱腔作曲选》，省、市戏剧界及文艺界专题举办了陈鹏唱腔作品研讨会。

多年来，他积极开展潮剧传承活动，学生众多，有不少人已成为剧团的主要作曲者。近年他还创办了"潮州市传承潮剧艺术中心"，不懈致力于潮剧艺术的保护和传承。

陈鹏
项目名称：潮剧

郑舜英，女，1962年生。一级演员，工青衣兼刀马旦。

从事潮剧表演艺术近30年，她主演过40多台剧目，塑造了一系列性格突出、血肉丰满、富有性格特点的舞台形象，曾荣获广东省第二届戏剧演艺大赛金奖第一名、广东省第十届艺术节表演一等奖。中央电视台曾拍摄介绍其艺术成就的专题片《潮剧名旦郑舜英》。多年来，她以自己丰富的经验和见解，培养了一批批潮剧表演的骨干人才，不懈、积极、努力于潮剧的传承发展。

郑舜英
项目名称：潮剧

唐龙通
项目名称：潮剧

唐龙通，男，1953年生。先后在《满江红》《楚宫风云》《忠烈千秋》等70多台剧目中扮演主要角色。

1971年，他考入潮安县文艺宣传队。1983年2月至1984年9月在汕头戏曲学校进修，师承黄金泉专攻老生表演。1985年至1986年师承张长城专攻公堂戏老生表演，大量借鉴其他剧种艺术，提高潮剧老生行当表演，提升舞台人物的塑造能力。其做派大方、表演逼真，善于刻画人物性格，形成了自己的艺术风格。

唐龙通先后多次随剧团在国内外进行潮剧文化艺术交流及访问演出。曾指导多名青年演员的老生表演、唱念技巧，长期辅导一批潮剧爱好者，为国内外多所戏剧学校学生与票友举办潮剧讲座。还经常为青少年授艺，为繁荣潮剧文化、传承潮剧艺术作出了积极的贡献。

邱楚霞
项目名称：潮剧

邱楚霞，女，1946年生。1961年至1988年期间，先后在正天香潮剧团、潮安潮剧团、潮州市潮剧团任演员，师从王良华、陈鹏。

她因饰演《八仙闹海》中的韩湘子及《江姐》中的江姐而一举成名。此后在古装剧目中塑造了《宝莲灯》中的刘彦昌、《二度梅》中的梅良玉、《连城女》中的乔大年、《五女拜寿》中的邹应龙、《御园辨亲》中的皇帝等小生角色，并在现代潮剧中饰演《白毛女》中的喜儿、《沙家浜》中的阿庆嫂等几十个主要角色，深受观众喜爱和赞赏。其将歌曲的发声技巧、潮曲的发声技巧与潮曲传统唱法相结合，形成自己的唱腔风格，被行家称为"楚霞派唱法"。喝声明亮清澈、圆润，极具穿透力，行腔流畅，过腔接字清楚，悦耳动听。

在继承传统表演艺术的基础上，她大胆改革创新，独树一帜，设计出一套符合人物身份而又雍雅大方、优美舒展的身段动作，使人物栩栩如生，被戏迷、网友评为"潮剧第一女小生"。邱楚霞注重后续人才培养，积极带徒授艺，并从2003年起在潮州少儿演艺团任教。同时潜心研究、探索戏曲表演及老年戏曲教学，发表《潮剧教学需创新》《创新潮曲教学·传承地方戏曲》等论文，为潮剧发展作出了重要贡献。

郑壮桐
项目名称：潮剧

郑壮桐，男，毕业于潮安县文艺培训班并分配到潮州市潮剧团任演奏员，曾受业于国家级非物质文化遗产潮剧代表性传承人、著名作曲家陈鹏先生之门下。

2009年结业于潮剧作曲高级研修班，演奏艺术和作曲艺术有了质的飞跃，同年担任潮州市潮剧团副团长兼作曲。现为广东省戏剧家协会会员，潮州市戏剧家协会会员，潮州市国际级非物质文化遗产项目潮剧市级代表性传承人。

从艺40多年，他先后担任潮剧团近百台剧目的伴奏，得到潮剧行家和广大潮剧爱好者的赞誉。扬琴演奏有自己的艺术风格，在整个乐队中起到关键作用。多次随团赴新加坡、印度尼西亚、泰国及中国香港、中国澳门等国家和地区演出，参加伴奏的剧目有20多个被拍摄成VCD出版发行并畅销海内外。

在历届广东省戏剧演艺大赛中，郑壮桐担任多个剧目的音乐伴奏和作曲任务，皆取得优异成绩。2004年10月，随广东省音乐代表队赴首都参加新中国成立55周年庆祝活动，在北京天坛公园演出《潮州大锣鼓》，取得轰动效应。2008年11月，荣获广东省潮剧发展与改革基金会颁发的演奏一等奖。

李玉兰

项目名称：潮剧

　　李玉兰，女，国家二级演员、中国戏剧家协会会员、中国戏曲表演学会会员，潮州市第九、十届政协委员，潮州市第十四届人大代表，潮州市国家非物质文化遗产"潮剧"项目市级代表性传承人。

　　从事潮剧艺术表演以来，她先后在潮剧《哑女告状》《金花牧羊》《金鸡玉兔》《彩屏救夫》《天之骄女》等几十台剧目担任主演，并出版《李玉兰潮剧艺术专辑》。1989年主演的原创大型潮剧《益春》参加广东省艺术节，获省文化厅嘉奖；1998年主演折子戏《李慧娘救裴生》，参加广东省第二届戏剧演艺大赛荣获银奖；2006年主演折子戏《末代皇后》中的婉蓉，荣获广东省第五届戏剧演艺大赛金奖，在海内外具有较大的影响。40年粉墨生涯中，李玉兰始终坚守职业道德，德艺双馨。早在1990年被潮州市人民政府授予"潮州市优秀演员"称号。如今退休，被韩山师范学院特聘为音乐学院潮剧专科班客座教授，被潮州市老干部大学、湘桥区老干部大学聘为潮剧班老师。她积极参加公益性义演，进校园、下农村、走基层开展名家文化走亲活动，取得良好的社会效益。

陈培森，男，1968年生。16岁即开始从事铁枝木偶制作和操作表演，有30多年的丰富经验，是当地木偶剧团设计制作和表演的主要骨干。

1993年，陈培森操作表演的木偶戏被选送参加德国、奥地利世界国际木偶节，后又被选参加白俄罗斯别洛维日国际木偶节和南斯拉夫第七届儿童戏剧节，并分别获"创新奖"和"艺术团体大奖"。2006年他获"潮州市工艺美术大师"称号。

陈培森
项目名称：潮州铁枝木偶戏

丁清波
项目名称：潮州铁枝木偶戏

丁清波，男，1963年生。20岁即跟当地著名老艺人蔡来发学习铁枝木偶戏，有20多年的操作表演经验，尤其擅长操作木偶顶锅和抽纸龙、转盘、提花瓶、马上作战对打等高难度动作的表演。

他创办民间木偶剧团，在抢救濒临失传的铁枝木偶表演技艺及培养传承人等方面均作出了积极贡献。

蔡名仁，男，1942年生。高中毕业后在家种田。改革开放初期跟随赖老艺人孝秋师傅学艺，1978年学成加入由赖孝秋师傅倡议兴办的以家庭为模式的"新天香木偶班"。

为使民间铁枝木偶更具特色，发扬光大，他在学艺的基础上精益求精，模仿武术家程式独创新手法，精心设计出铁枝木偶独一无二的表演技巧，如李老三爬梯、干玉点灯、武将射箭、公子舞扇、神奇烟火等。1997年在潮安、江东镇仙洲村演出时，在场的香港著名戏剧人士曾志伟先生十分认可并进行拍摄，后被聘请到广东金马旅游公司设于潮安沙溪镇高厦村的旅游点演出，吸引了海内外数以万计游客欣赏。他的木偶戏《柴房会》《孟丽君》等剧目也被搬上香港电视台，为潮州铁枝木偶树碑对外传播作出贡献。

蔡名仁
项目名称：潮州铁枝木偶戏

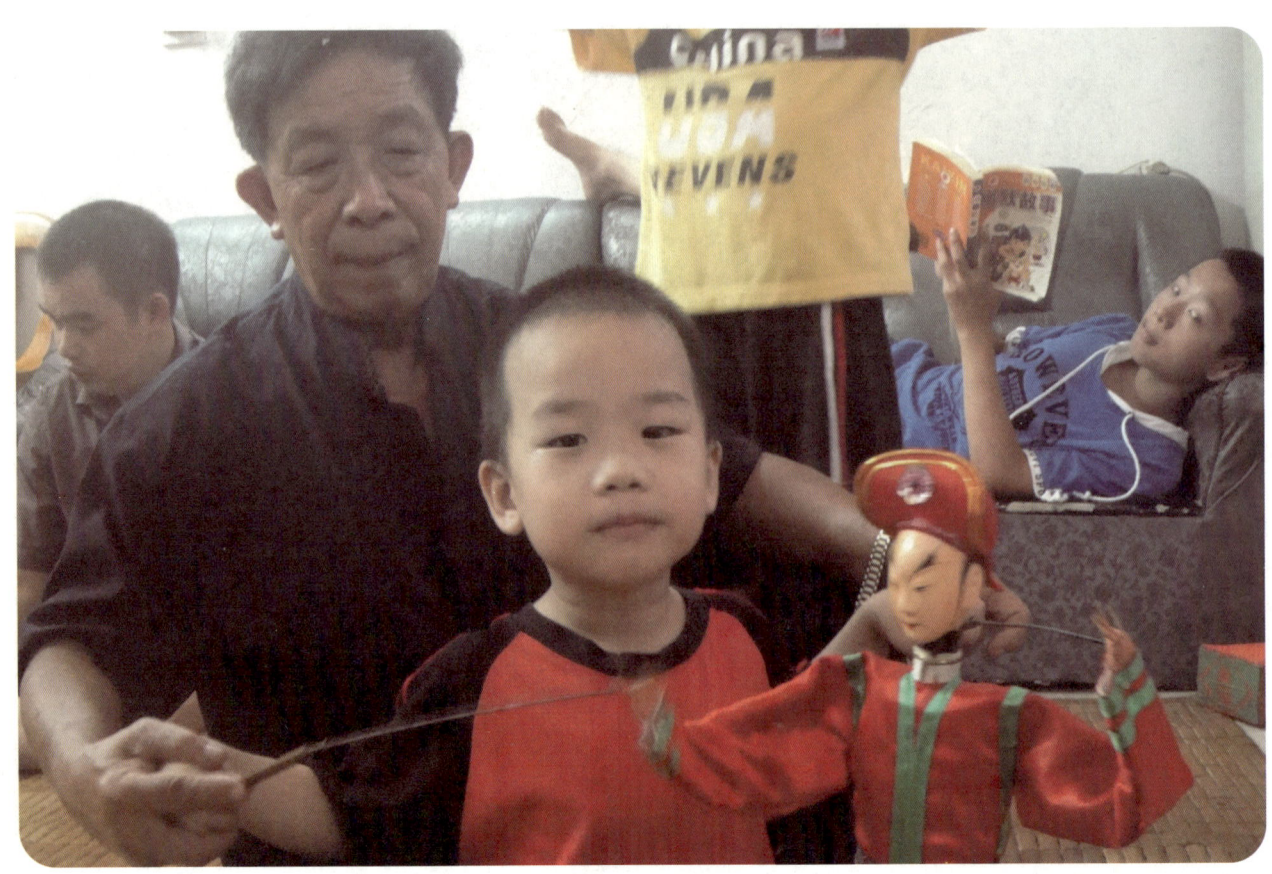

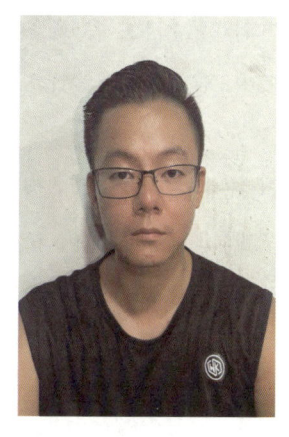

陈镇楷

项目名称：潮州铁枝木偶戏

陈镇楷，男，1992年生于潮安区金石镇龙下村一个民间艺人世家。

2009年从职校毕业后，在其父的传授下，凭着对传统工艺的爱好和乡土文化的追求，他从事于铁枝木偶制作工艺和展演。现为潮安区金石铁枝木偶艺术传承中心副团长，国家非物质文化遗产项目潮州铁枝木偶戏市级代表性传承人。

他自2011年先后多次参加广州、佛山、珠海、深圳、泉州等地的文化演出，均受到高度赞赏。

2016年参加在泉州举办的第六届木偶皮影中青年技艺展演，获得"传承新人奖"。2017年7月参加首届广东省木偶皮影（剧）节目展演活动。2019年8月，参加广东省木偶皮影艺术学会暨新中国成立七十周年广东省木偶皮影剧（节）目展演荣获优秀剧目奖。2019年10月录制防止青少年犯罪的新编教育专题《无知的灾难》，参加广东省第十届戏剧节暨首届木偶皮影比赛荣获铜奖；同年11月参加中华人民共和国文化和旅游部、福建省人民政府主办的"第四届海上丝绸之路国际艺术节"系列活动"第六届中国泉州国际木偶展演"。2022年参加第三届广东省法治文化节"法润人心"文艺作品评选中荣获银奖。

自2014年以来，陈镇楷积极响应上级有关部门的要求，努力做好非物质文化遗产的保护传承创新工作。在本村校园开设铁枝木偶艺术兴趣班，先后培育了有艺术基础的学生300余人。带领学生多次参加区、市、省级比赛，荣获区级铜奖，市级一、二等奖，以及省级一等奖。新编移植创作的作品有：孝道专题《常回家看看》；禁毒专题《报应》；降税专题《税务红利》；廉洁专题《县官与乞丐》；抗疫专题《猫与老鼠的对话》等。节目的展演和宣传得到有关部门的肯定，也得到专家、学者以及社会各界的好评。

陈玲儿
项目名称：潮州铁枝木偶戏

陈玲儿，女，1989年生。自幼在祖父与父亲的影响下，对木偶戏艺术产生了兴趣。高中毕业后，在其父的传授下，从事铁枝木偶制作工艺和展演技术工作，并负责设计木偶人物装饰，排演新剧目，是木偶表演的骨干。

铁枝木偶戏是潮州本土的特色民间艺术，深深植根于人民群众之中，具有强烈的传统文化风格和浓郁的生活气息。陈玲儿从参加表演工作以来，不断学习，创新技艺，塑造各种戏剧人物的角色装扮，现代人物的木偶形象设计，大胆改革，原先的陈旧形式，受到广大观众及艺术界的好评。创新现代曲目：《杨梅红时》《报应》《戏歇棚拆》《西游记之收蜈蚣精》。新创技艺：木偶书法、猴子耍棒、三百六十度转。发掘失传技艺：灭烛点火、抽纸龙、草干提瓮等。

陈玲儿曾参加"全国首届民营优秀艺术院团展演木偶皮影"专场演出，荣获民营艺术院团优秀剧目展演证书、纪念奖牌，在"特色剧种展演暨学术研讨会"展演中荣获"优秀剧目奖"。并应各地邀请，向不同国家、地区展示潮州铁枝木偶戏的魅力。

谢林木

项目名称：
枫溪池湖提线木偶戏

谢林木，男，1952年1月生于潮州市枫溪池湖村。1968年毕业于潮安县第一中学（现潮州市金山中学）。2012年3月，被评为潮州市非物质文化遗产项目枫溪池湖提线木偶戏市级代表性传承人。

谢林木自幼对提线木偶戏耳濡目染，在其父亲谢炳崇细致指导下，熟练掌握了整套木偶戏演出方法和制作技艺，在演出实践中不断摸索，改进和提高了技艺水平。20世纪80年代，他多次参加其父亲组织的枫溪池湖"陶乐园"提线木偶剧团到汕头、澄海等周边地区木偶剧交流和表演、比赛，在当地传统节日开展表演活动。到了90年代，谢林木亲自己组织"陶乐园"木偶团外出学习、交流和演出，足迹遍及潮汕各地，广受好评。他指导陈湘云、陈惠娟等人学习表演技艺，重新创作和改进了《狸猫换太子》《王金真告御状》《双驸马》《一门四状元》等剧目，使枫溪池湖提线木偶戏得以继承和发展。

2004年，潮州电视台对其作了"谢炳崇和他的提线木偶"专访，广东电视台在2004年2月27日《今日广东人》节目中作了转播。2011年10月，潮州电视台对谢林木进行专访，广泛宣传枫溪池湖提线木偶戏这个非遗项目，受到社会各界的认可。

枫溪池湖提线木偶戏有其独特的制作和表现技艺，既借鉴全国各木偶戏表演技法，更融合了潮剧表演中的相关技艺。其中生、旦、丑、净各角色脸谱的描画，采用潮绣刺绣方法制出人物服饰、盔帽，运用潮韵唱腔技巧等，充分展示了提线木偶的艺术感染力。

传统曲艺
Traditional Quyi

柯炳智，男，1933年生。国家非物质文化遗产项目"潮州歌册"省级代表性传承人。

他青年时便拜老一辈女艺人萧菲为师，学习潮州歌册。在掌握了各种唱法后，将其整理归纳成10种唱法，并记录成简谱推广。长期以来，他积极开展传承活动，曾在潮州市区和多个乡镇举办的潮州歌册诵唱培训班，近年来，还在潮州电台开设讲座并亲自授徒。

柯炳智

项目名称：潮州歌册

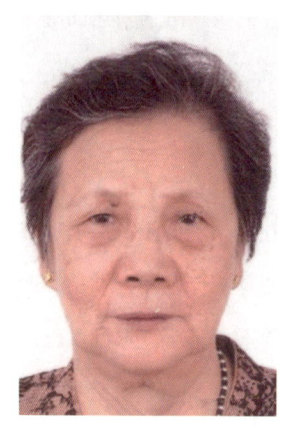

林少红，女，1932年生。国家非物质文化遗产项目"潮州歌册"省级代表性传承人。

她自幼继承了家传"潮州歌册"的传统唱法，后又得到著名老艺人萧菲的技艺传授，逐渐形成以"一二句唱平声，三四句唱仄声"的独特唱法。有几十年的演唱经验，演唱的歌册众多，还制作、发行了潮州歌册传统名篇《百屏灯》VCD光盘，是当地知名的民间演唱家。

林少红常到各社区演唱和教唱，培养了不少爱好者，热心奉献于潮州歌册的传承。

林少红

项目名称：潮州歌册

翁楚钿

项目名称：潮州歌册

翁楚钿，女，1962年生，潮州人。20世纪80年代初毕业于潮州市潮剧艺训班，现是国家级非物质文化遗产代表性项目潮州歌册市级传承人，潮州市戏剧家协会会员、潮州市文艺家协会会员，潮剧及潮州歌册培训老师。多次应邀赴法国、马来西亚、新加坡及中国香港、中国澳门等国家和地区任教或开展文化交流演出。

她2004年独立创办"潮州曲社培训班"（潮韵艺苑），在潮州、揭阳、深圳等城市和马来西亚、新加坡等国家培训潮剧和潮州歌册，吸引了大批中青年及幼儿学员。近几年来，积极参加潮州、汕头、揭阳及福建东山的"潮州歌册"公益培训、巡回演出及学术研讨会；接受中央电视台、省文旅厅非遗中心、潮州电视台、汕头电视台有关"潮州歌册"的专题拍摄和采访；多次接受韩山师范学院、华南师范大学和暨南大学关于潮州歌册的口述采访，口述资料编册入库。

2018年6月，她代表广东省在天津市参加国家文化和旅游部主办的全国非遗日启动仪式并参加全国非遗曲艺周潮州歌册展示演出，同时接受天津电视台新闻专访。2019年9月再次代表广东省在山东济南参加国家文化和旅游部主办的全国非遗曲艺周"潮州歌册"展演，受到曲艺专家的高度好评；同年还代表潮州市参加广东省文旅厅在佛山举办的曲艺大赛，参赛的潮州歌册节目荣获三等奖。2019年，应马来西亚八邑会馆邀请前往演唱潮州歌册。

2020年10月9日至14日，其演唱的潮州歌册《诚信姻缘》节目在国家文化和旅游部《云上曲艺》——2020全国非遗曲艺周优秀节目上展播；同年参加潮州市广播电视台"唱歌给你听"潮州歌册节目获广东省广播电视协会播音专业委员会举办的比赛一等奖。

多年来，翁楚钿为弘扬潮州文化极尽传承人的义务。2008年将自己诵唱的潮州歌册整理制作了3000张碟片赠送喜欢潮州歌册的海内外潮人，让更多的潮人了解潮州歌册，认识潮州歌册，学唱潮州歌册，使潮州民间文化能更好地得到保护和传承。

陈锡权

项目名称：潮州歌册

陈锡权，男，1948年生，潮州市湘桥区人。退休前供职于潮州市文化馆。

陈锡权师承潮州文学老前辈曾庆雍先生。1978年开始创作潮州歌册，至2021年已创作、发表长篇歌册《红幡》《韩愈》等，中短篇歌册40多篇，总计近6万字。2013年辑录《潮州歌册适用韵脚汇编》，2016年编辑《潮州歌册作品集》一书，在《潮州日报》《潮州文化研究》等报刊发表了《潮州歌册简识》等文章。2005年和2007年，分别出版潮州歌册CD专辑《人物风流史如歌》《百鸟新声》。2008年、2014年和2016年，分别出版潮州歌册专集《人物风流史如歌》《红幡》《韩愈》。

他创作的潮州歌册《人物风流史如歌》《潮州八景新唱》等，共获得10项国家级、省级奖项。2014年，《唱潮州新八景》获"第八届中国曲艺节"优秀节目奖；2006年《潮州八景新唱》获广东省"第五届群众戏剧曲艺花会"金奖，2008年又获广东省第二届民间歌会金奖。

陈锡权曾应邀为中央人民广播电台专题节目、潮州电视台专题片和文艺晚会、潮州市人民检察院专题宣传创作潮州歌册；为潮州电视台民生直播室、潮州电台戏曲广播录制专题节目10多集；制作成动漫视频的潮州歌册在潮州电视台播出；很多潮州歌册作品在潮州电台播出。

陈锡权曾指导南京大学、星海音乐学院、广西师范大学、韩师潮师分院、潮州金山中学的学生演唱潮州歌册；曾多次指导揭东县、潮安区、湘桥区、枫溪区的潮州歌册作者和吟唱者。

庄明炯

项目名称：潮州讲古

庄明炯，男，1950年3月生。自幼爱好民间讲古和文学创作，师从已故讲古老艺人庄粉臣老先生，青年时期是潮安县文化馆的业余文艺作者。

2009年至2019年期间，庄明炯先后在潮州电视台、香港潮商卫视及潮安电视台开办的《讲古》《村里的故事》等栏目中，担任讲古嘉宾及主讲，创作、演讲了民间故事《九军十二徒》《七煞八败》《老庄俗语新解》《潮汕名胜掌故》等上百篇故事。2010年，在潮州电视台举办的《讲古大PK》节目中担任评委，通过电视荧屏和网络将讲古文化传遍海内外，其故事作品《半夜鹅叫》《并非案件的案件》等先后在潮汕地区获奖。

庄明炯讲古，从电视屏幕走向社会。先后应邀在汕头市第三届文化节、澄海区总工会"文化下乡"、汕头大学开放日故事讲座、潮州牌坊街讲古台项目、潮州广播电台"文化走亲"及潮州青龙古庙"文化和自然遗产日晚会"等活动中登台讲古，还多次走进汕头市及潮安区多家学校为中小学生讲学。

2018年7月，庄明炯被评为潮州市非物质文化遗产代表性项目"潮州讲古"传承人。其讲古传略被收入《韩风潮艺》一书，多篇讲古故事文本被《广东省民间故事全书·潮州卷》收辑，并由广东音像出版社出版《庄明炯潮语讲古》VCD影碟。

传统美术
Traditional Fine Arts

林智成

项目名称：潮绣

林智成，男，1922年生，潮州人。2007年6月被评为国家非物质文化遗产项目潮绣国家级代表性传承人。

他13岁即到绣庄学艺，师从著名潮绣艺人魏逸侬，后长期从事潮绣设计和制作。有70余年的丰富经验，整理了250余种潮绣针法，200多幅潮绣精品稿。其绣品构图多变，人物造型传神，风格独特，工艺精湛，代表作之一《九龙屏风》获全国工艺美术百花奖金杯奖，潮剧服装《大蟒袍》获全国剧装评比第三名。他先后被授予"广东省工艺美术大师"和"全国工艺美术大师"称号。

林智成一直热心潮绣的传承，培养了大批的潮绣艺人，其中不少已成为工艺美术师或工艺美术大师。

孙庆先
项目名称：潮绣

孙庆先，男，1950年生。师从潮绣名家陈舜娥学习潮绣传统技法。从艺30余年，能够全面掌握潮绣多种针法，并借鉴苏绣平面绣技法，在继承潮绣传统的基础上，创作、设计了潮绣新品种"立体双面绣"，在薄如蝉翼、透明如玻璃的真丝面料上绣出立体双面绣画。

多年来，积极致力于弘扬潮绣艺术，其潮绣作品多次获得国家、省级大奖，受到社会各界的广泛赞誉。同时，以言传身教的方式授徒传艺，为潮绣艺术的传承与发展作出贡献。

2012年，孙庆先被评为国家非物质文化遗产项目潮绣第四批国家级代表性传承人。

康惠芳
项目名称：潮绣

康惠芳，女，1948年生。2012年，康惠芳被评为国家非物质文化遗产项目潮绣第四批国家级代表性传承人。

她自幼受家庭教育和潮州传统文化熏陶，对潮绣艺术表现出浓厚的兴趣，得到潮绣名家林玩英的真传，擅长潮绣传统针法和技法的运用，其潮绣作品构图饱满，绒丝色彩浓烈，钉金做工精细，达到传统题材与现代审美完美融合的视觉效果。尤其是双面绣作品，在薄细的真丝面料上，以双面垫高的刺绣手法呈现出金碧辉煌、典雅大方、浑厚朴实的艺术效果。

多年来，她为培养潮绣艺术传人倾注心血，培养了一批优秀弟子，为弘扬潮绣艺术作出贡献。

李淑英

项目名称：潮绣

李淑英，女，1948年生。出身刺绣世家，8岁即随父学艺，长期在潮绣生产或研究单位担任刺绣技艺负责人和辅导员。有从事潮绣艺术50余年的丰富经验，技艺精湛，所绣作品多次参加全国性或省级工艺美术精品展，其中"铁枝木偶"屏套10个人物被文化和旅游部选送国外展览，并被广东省博物馆收藏。《全钉绣梅凤图》获第三届广东民间工艺精品展铜奖。

退休后，李淑英从事潮绣艺术研究，总结整理潮绣技法并汇编成册，发表论文《论潮绣的针法技艺》，还创办刺绣作坊，带徒授艺，为潮绣的传承和发展而不懈努力。

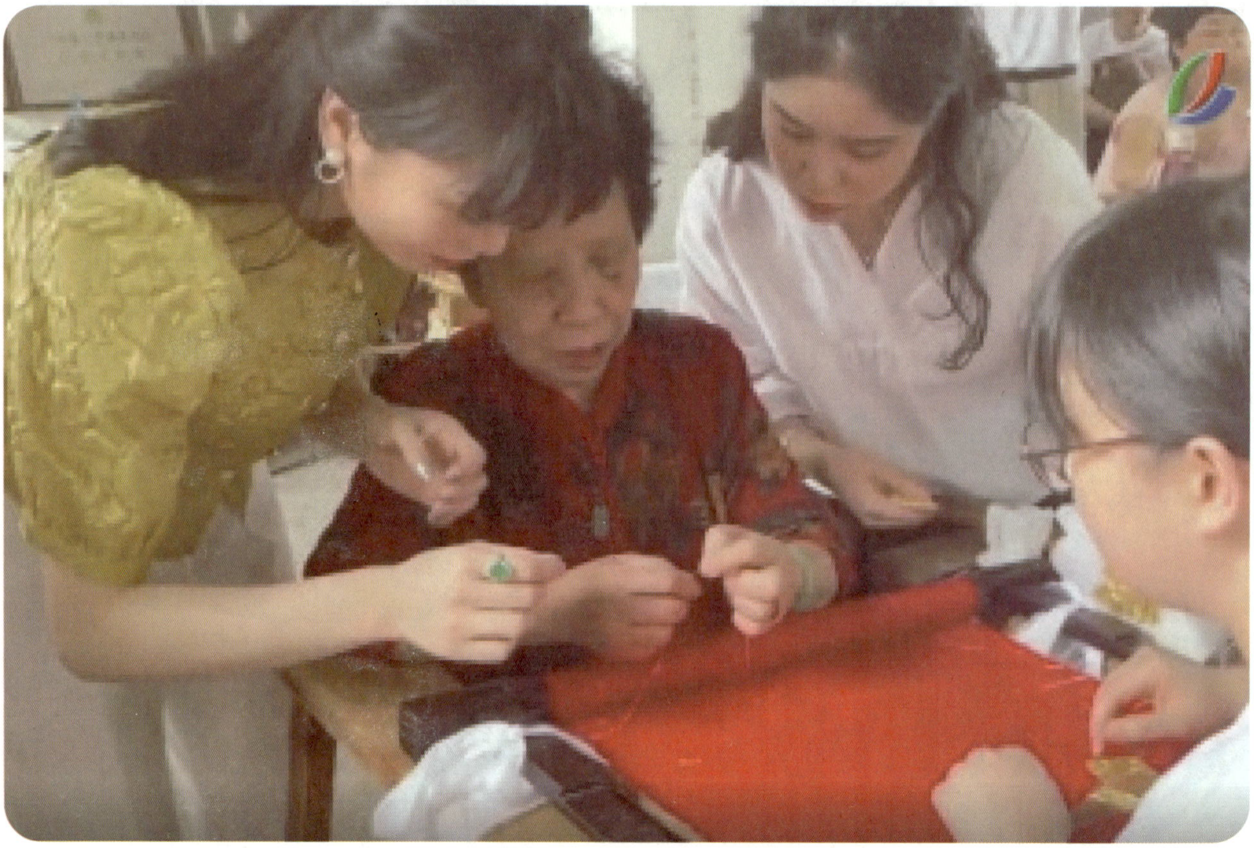

卓桂芬

项目名称：潮绣

卓桂芬，女，1948年生。1960年开始学习刺绣制作，以后一直从事潮州刺绣的研究创作工作，其创作的作品深受广大群众及行家的赞赏。曾举办过多场个人刺绣艺术展，参加了各种展会和比赛，并有多件作品在国内外展赛上获奖。其中作品《九龙屏风》在第九届世界华人艺术大会获国际金奖，作品《龙凤宝鼎》荣获中国工艺美术"百花奖"金奖，作品《四君子》荣获"中国工艺美术文化创意奖"金奖，还有作品《龙凤呈祥》在广东传统工艺美术精品大展中获金奖，等等。

近年来，卓桂芬积极配合政府以及相关部门宣传和推广潮州的潮绣艺术，在潮州、广州、深圳、北京等地进行潮绣艺术表演，作品《鸾凤和鸣》《金麒麟》《凤翔阁》《飞龙送福》先后被广东省工艺美术珍品馆、潮州市博物馆、潮州市文化公益基金会收藏。

为了让潮绣这一传统工艺得以保存和发展，她退休后仍坚持不懈地从事潮绣工艺的研究创作，成立卓桂芬刺绣艺术工作室并筹办潮绣工场，整理濒于失传的潮绣针法技艺，把自己的潮绣针法技艺以及多年来的经验体会无私地传授给年轻一代。

李晓丹
项目名称：潮绣

李晓丹，女，1969年生，大学本科，国家级非物质文化遗产潮绣项目市级代表性传承人。12岁在家开始跟随母亲卓桂芬学习刺绣技艺，功夫扎实，已从事潮绣创作40多年。

在长期的创作实践中，她注重传统技法的继承又不断有所创新，在借鉴前人传统和其他地方刺绣技法的基础上探索、尝试，形成了生动逼真、形神兼备，色彩鲜明、秀丽典雅，质感强烈、沉稳庄重的个人艺术风格。针法精细，技术全面，尤精通潮绣中的金银绒混合绣、钉金绣、绒绣等绣法。针法变化多样，针脚匀称整齐。构图饱满，层次分明，纹理清晰，色彩绚丽。她有50多件作品在国内外展出并获奖，其中国家级金奖作品3件、国家级银奖作品7件、省级金奖作品9件等。有8件作品被中国工艺美术馆、广东省工艺美术珍品馆等收藏。

李晓丹和母亲成立卓桂芬潮绣艺术工作室并自筹资金办潮绣工场，整理濒于失传的潮绣针法技艺，定期举行潮绣技艺培训班，手把手地把潮绣针法技艺传授给年轻一代。她还经常参加广济桥、市博物馆、市非遗馆、市文化馆等志愿服务活动，服务人数近千人，大力向社会各界人士宣传潮绣。

洪虹
项目名称：潮绣

　　洪虹，女，1961年生于潮绣世家。在祖母和母亲的言传身教指导下，自幼就喜欢上了潮绣这一传统工艺。8岁开始学习刺绣，其后边读书学习边做潮绣，逐渐练就了潮绣基本功。

　　洪虹1981年调入潮州市刺绣研究所从事刺绣工艺服装的设计创作，她虚心向李淑英、章雪珊等前辈学习，进一步提高传统技法。1983年调至潮州市工艺美术总公司的十多年间，她经常登门请教潮绣泰斗林智成师傅，虚心求学，获益殊深，一直从事潮绣工艺服装的创作。2007年至2011年在潮州市工艺美术研究院工作期间，是该院刺绣工艺服装研究室负责人。2011年退休后，创办了潮州市洪虹潮绣艺术研究所。

　　30多年来，在传承潮绣传统技艺基础上，洪虹一直致力于研究创新和发展刺绣艺术，积累了大量的实践经验，整理了不少创作心得，独立编写了《绣衣的刺绣针法教材》等多册，并在《广东工艺》上发表多篇论文。创作了大量的潮绣精品力作，形成独特的艺术风格。她擅长将书法、绘画、青花艺术等中国传统文化元素融合于潮绣、抽纱、通花等艺术品的设计理念中，立意新颖高雅，作品多次在全国、省工艺美术精品展览会中荣获各种奖项。其中国家级金奖5项、银奖1项、铜奖1项、优秀奖3项、省级金奖5项、创新产品奖1项。

佘可燕

项目名称：潮绣

佘可燕，女，1975年6月生。国家高级工艺美术师，2016年被评为国家非物质文化遗产项目潮绣市级代表性传承人。

1994年，佘可燕入潮州开元粤绣厂开始系统创作。2004—2005年，她参与康惠芳大师制作国礼潮绣作品《腾龙》《下山虎》；2010—2012年，制作的潮绣精品《金色骑楼》《木棉》和《荔枝》现身于世博会中国馆，被广东省政府分别指定为上海世博会、韩国世博会唯一高级礼品；2015年，潮绣作品《龙凤洋金银褂裙》荣获中国工艺美术"百花奖"金奖；2017年，潮绣作品《玉堂呈吉祥》入选"第十三届中国民间文艺"山花奖；2019年，潮绣作品《岁朝清供》荣获"第十四届中国民间文艺"山花奖。

近年来，佘可燕在潮绣的继承与发展上开拓新思路，巧妙地把潮绣技艺融入婚纱晚礼服设计中，开创了婚纱礼服品牌"SKYAN佘可燕"。2014年，潮绣礼服作品《盛世华章》获得第十二届全国美术作品展览提名。2015年，潮绣礼服作品《梦想》由广东省政府选用，成为2015年米兰世博会中国馆广东周主持人服装；同年，佘可燕作为首个受邀华人潮绣服饰工艺师携带代表作品《之肤》系列赴联合国总部大厦参展，向世界展示中国传统工艺之美。

宋忠勉
项目名称：潮绣

宋忠勉，男，1962年生。广东省高级工艺美术师、潮州市工艺美术大师。

1980年参加潮绣刺绣工作，1984年自主创办刺绣庄至今，从艺已有40余年。专业制作戏服、袍服、寺庙民俗绣品、家居日用绣品、工艺精品。产品涵盖刺绣唐装、旗袍、汉服、手包提袋、高跟绣花鞋及披肩围巾等，其中手袋作为国礼曾赠送非洲总统孔戴的夫人。

2019年，他的手绣旗袍被中外新闻社指定为赠送国际友人的文化礼品，并荣获中外新闻社"新锐时尚"品牌称号。潮绣作品多次受邀参赛，获得各级奖项50多个，其中国家级金奖6项、银奖5项、铜奖1项；省级金奖9项、银奖5项、铜奖9项。2020年，历时二年，经拜访多位学者老师和文史学家、戏剧专家、终于创作完成大型作品《潮州戏剧百屏灯》。该作品充分运用十二项"非遗"工艺把戏剧百屏灯完整呈现，并将潮绣传统工艺运用到三维立体作品上，此为首创之举。

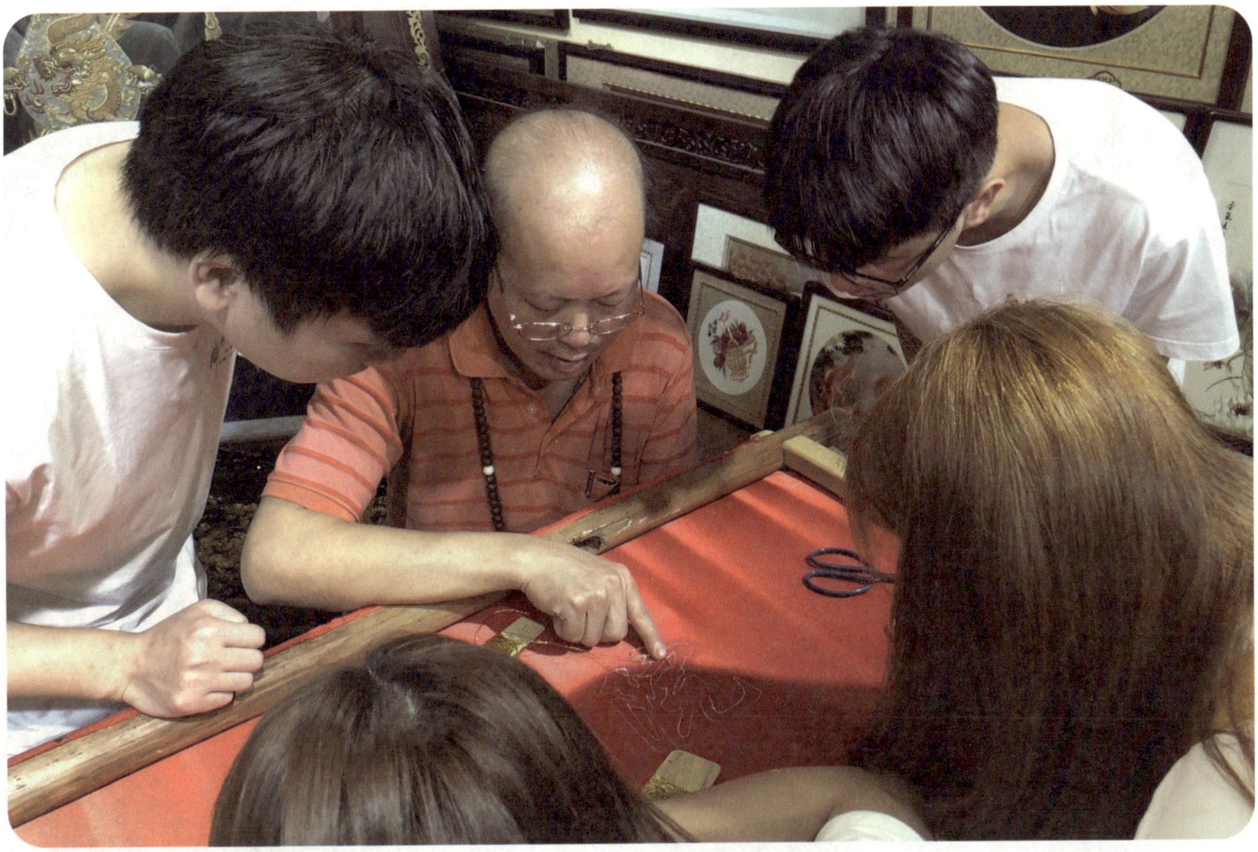

李静芳
项目名称：潮绣

李静芳，女，1963年生于刺绣世家，少年时随母学习刺绣。

1980年进入国营潮绣厂精品组师承林智成、陈烈波等潮绣名家；2001年起任潮绣精品组组长，负责潮绣工艺指导，先后代表潮绣界参加香港文化节、澳门文化节。2006年作为潮绣工艺唯一代表参加广东省首批国家级非遗项目展示。2009年，被市政府授予"潮州市工艺美术大师"称号。2017年，获聘中国纺织工业联合会潮绣研习班首席老师。2018年，代表潮绣界参加泰国"中国刺绣艺术精品展"，同年被评为国家非物质文化遗产市级项目潮绣代表性传承人。2019年，分别接待马来西亚对华特使、美驻华使领馆官员，同年作品被赠送给访华的奥地利联邦议会主席英戈·阿佩。2020年成立个人工作室。2022年，入选《潮绣》团体标准的五人专家审查组。

从业40年，李静芳熟练掌握潮绣各种针法、技法，持续培养潮绣后备人才，作品多次在国家级、省级评比中获奖，为传承、发扬潮绣文化作出了贡献。

刘瑞玲
项目名称：潮绣

　　刘瑞玲，女，1972年生。从小跟随母亲王丽花（广东省工艺美术大师、原潮绣厂分厂厂长）学习设计制作潮绣。毕业于潮州市技工学校87届服装设计专业。于1990年进潮绣厂(现名瑞集团有限公司)工作，五年后离职自办工作室。

　　经过多年的摸索和学习，对潮绣的各种针法和技艺有了深入了解，在日常工作实践中，不断熟练掌握潮绣特色技法，擅长金、银绒混不合绣、钉金绣，为其潮绣作品的创新发展打下扎实功底。创作的作品多次荣获国家级、省级金奖、银奖。

　　2020年，刘瑞玲代表潮州参加首届全国乡村手艺刺绣大赛，荣获第一名。2021年，又参加广东省妇女手工创业创新大赛，获得传承组银奖。2017年、2018年，分别受邀进入潮州市技师学院、揭阳市职业技术学校，担任外聘潮绣指导老师，传授潮绣针法，为"非遗"技艺传承贡献力量。

蔡赛花，女，1959年生。2018年，被评为国家非物质文化遗产项目潮州抽纱国家级代表性传承人。

自幼随母亲蔡素梅学习抽纱刺绣技艺，从艺至今已近50多年。其手艺灵巧，技艺精湛，熟练掌握雕、绞、通、垫、绣、补、镶、钩等抽纱刺绣技法，且运用自如。尤为擅长绣制难度较大的通目、对丝、新风窗等抽通工种，其作品垫地饱满，针脚密实平顺，托地针数均匀，抽通精致明朗，镶补过渡自然，极具艺术感染力。

多年来，蔡赛花积极指导培训抽纱刺绣技艺骨干，通过身教的方式传承抽纱刺绣技艺，为该项目的传承、发展作出贡献。

蔡赛花
项目名称：潮州抽纱

何可春，男，1941年生。

1961年进入潮州抽纱公司工作，师从老艺人卢岳炎、吴达仁学习抽纱设计制作，后又得到陈铁泉、陈新明等老艺人指导，全面掌握并熟练运用潮州抽纱刺绣各种针法进行图案设计。其设计手法独特，以抽纱独有的抽通工种、辅以浮凸厚实的锈垫和通透镂空的雕绞绣，创作"新风窗"系列作品，还有运用"锁头接""曲尺接"等技法，将小幅布种镶接成大规格的"棉布拼幅雕平绣台布"系列作品等。

多年来，何可春积极致力于潮州抽纱刺绣技艺传承，指导、培训的弟子50余人，成为潮州抽纱刺绣技艺人才。

何可春
项目名称：潮州抽纱

祝书琴

项目名称：潮州抽纱

祝书琴，女，1964年生于潮绣之家。自幼受父母亲指点学习抽绣技艺。

1991年创办潮州刺绣服装厂，从事抽纱刺绣品的设计制作，其技艺娴熟，对雕、通垫、绣、补、镶、钩等针法掌握全面、运用灵活，能做到垫地饱满，针脚实平顺，托地针数均匀，抽通粒数明朗，镶补过渡自然。创作的上，以飞禽走兽、花卉和人物为主题内容；构图上，既有传统特色，又吸收了西方美学的构图方法。作品在国家、省级各类工艺精品赛中多次获奖，其中经典立体通锦绣《四君子》于2010年获"中国工艺美术百花奖"金奖；《坐莲观音》同年获2010广东省工艺美术精品展银奖；经典抽纱《繁花簇锦》获2011年深圳国际文博会文化创意奖"特别金奖"；《凤福齐天》获2013年深圳国际文博会创意奖金奖。在长期实践中，她把潮州抽纱的传统工艺表现技法融合于西方婚纱礼服中，作品深受海内外客户欢迎。

祝书琴于2010年创办潮汕抽纱研究所，举办多期抽纱技法培训班，积极培养潮州抽纱刺绣技艺传承人，为潮州抽纱的传承、发展作出贡献。

卢树楠

项目名称：潮州抽纱

卢树楠，男，1956年生。原潮州市抽纱公司服装厂设计室主任。从艺40多年，设计手法独特，擅长将传统技法与现代理念相结合，独立完成大量抽纱花稿图案设计，产品深受市场青睐。

卢树楠参与创设的潮州抽纱珍品精工高档玻璃纱台布《鳞羽图》《繁花簇锦》获中国工艺美术文化创意奖，作品潮州抽纱双面雕垫绣屏风《菊花葡萄》被广东省博物馆收藏。1990年开始培养艺徒，其中有大部分成员成为抽纱图案技艺设计方面的人才。熟练掌握和运用抽纱技艺特点和要求进行抽纱产品图案设计，并把传统抽纱技艺运用于服装服饰上，创设独具通透玲珑、花形立体特色的各类棉布、麻布、化纤面料抽纱服装系列，形成产能互益效果。其所设计图案还被高档婚纱晚礼服作为绣花、抽通基本元素广泛运用。

卢树楠在工作实践中创作和收集了大量的抽纱花稿图案资料，整理撰写《抽纱花稿图案设计创作体会》《抽纱花稿设色探讨》和《抽纱花形图案集》等资料。同时，利用保护单位平台，广泛开展技艺宣传、演示等传承活动。

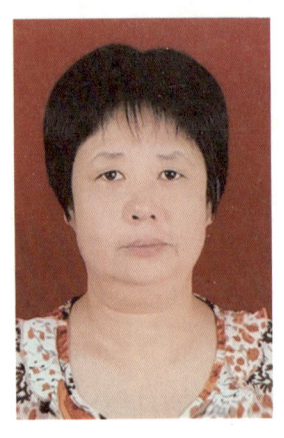

薛建铭，女，1955年生于潮州潮安。从艺几十年，她娴熟掌握和运用绣、雕、绞、通、垫、补、镶、钩等潮州抽纱技艺工种针法，尤其擅长绣制难度极大的抽通工种，根据抽纱独特的抽通、雕绞、编织等工艺技法要求，绣制出具有传统特色的作品。她把抽通、棒针通花等潮州抽纱特有的技艺应用到嫁衣、时装等产品上，提升了该类产品的技艺含量和产品档次，开拓抽纱技艺应用新领域。其创作产品屡获省部级展会大奖。同时，她长期从事基层抽纱针法技艺的指导培训工作，在潮州市抽纱公司期间，负责抽纱创新产品的样品制作、质量检验和技艺培训。1990年，经国家外贸部选拔，薛建铭作为潮州抽纱技艺代表人前往日本表演抽纱技艺，广受好评。创作之外，她积极履行项目传承人职责，绣制留存抽纱核心技艺样板，带徒传艺授艺。利用保护单位平台，积极参与项目的宣传、演示和技艺传承。

薛建铭

项目名称：潮州抽纱

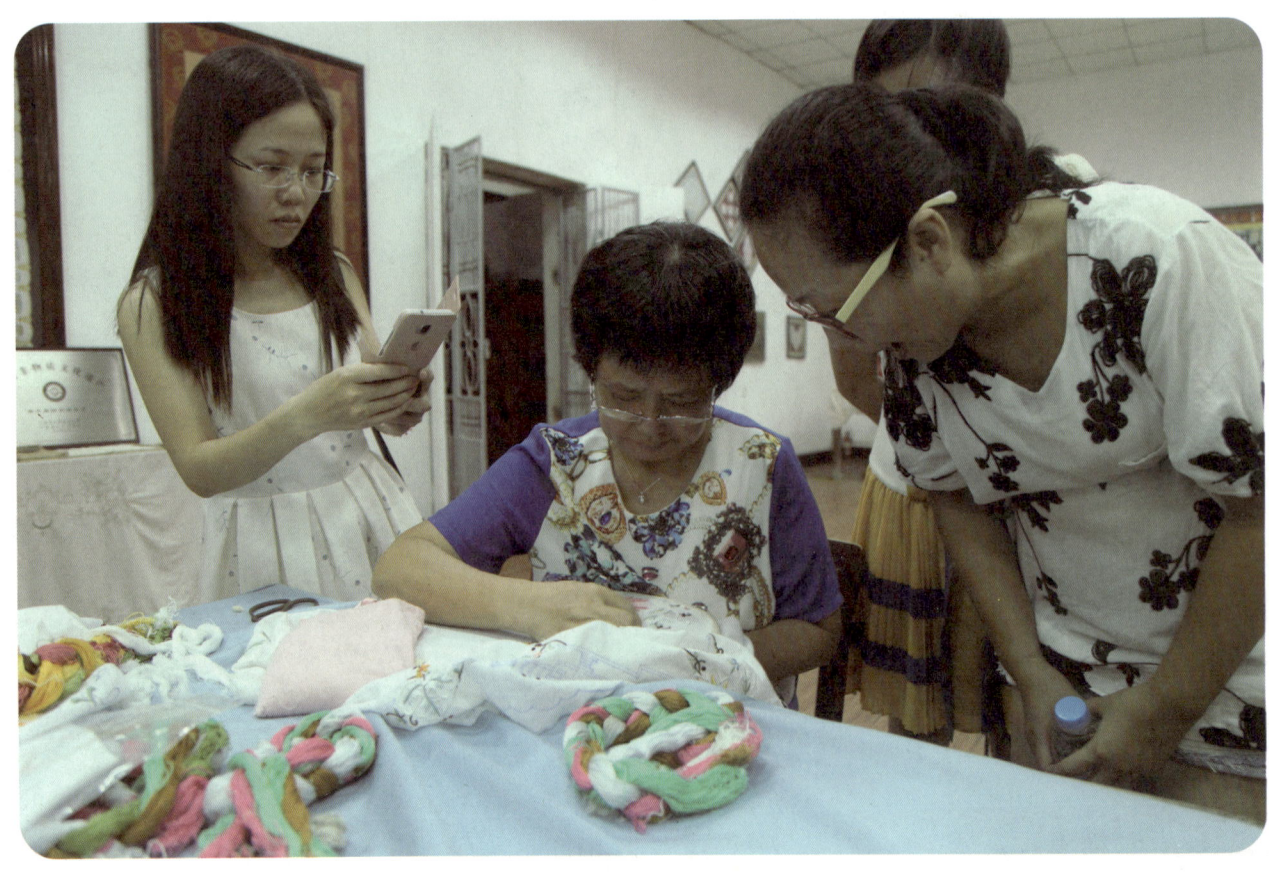

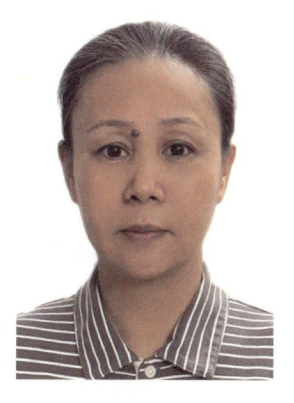

郭春珍
项目名称：潮州抽纱

郭春珍，女，自幼喜欢潮州刺绣，生活于充满浓郁艺术氛围的刺绣艺术世家。她8岁开始随母学艺，年轻时已能够掌握潮州抽纱的多种针法技艺，功底扎实，技术全面，能很好地把潮州抽纱技艺融会贯通。她在注重传统技艺的基础上，不断有所创新并应用到生产实践中。其创作的作品，采用潮州抽纱独特的针法技艺进行绣制，有着生动逼真、形神兼备、秀丽典雅、质感丰富、沉稳庄重的个人艺术风格。作品多次参加国家级、省级展览并获得奖项，多幅优秀作品被广东恒源博物馆收藏，得到社会各界的高度评价。

作为传承人，她把对本门艺术的传承当为己任，经常给社区周围的刺绣爱好者授课，自备针线布料供学员使用。多次参加刺绣的学术交流，把自己学到的刺绣技巧传授给其他地区的学员。此外，还开办农村创业青年培训基地，助力乡村群众脱贫致富。多次组织工艺界从业者开展交流活动，给周边群众提供观赏潮州艺术品的机会。

潮州市非物质文化遗产名录图典

传统美术 Traditional Fine Arts

陈培臣，男，1920年生。高级工艺美术师。

他12岁即随父学习木雕，有从事40多年木雕的丰富经验，精通浮雕、通雕、圆雕等多种技艺，尤擅长多层镂通。他以高超技艺雕制的大型虾蟹等作品，曾获广东省首届名家名作展金奖、广东省工艺美术大师作品展金奖，大型挂屏《岭南往来》被人民大会堂收藏。2006年被授予"中国工艺美术大师"称号。

他在潮州先后创办了木雕艺术馆和木雕艺术促进会，培养了一大批木雕艺术人才，其中不少已成为工艺美术师乃至高级工艺美术师，为潮州木雕技艺传承作出了贡献。

陈培臣
项目名称：潮州木雕

李得浓,男,1949年生。高级工艺美术师,中国工艺美术协会木雕艺术专业委员会副会长,有30多年从事潮州木雕艺术的丰富经验。

李得浓的雕塑既注重吸收汉之风骨、唐之雍容,又追求个性化,尤其敢于采用硬木制作,在立体镂空中善藏虚实、动静、刚柔、疏密的多样手法,在传统浮雕中达到写实和夸张结合、粗犷和精细并用,造诣深厚,技艺高超。

他曾为人民大会堂、中国国家博物馆、广州白天鹅宾馆、南越王博物馆、潮州开元寺以及马来西亚创价学会艺术馆等许多重要馆所制作了大量木雕艺术品,被授予"广东省工艺美术大师"称号。多年来已授徒数十名,为潮州木雕的传承和发展奉献力量。

李得浓
项目名称:潮州木雕

辜柳希
项目名称：潮州木雕

辜柳希，男，1954年生。高级工艺美术师。

他17岁即师从潮州木雕名师陈春炎学艺，全面掌握了潮州木雕传统工艺，浮雕、沉雕、圆雕、通雕技艺精湛。贴金漆彩息技术卓越，佛像、神像、雕塑手法独到，尤以"龙虾蟹篓"镂空雕最为著名，代表了其木雕艺术的最高成就。他创作的3.28米高的巨型花梨木《三层龙龙虾蟹篓》曾获第四届中国（深圳）国际文化产业博览会"中国工艺美术文化创意奖"特别金奖，红檀木、紫檀木、金漆通雕等多件《双层龙虾蟹篓》均获全国或广东工艺美术展金奖，被授予"广东省工艺美术大师"的称号。

长期热心传承工作，辜柳希培养培训的300多人中，有不少已成为潮州木雕的艺术骨干。近几年还创建了潮州木雕艺术馆，为传承、发展潮州木雕艺术贡献力量。

金子松

项目名称：潮州木雕

金子松，男，1956年生。1973年考取潮州二轻工艺美术培训班，后分配至潮州金漆木雕厂工作，其间师从陈舜羌、刘林德等名家学习木雕工艺，参与潮州开元寺、广州陈家祠等古建筑的木雕修复工程。

他1984年成立金子松传统木雕工作室，负责设计、雕刻、带徒，独立承接潮州、汕头各地佛寺、古建筑的修复工作。擅长潮州传统的手工圆雕，代表作包括花鸟、虾蟹篓、多层次人物通雕挂屏等，多次获省级、国家级金奖。多年来，带徒多名，为潮州木雕工艺的传承与发展作出了贡献。

陈绍明

项目名称：潮州木雕

陈绍明，男，1949年生于广东潮州市。高级工艺美术师、国家非物质文化遗产项目潮州木雕市级代表性传承人。工作室被授予为"潮州市非物质文化遗产保护基地"。

他1964年进入潮州工艺美术研究所工作，师从著名木雕艺术家张监轩、陈舜羌学习木雕专业。1968年，他跟二位大师一起调入潮州木雕厂，从事木雕专业57年。

1973年、1980年两年度，他与陈舜羌老师合作创作的木雕精品《煊炉罩》《龙凤呈祥》，在1981年荣获国家轻工部优质产品奖；1985年创作的大型木雕70英寸《龙虾蟹篓》，荣获国家银杯奖，1997年创作(合作)的大型木雕壁画《清明上河图》，装饰于中国驻朝鲜大使馆，得到高度评价。

陈绍明2008年创作的木雕挂屏《郭子仪点将图》《蟹趣》获广东传统工艺美术精品大展金奖；2009年创作的木雕挂屏《梅兰竹菊》获广东传统工艺美术精品大展金奖；2010年创作的花鸟挂屏《迎春》、人物挂屏《元春省亲》荣获首届全国木雕设计大赛银奖；2012年创作的《芭蕉虾蟹趣》荣获广东传统工艺美术精品大展金奖。

陈绍明现为广东省工艺美术协会会员。

陈培希
项目名称：潮州木雕

陈培希，男，生在潮州市湘桥区意溪镇木雕艺术之乡莲上村的一个木雕世家。父亲是广东省一级艺人木雕工艺大师陈舜羌。受家庭的熏陶，他自幼喜欢潮州木雕，对木雕有着特殊的感情。在技术和时机成熟的时候，他成立木雕艺术馆并在潮州技术学院任教。多次参与各级各类展演活动，获得金奖和银奖等奖项。现为省高级工艺美术大师，中国传统工艺美术大师，国家非物质文化遗产项目潮州木雕市级代表性传承人。

陈培希从事潮州木雕工艺行业40多年，19岁开始在潮州木雕厂学习雕刻，跟随父亲在潮州开元寺协助进行修复工程。擅长立体通雕，多层次镂空雕、浮雕和通雕透视等，其第一件作品就是2米高的立体木雕《蟹篓》，篓中共有九个篓。

陈培希作品《松竹梅》《花鸟》《梅兰菊竹》《松竹梅》《秋黄》《龙虾蟹篓（三篓）》《金鸡报喜》《双篓秋趣》《三篓绝配》《三层虾蟹篓》《龙虾蟹篓》等，多次在国家级、省级展览会上荣获金奖和银奖。作品《岭南佳果》被人民大会堂广东厅收藏；作品《松鹤图》被潮州市人民政府收藏；作品《三篓绝配》被中国工艺美术馆收藏；作品《龙虾蟹篓》被中国木雕艺术馆永久收藏；作品《双篓龙虾蟹篓》被广东省工艺美术珍品馆收藏。

多年来，他还培养了一大批弟子，这些徒弟都已能独立进行木雕艺术创作。

卢进文

项目名称：潮州木雕

卢进文，男，1972年9月生于广东省潮州市湘桥区意溪镇西都村的一个木雕世家。现为广东省高级工艺美术师，潮州市工艺美术大师，省、市工艺美术协会理事，广东省木雕专业委员会副主任；潮州市第六届优秀中青年科技人才，潮州第七届拔尖人才，第五届潮州市湘桥区政协委员，第六届潮州市湘桥区政协常委，潮州市第十五届人大代表，潮州市市区商会执委，被共青团中央办公厅授予乡村青年文化名人荣誉称号；广东省新的社会阶层联合会人士首届理事，潮州市新的社会阶层人士联合会常务理事，第五届潮州市民间文艺家协会理事，广东省韩山师范学院木雕客座教授。

在继承传统木雕技艺的基础上，卢进文注重植入现代绘画元素，处理好物象的比例和体积关系，使作品更富有生机和灵气，独树一帜。2014年，成立潮州市湘桥区文园木雕艺术馆，并担任馆长。2015年，到中央美术学院进修。

他创作的多件木雕作品，受到专家的高度评价及客户的青睐。作品被广东省珍品馆永久收藏，被潮州市博物馆收藏。多次携作品参加国际国内博览会，并获得奖项。

卢臣扬

项目名称：潮州木雕

卢臣扬，男，1944年生于潮州市意溪镇西都乡木雕世家，潮州市工艺美术大师。

自幼受家庭熏陶，随祖父卢杨朵和父亲卢锡九学习工艺，1964年加入潮州市木雕厂并成为厂里著名的"快刀手"。后创办"世家木雕·卢臣扬工作室"，带徒32人，修复粤东三市五县的古建筑48处，包括春光七圣宫、后沟村古建筑、石壁庵、揭阳腾龙寺（四面佛）、盐鸿祖祠等木雕重制工程；还有许驸马府、叩齿庵、开元寺、韩文公祠等文物单位的木雕修复工程，对木雕的传承和发扬光大作出贡献。

从艺近60多年，精心钻研传承潮州传统木雕雕刻技艺，尽心尽力地培养下一代艺人。其雕刻技艺精湛，创作的木雕作品不计其数，特别擅长屋檐梁枋的古建筑装饰性雕刻，主持或参与粤东三市五县48处宗祠庙宇的木雕工程及其他各类木雕作品，适应不同阶层消费者的需求。作品注重题材立意，因材施制，精心铺排构图造型，具有较高的观赏和收藏价值。《秋》《麒麟凤献瑞图》《百鸟和鸣》《年年平安！》《大小事如意》等作品获得10多项国家级、省级、市级展会的金、银、铜等奖项。如今，卢臣扬还不断寻求创新，精益求精，发扬工匠精神，继续把作品推向新、奇、趣方向发展，让木雕作品更上一层楼。

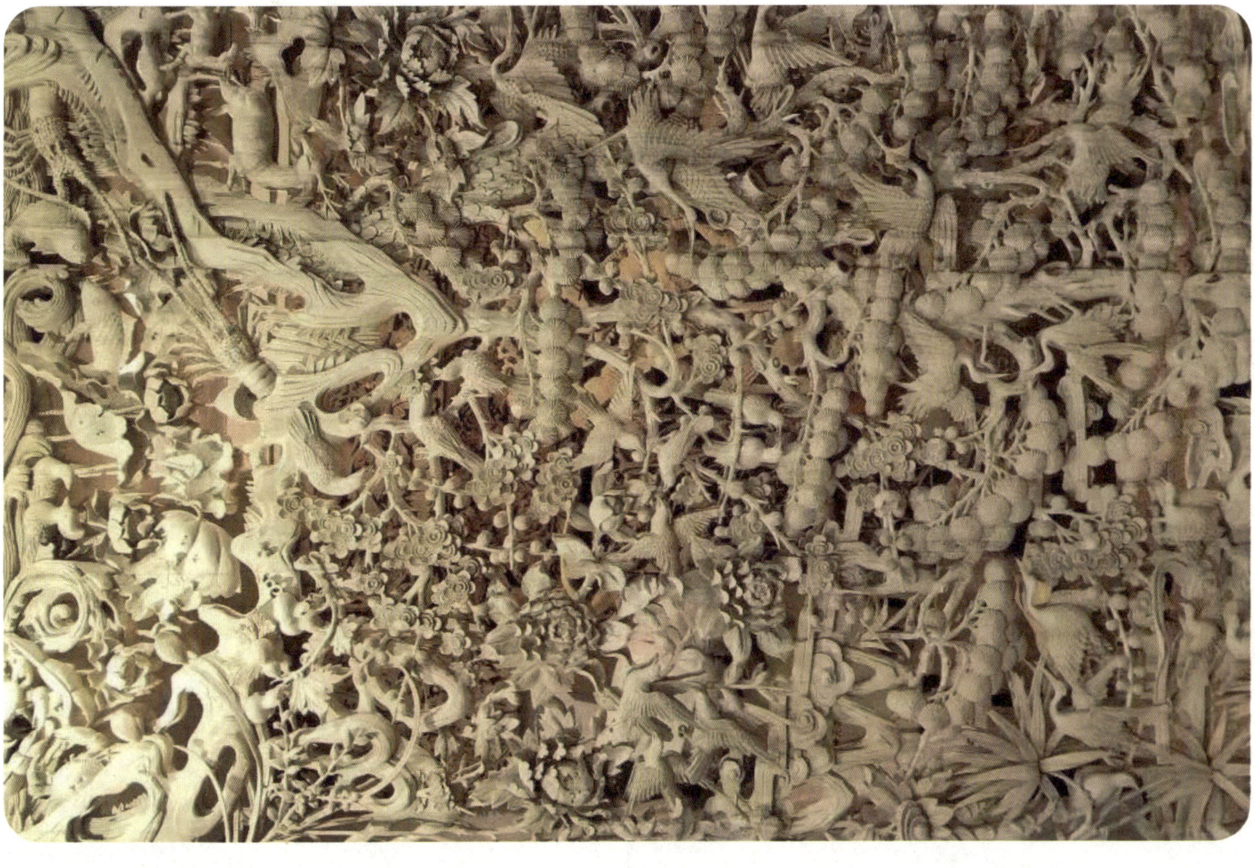

陈素民
项目名称：潮州木雕

陈素民，男，现为广东省高级工艺美术师，国家非物质文化遗产项目潮州木雕市级代表性传承人。生于"木雕之乡"的潮州市意溪镇莲上村。至今从业30余年，在潮州木雕创作上颇有成就，创作的木雕作品在全国、省、市比赛中多次荣获金奖、银奖和精品奖等。

1985年进入潮州市意溪镇莲上工艺木雕厂，虚心拜陈舜姜师傅为师，在师傅不辞辛劳的言传身教和自己努力学习与实践下，雕刻技术有了长足进步。1991年调往潮州市陈培臣木雕厂工作，其间不忘加强学习和提升，雕刻技术达到了较高的水平。2000年开始培养技艺人员，先后培养逾20人。2012年，他个人出资组建潮州市陈素民木雕艺术研究所，担任所长和艺术总监，木雕技术不断创新。

陈素民从事木雕行业多年，已形成了自己的技艺特点：坚持手工雕刻，保留潮州木雕的传统味道；因材制宜，根据不同材料的特点进行设计创作，以求达到造型独特，作品与材料融为一体。同时他将潮州镂空雕进一步发扬光大，创作出多层次镂空作品如《三套虾蟹篓》等。通过不断的探索和实践，他把木雕的浮雕、通雕、圆雕和多层次镂通的表现技术用于各种作品的制作上，先后创作出花鸟挂屏、人物挂屏、多层木雕虾蟹篓、人物雕像等一批作品。

陈素民创作设计的作品多次荣获奖项：2010年，木雕《双套虾蟹篓》获中国第六届国际文化产业博览交易会金奖；2011年，木雕《群狮闹春》获中国工艺美术百花奖，2011年木雕《岭南佳果》获广东传统工艺美术精品大展金奖；2012年木雕《南海风味》获广东传统工艺美术精品大展金奖；2013年，木雕《岁寒三友》获中国国际文化产业博览交易会金奖。

郑庆明

项目名称：潮州木雕

郑庆明，男，1957年生于潮州木雕世家。现为广东省工艺美术大师、高级工艺美术师。从事潮州金漆木雕设计和制作40多年，创办了"郑庆明木雕工作室"，积极传承潮州木雕这一非物质文化遗产技艺。

郑庆明的祖父郑生是当年潮州地区古建筑木雕技艺名家，从事祠堂、寺院等木雕创作和制作。父亲郑大权从小随祖父学艺，一生从事木雕制作不辍，于20世纪50年代中期参与创办潮州金漆木雕厂，为潮州木雕事业的发展作出重要的贡献。

郑庆明自幼随父学艺，1973年进入潮州市金漆木雕厂当学徒。在父亲及众多师傅的指导下，刻苦学习，努力钻研，木雕技艺不断提高，能够独立完成复杂图案的制作，参与完成了当时工厂产品出口任务。1995年开始，他被聘任到当地名师木雕工作室，负责木雕作品的创作和作业现场的技术指导。2006年创建了"郑庆明木雕工作室"，带出了郑文雄（已被评为潮州市工艺美术大师）、郑文洁等多名徒弟。

历年来郑庆明作品多次在国家、省级展览会中获奖。主要有：2009年《羊城春色》、2010年《梅开五福》、2012年《梅兰菊竹》、2014年《建功立业》等，其中2015年《年年有余》获得深圳文博会金奖。

他还经常参与行业组织的公益活动，包括到产区内外多地方开展交流授课和演示活动等，广泛弘扬潮州木雕艺术。

郭少俊

项目名称：潮州木雕

郭少俊，男，1967年生。自幼随父学艺，痴迷画画，1984年开始投入木雕技艺的创作学习，掌握了古建筑木雕的图稿设计与雕刻技法。2000年创办潮州市俊艺木雕厂并任总设计师。多年来创作的古建筑木雕作品被泰国、新加坡及粤东各市广泛采用，还承接了潮州名胜开元寺、古大士庵、宝寿庵、叩齿庵等文物保护单位的木雕修缮工程。

在潜心于木雕艺术品研究的同时，郭少俊特别专注于人物题材的创作，作品在传统基础上不断创新，注入新的艺术元素，擅长工笔画表现形式，布局及效果既不失传统的精髓又富含视觉冲击力。其作品曾获国家级、省部级工艺美术最高奖项，如"百鹤奖""国匠杯金奖""中国工艺美术文化创意奖金奖"等；多幅作品被新加坡潮州八邑会馆、广东省博物馆、广东省工艺美术珍品馆等机构收藏。他多次自主举办了潮州木雕公益培训班，无私传授技艺，为传承弘扬潮州木雕作出了贡献。

辜培东
项目名称：潮州木雕

辜培东，男，1983年生于广东潮州。自幼生活在木雕艺术氛围中，喜爱木雕这一民间技艺，1999年开始学习潮州木雕制作。2006年大学毕业后，业余时间一直坚持对木雕理论的研究和基础创作。2012年后，任职于潮州市艺葩木雕有限公司，全集心投入木雕研制。作品风格基本延续了父亲辜柳希的木雕风格，其创作的木雕作品获国家级金奖10项、省级金奖3项。

辜培东积极参加各种文化展览、交流活动，多次排版设计和出版了各款潮州木雕宣传画册，参与撰写国家文化和旅游部出版的《中国工艺美术大师·辜柳希卷》中的大部分篇幅。2013年6月，参加并运营第四届成都国际非遗节大型潮州木雕文化展览会；2014年9月，运营并讲演新加坡义安城潮州节大型潮州文化展览会；2017年6月，参加并运营第六届成都国际非遗节大型展览会；2018年9月，运营了广州艺博院及北京民族文化宫的"辜柳希个人艺术双城展"；2018年12月，携潮州木雕作品赴台湾四市进校园演讲，开展两岸文化交流活动。

辜培东现为市级工艺美术大师、中级工艺美术师，担任广东省工艺美术协会木雕专业委员会副秘书长、潮州市传统工艺研究会会长。2018年，被评为国家级非遗项目潮州木雕市级代表性传承人。

吴光让，男，1948年生。大吴泥塑第23代传人。

他16岁即随父学习泥塑和贴塑，有30多年从事泥塑的丰富经验，全面掌握祖传的泥塑、捏段、镶手、着衣、彩饰等一系列制作技法，以及压泥成片和褶片成衣的技艺精湛。其泥塑作品曾获第一届中国民间工艺美术精品大展金奖，多件贴塑作品分别被中国美术馆、中国农业博物馆、广东省博物馆、广东美术馆等收藏，被授予"广东省工艺美术大师"称号。

长期以来，吴光让积极把技艺传授给下一代，使大吴泥塑得以延续传承。

吴光让

项目名称：大吴泥塑

吴维清，男，1956年生。大吴泥塑第25代传人。

他自小随父学习泥塑，有30多年从事泥塑的丰富经验，泥塑制作风格独特，技高艺精。其作品曾获广东省传统工艺美术精品金奖，在全国性及省级工艺美术展中多次获银奖、铜奖，还有多套作品分别被中国工艺美术馆、广东美术馆等收藏，被授予"广东省工艺美术大师"称号。

多年来，吴维清积极开展传承活动，既办泥塑培训班又到学校传授技艺，培养人才，使大吴泥塑后继有人。

吴维清
项目名称：大吴泥塑

吴闻鑫，男，1974年生。自幼喜欢泥塑工艺，10多岁起，每逢寒暑假就跟随父亲吴光让辗转民间寺庙制作神佛塑像。

1993年，吴闻鑫考入广东省陶瓷学校美术专业。得到祖父吴来树、父亲的技艺真传，他继承了大吴泥塑的传统艺术特点。作品取材于潮州戏剧与民间故事，多次在国家级专业展览评比中获金、银、铜奖项，不少作品为中国艺术研究院、中国泥人博物馆等单位收藏。

2010年以来，他走进中小学校第二课堂，传授民间泥塑基础技艺，为大吴泥塑的传承与发展作出了贡献。

吴闻鑫

项目名称：大吴泥塑

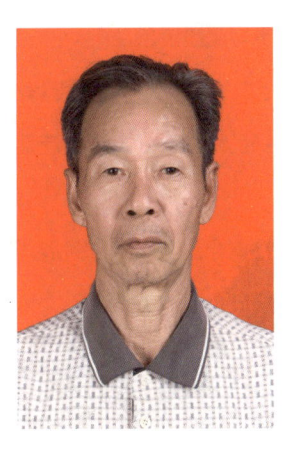

吴汉松
项目名称：大吴泥塑

吴汉松，男，1951年生于潮州市潮安区浮洋镇泥塑之乡——大吴村。现为非物质文化遗产大吴泥塑市级代表性传承人，工艺美术师、中国工艺美术学会会员，大吴泥塑"文合"脸谱工作室负责人。

他自幼耳濡目染长辈的泥塑艺术，随父亲吴传家学艺，尤喜爱泥塑彩绘工艺，在戏剧脸谱制作上下功夫，技艺精湛。在木偶人头、纱灯头和戏剧脸谱制作上坚持传统，尊重民俗，既有艺术特点又能让大众看得懂。如今，百年老字号"文合"泥塑在粤东、闽南、台港澳以及东南亚享有较高声誉。

其技艺特点主要是突出人物面部造型，如生脸长、旦脸圆、丑怪花脸腮突。描绘色彩鲜明，人物形象逼真。新作《梁山泊108好汉》，生动形象地体现108个人物面部表情形态，获得业界同仁一致好评。

吴汉松积极参加市有关部分主办的"文化古城·乐享名街"活动、潮安区"大吴泥塑走进校园传承活动"等，先后进入10余家学校传授技艺，还不定期在大吴小学义务授课。

其获奖作品主要有：1993年作品《木偶人仔头》获市民间群众艺术作品展览二等奖；2004年作品《戏剧脸谱》获广东省工艺美术大师暨名人名作展金奖。2006年《木偶人仔头》获广东省民间工艺精品展铜奖；2013年《铁枝木偶头》荣获"粤文杯"第二届广东民间博览会金奖。

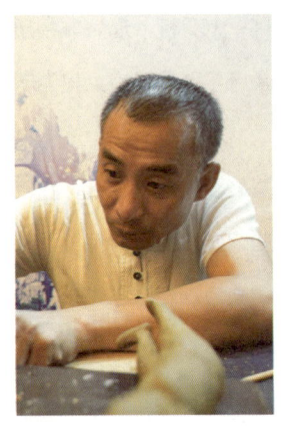

吴宏城
项目名称：大吴泥塑

吴宏城，男，1975年生于泥塑世家。从小师从父亲吴光让学习泥塑技艺。

他自1991年至今一直在吴光让工作室工作，长期从事并研究大吴泥塑，作品具有传统地方特色，并恢复了失传一百多年的"文寸"。在此基础上创新性创作了挂盘等作品。

从艺30多年来，多次参加国内外文化交流，在广东省非物质文化遗产保护成果展、广东省非物质文化遗产展、广东省民间工艺精品展、中国非物质文化遗产博览会、文博会以及中国香港、新加坡等国家和地区的展演活动中，演示大吴泥塑技艺。还常态化在潮州广济桥上展示大吴泥塑。

其作品《出花园》荣获第十一届中国民间文艺"山花奖"，《贵妃醉酒》《桃花过渡》分获第十六届、第十七届中国工艺美术大师精品博览会金奖，《西厢记》获第七届民间工艺美术"乡土奖"金奖。《贵妃醉酒》《赵宠写状》被中国美术馆收藏并入选中国美术馆"首届全国雕塑艺术大展"。

吴漫
项目名称：大吴泥塑

吴漫，男，1986年生。广东省潮安区浮洋镇大吴村人，潮州大吴泥塑第26代传承人。中级工艺美术师，国家非物质文化遗产项目大吴泥塑市级代表性传承人。从小跟随国家非物质文化遗产项目大吴泥塑国家级传承人吴维清学艺。

2008年毕业于广州大学艺术设计专业。学习大吴传统泥塑过程中，努力探索传统工艺，结合当代艺术理念不断创新，运用所学知识改进人物造型、色彩等，让传统魅力越发精彩。

2010年代表大吴泥塑参加上海世博会展演；同年11月参加第十六届广州亚运上海文化展演。2012年10月受广东省民间工艺博物馆邀请，随父修复馆藏大吴泥塑，得到专家学者好评。作品多次在国家、省级展览中获奖。

作为大吴泥塑传承人，他致力于传统泥塑技艺的传承与发扬，努力培养传承队伍上发挥带头作用。开展泥塑进校园活动，深入中小学举办大吴泥塑特色讲座、展览，进行泥塑制作示范教学；以第二课堂形式在彩塘振华小学、华美二小、松昌实验等学校进行开展传承教学，推动大吴泥塑技艺在新一代中的传承和发展。

卢芝高，男，1946年生于潮州古建筑嵌瓷壁画艺术世家，高中毕业后跟随父辈从事嵌瓷壁画工艺已有50多年时间。他先后为南普陀寺、泰国七剑王公慈善堂、汕尾凤山祖庙等庙宇祠堂创作嵌瓷壁画作品。他注重因地施艺而不拘一格，平嵌、活嵌得心应手。作品造型生动古朴，构图独有韵味，线条通朗流畅，传统气息浓烈，深得嵌瓷艺术的独特章法，并结合其现代艺术修养，形成独特的个人工艺风格。

20世纪80年代以来，他致力于嵌瓷艺术传承，培养了大批优秀嵌瓷艺人，为传承、弘扬与发展潮州嵌瓷艺术作出了卓越的贡献。

2012年，卢芝高被评为国家非物质文化遗产项目潮州嵌瓷国家级代表性传承人。

卢芝高
项目名称：潮州嵌瓷

苏镇湘
项目名称：潮州嵌瓷

　　苏镇湘，男，笔名作恩，1965年生于潮州嵌瓷世家。从小受家庭影响，15岁跟随祖父苏宝楼学艺，掌握了各种嵌瓷的表现手法和制作技艺，少年时期就有着"嵌瓷神童"之称。

　　从艺以来，他参与修建的庙宇、祠堂、文物古迹不计其数，包括凤溪大宫、开元寺大悲殿、潮安浮洋佃氏宗祠、陆丰甲子神庙、惠来葵潭黄氏宗祠、潮州归湖王大宝祠堂、潮州饶宗颐学术馆等，工艺作品遍布潮州地区。在继承传统的实践基础上，他不断探索，改革技术，在传统材料中融入现代新材料，改进粘贴材料，极大地提高了粘贴质量。同时根据各种题材形象制作各种剪、切、贴瓷工具，有效地提高工作效率。在形式上大胆创新，如屋脊上的双龙抢宝，把龙头身加以夸张，使之气势更为宏大，生机盎然。

　　多年来，他积极授徒传艺，为潮州嵌瓷的传承发展不断注入活力。

卢树生
项目名称：潮州嵌瓷

卢树生，男，1969年12月生于潮州古建筑嵌瓷壁画艺术世家。毕业后跟随父辈从事古建筑及嵌瓷壁画民间工艺。从事工作以来，通过实践积累经验，重视发扬、传承嵌瓷这一传统民间艺术。

他的作品内容广泛、格调典雅大气。因地施艺，多变而不拘一格，作品主要以民间传统故事为主，传统气息浓烈，深得嵌瓷艺术的独特章法；构图独有韵味，不落俗套；线条通顺流畅；花鸟虫鱼栩栩如生，人物传神惟妙惟肖。他掌握了只有少数艺人才具备的一笔成画的操作技巧，一气呵成。在嵌瓷壁画同行中独树一帜，给受众带来意想不到的艺术享受。

2013年9月4日，他在师父卢芝高大师带领下创作了30余件"二十四孝及嵌瓷屋面"作品，在广东美术馆举办"原道——卢芝高嵌瓷艺术展"，引起嵌瓷这一传统民间艺术得到建筑界、艺术界的广泛关注和重视。

近年来，他经常到潮州金山中学、金石中学等学校开设嵌瓷讲座，现场互动，使嵌瓷这传统工艺走进校园课堂，让更多的学生了解嵌瓷技艺，以便更好地传承和保护。

2014年，作品《霸王别姬》获得深圳国际文化产业博览交易会"中国工艺美术文化创意奖"银奖。

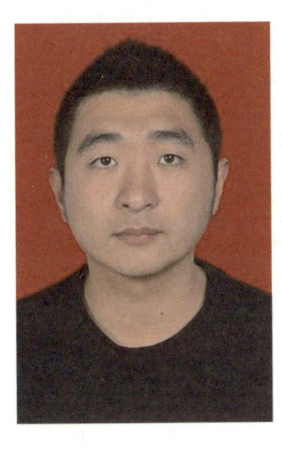

卢锋
项目名称：潮州嵌瓷

卢锋，男，1989年10月生于潮州古建筑嵌瓷壁画艺术世家。2011年大专毕业后随父辈学习古建筑及嵌瓷壁画民间工艺。从事工作以来，通过实践，积累了经验，重视潮州文化，重视发扬和传承嵌瓷这一传统民间艺术。

他师从父辈学习古建筑嵌瓷壁画工艺，潜心苦练，深得这一传民间艺术的精髓，熟练掌握其创作要素和制作流程，具备了设计及具体操作技能和独立工作能力，并在继承传统技艺的基础上有所突破及创新。

2013年9月4日，他在师父卢芝高大师的带领下创作的30余件"二十四孝及嵌瓷屋面"嵌瓷作品，在广东美术馆举办"原道——卢芝高嵌瓷艺术展"。到潮州金山中学、潮州金石中学等学校开设嵌瓷讲座以及现场互动嵌瓷教学，使嵌瓷这传统工艺走进校园，走进课堂，使更多的学生了解嵌瓷，更好地传承及发扬嵌瓷这一传统工艺。

其作品《薛仁贵回窑》获得2014年深圳国际文化产业博览交易会"中国工艺美术文化创意奖"铜奖。

林汉彬，男，1930年生。工艺美术师。

他14岁即随父学习花灯制作，后又师从花灯名师刘景松，有50多年从事花灯设计制作的丰富经验，尤擅长设计制作大型人物屏灯，且注重人物脸谱个性化，善于以亭台楼阁、花草树木做映衬，使灯彩更为丰富传神。他还注重搜集有关潮州花灯的历史照片、图样、手稿、脸谱等珍贵资料，并整理编写了一批宝贵的花灯制作资料，为潮州花灯的传承作出了积极贡献。

其作品曾获第二届广东省民间工艺精品展优秀奖，还应邀赴新加坡和法国参加灯展和大巡游。

林汉彬

项目名称：潮州花灯

刘耀生，男，1960年生。生于潮州花灯世家，其祖父、父亲均是潮州当地著名的花灯艺人。

1978年，他随其父亲学习花灯创作和制作，掌握了各式花灯的制作技艺。其制作工艺细腻，人物生动传神，比例协调准确，具有独特的艺术风格。特别是将传统人物由统一脸谱改为个性造型，讲究人物的喜、怒、哀、乐、善恶和美丑等，丰富了潮州花灯的艺术表现力和感染力。多年来，他致力于潮州花灯艺术的传承与发展，在总结传统的技艺基础上，将家传技艺与现代审美相结合，为弘扬潮州文化和花灯艺术作出了积极的贡献。

刘耀生
项目名称：潮州花灯

沈增华，男，1953年生。祖辈以制作潮州花灯为业，幼承家学，十多岁即开始学习花灯制作技艺。

1972年，他进入潮州特种工艺总厂设计室，在父亲沈金炎的指导下，多次参加大型花灯制作活动，掌握了整套花灯设计、制作的传统技艺。其所制作的花灯融合工艺、美术和光学原理等，集彩扎、绘画、雕塑、刻纸、刺绣及采光于一体。作品题材广泛，有历史人物、戏曲故事，有花鸟虫鱼、水族瑞兽等，具有生动细腻、精巧情趣的特点。

沈增华2003年自己创立工作室，陆续招收学徒进行培训传授，并致力于人物灯屏的创新、设计工作，为潮州花灯的继承和发展作出了重要贡献。

沈增华
项目名称：潮州花灯

林衡
项目名称：潮州花灯

林衡，男，1965年生于潮州民间花灯彩扎世家。

他1982年工作于潮州市工艺总厂花灯彩扎车间，在厂里从事花灯及生产制作多年，曾多次参加各种大型大花灯展览演示、创作及制作。后下岗跟随家父在家以作坊形式学艺及创作。从事彩扎花灯，至今创作了许多优秀花灯作品，大多是制作传统花灯、宫灯、屏灯、鲤鱼灯、人物灯等，在继承传统技艺的基础上勇于创新。

2012年，其作品《群鱼欢跃》及宫灯一对荣获广东省首届花灯文化节银奖，同时多次参加潮州名城牌坊街演示活动，受到各界人士好评及关注。自2014年起，积极参加潮州市潮州花灯技艺免费培训辅导工作。他的子女及徒弟为传承花灯技艺而坚守在这一艺术阵地上，不断传承潮州花灯民间艺术。

2014年，林衡被评为国家非物质文化遗产项目潮州花灯市级代表性传承人。

黄韬

项目名称：潮州花灯

黄韬，男，自幼深受家庭地方艺术熏陶影响，对潮州工艺制作产生了极大的兴趣。

他2005年毕业于广东省陶瓷学校工艺雕塑专业，先是临摹先辈艺人作品，后经多年的努力和实践，对潮州花灯制作工艺流程有了深刻认识和熟练掌握，熟悉潮州花灯中难度极高的人物屏灯繁杂制作工艺。为拯救濒临失传的潮州花灯艺术，他针对其关键技术，请教多位行内名师，学习其门类工艺特色技法，融会贯通。在原工艺基础上，大胆探索研究创新，使花灯灯屏工艺有了飞跃，更贴合市场和群众的需求。作品人物造型传情，表现新颖，工艺精细，深受海内外各界人士的赞赏嘉奖。

2016年12月，他的多件作品被广东省文旅厅选中，代表潮州花灯参加澳门《春风送绿惠南涯》展览活动；《麻姑献寿》获得广东传统工艺美术精品大赛金奖；《宝莲灯》获得第二届广东工艺美术精品展金奖；《三打白骨精》获得2016广东工艺美术精品展金奖。

多年来，黄韬积极投身公益传承工作，不辞劳苦、不计报酬，数十次送"非遗"技艺到学校，足迹遍及基层社区和潮安凤凰、饶平等偏远山区学校，为近2000名学生及留守儿童带去精神文化食粮。

林瑜

项目名称：潮州花灯

　　林瑜，女，1963年9月生于潮州花灯世家。祖父林乐笙在家乡创办"林盛记"花灯作坊，她自幼耳濡目染，喜爱花灯彩扎技艺，认真钻研，于1980年入职潮州特种工艺总厂，成为该厂花灯制作技术骨干，后转为家庭作坊从艺。在继承和传承制作技艺的同时，不断探索，勇于创新，创作的人物屏灯"纱灯"栩栩如生，她从过去的一米多高人物纱灯，改为50至60厘米高度缩屏人物纱灯，使作品更加精致，便于家庭摆设及产销运输。在装饰材料上大胆改革创新，既保持了传统的结构又赋予了新的创意，使作品更加光彩夺目。

　　从艺40多年来，其创作的花灯销往全国各地。她与其父亲创作制作的花灯作品先后赴马来西亚、新加坡、法国和中国香港等国家和地区展出。其作品先后获得"2011中国潮州花灯节"创意大赛二等奖，广东省首届花灯文化节暨第三届洪梅"花灯节"金奖、银奖、传统工艺美术精品奖。多次参加各类花灯演示活动，先后接受中央电视台、广东电视台等多家媒体采访报道。她还积极开展潮州花灯传承与保护工作，担任湘桥区文化馆"潮州花灯"制作技艺免费培训班辅导教师。

　　林瑜于2018年被评为国家非物质文化遗产项目潮州花灯市级代表性传承人。

黄秋权

项目名称：潮州花灯

黄秋权，男，1970年生。自幼跟随祖父和父亲学做灯笼，从制作中逐步学习灯笼制作技法，掌握了灯笼款式全套制作技艺。接手灯笼制作之后，在原传统技艺的基础上拓展了新款式。因灯笼制作精细，字体优美，受到客户的一致好评。

他制作的"黄合利灯笼"被《南方日报》、南方电视台等多家媒体报道，登上众多报纸与电视节目。同时，参与广东省第七届花灯文化节、北京博物馆举办的展览会等大型展览活动并获奖。黄秋权制作的灯笼不仅出现在潮州青龙古庙、中山路李厝祠、台湾的纪念馆等国内著名古建筑及纪念馆里，还在泰国、新加坡竹善道天宫等地被高高挂起。在学习强国等平台上，"黄合利灯笼"被制作成潮州民俗文化宣传片传播。2022年3月，作品及其介绍被国际著名高品位杂志《安邸AD》收录在《潮心弄影来》中，向世界展示潮州"非遗"文化魅力。

黄秋权在制作灯笼的同时，着力于传承和保护潮州花灯的制作技艺，为潮州非遗文化传播作出了积极的贡献。

黄秋权于2018年被评为国家非物质文化遗产代表性项目潮州花灯市级代表性传承人。

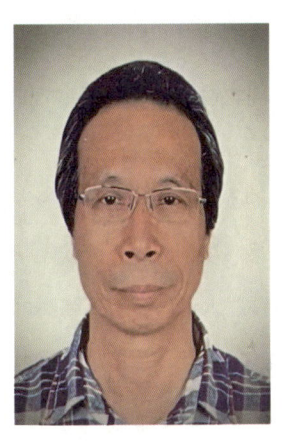

杨绍武

项目名称：潮州玉雕

杨绍武，男，1949年生。1964年进入潮州市工艺美术研究所学艺，先后跟随潮州木雕大师张鉴轩、陈舜羌先生学习木雕技艺，1971年被选派到广州南方玉雕厂师从中国工艺美术大师章永桐学习玉雕设计与雕刻技术。1972年参与组建潮州玉雕厂，先后任技艺组组长、副厂长、厂长等职。

从艺五十多载，杨绍武在继承传统玉雕技艺的基础上，吸收融汇了木雕、石雕、绘画、泥塑以及潮剧等多种不同的艺术表现形式，丰富了玉雕的表现手法，使作品超越传统的雕刻艺术范畴，作品多次在国内各类展会中获得奖项，并为国内外博物馆、艺术馆收藏。

2016年其所设计的《南玉九龙盘》在中国美术家协会和广州市人民政府主办的广州国际艺术博览会上被评为"岭南工艺美术精品奖"金奖，同年设计的《南玉潮州工夫茶具》在中国美术家协会和广州市人民政府主办的广州国际艺术博览会上被评为"优秀作品奖"。

2021年，杨绍武被评为省级非物质文化遗产项目潮州玉雕市级代表性传承人。

谢湘明
项目名称：潮州玉雕

谢湘明，男，1974年生于潮州市湘桥区。1992年开始学习玉雕技艺，拜潮州玉雕厂资深玉雕名家陈森荣师傅为师，由于天生悟性，及工具运用，加上自己勤奋好学，他的雕刻技艺日臻完善，全面掌握了潮州玉雕传统雕刻技法。

1999年谢湘明发起成立"宝树轩玉雕艺术工作室"，创作的玉器多次荣获国家级、省级大奖。2010年，融合巧色、高浮雕、通雕等综合技艺的作品《事事如意》荣获国家级"百花奖"等多个奖项；2018年作品《玉雕鼻烟壶·鼓乐迎春》入选广东省工艺美术珍品馆收藏，同年鼻烟壶技艺入编《潮州民间工艺传承谱系》。2022年和河南省玉雕大师李文锁合作的玉雕精品被中国工艺美术馆收藏。

为传承潮州玉雕文化，谢湘明广收艺徒，至今已培养玉雕从业人员一批，部分学徒脱颖而出。其中，有蔡雪莹、陈幼珠、谢丹杰成为"中国一级/高级工艺品雕刻师"，江银生、蔡雪莹为广东省工艺美术师。

2021年，谢湘明被评为省级非物质文化遗产项目潮州玉雕市级代表性传承人。

叶天津，男，1944年生。曾被广东省人民政府授予"广东省工艺美术家"称号。

他20岁即从事剪纸创作，善于将现代木刻艺术中的黑白对比和造型手法融合在创作中，在创作过程中，大胆尝试采用广告彩页新材料，创造了"巧色剪纸"新技法，多个作品曾被选送参加国内外剪纸展览。编写出版了《剪纸枨芳》一书，还为当地培训班编写教材，为小学生开办剪纸学习班，促进了潮州剪纸艺术的传承和发展。

叶天津
项目名称：剪纸

张湘明，男，1949年生。自幼受家庭的熏陶，8岁就随长辈学习凿刻南金，对剪纸艺术产生了浓厚的兴趣。在前辈的悉心教导之下，全面掌握了剪刻艺术的精髓。在继承传统技艺的基础上，他不断探索剪纸表现技法，将剪纸画面内容衬上若干不同颜色的活色生香的彩笺，剪出色彩斑斓的作品；其所创作的通花雕、浮雕等剪纸艺术作品，更是令人叹为观止。

近年来，他致力于对剪纸艺术进行全面、深入、系统地总结和研究，积极培养后继人才，为潮州民间剪纸艺术的传承、发展作出突出贡献。

张湘明
项目名称：剪纸

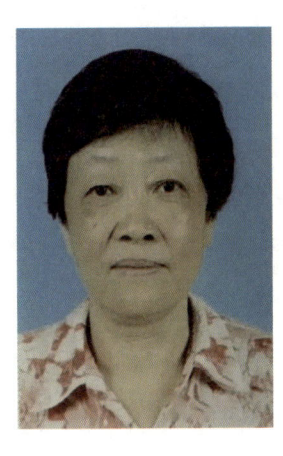

纪丹蘋
项目名称：剪纸

纪丹蘋，女，1958年生。自幼对剪纸艺术有着浓厚的兴趣，1970年开始跟随祖母学习剪纸，在其祖母的悉心栽培下，她持之以恒，潜心钻研，全面掌握了剪纸的技艺。其剪纸艺术手法细腻，题材来源于生活，作品自然逼真、神韵生动，具有极强的装饰性和丰富内涵。

近年来，积极参与各类展示展演活动，2005年参与了国家文化和旅游部非遗保护工程培训班在潮州市人民广场文化长廊的剪纸现场演示，2010年参与了国家文化部主办的"我们的节日"全国百名非物质文化遗产传承人展示活动，2012年参加广东省廉政文化建设剪纸作品展，2014年参与了潮州市元宵节剪纸作品展览，展出70多幅作品。

她还积极开展授徒传艺活动，将剪纸文化带进校园，为学生们介绍潮州剪纸的历史与发展，现场进行剪纸技艺的演示，并协助有关学者对"地域文化与潮州民间剪纸"重点科研项目进行研究，为大力宣传和弘扬广东剪纸的文化底蕴，进一步保护和传承广东剪纸作出积极的贡献。

张在跃
项目名称：剪纸

张在跃，男，1980年生。剪纸中级工艺美术师，潮州市湘桥区张湘明剪纸艺术馆副馆长，生身于工艺世家。受家庭艺术熏陶，耳濡目染父亲及叔父的精湛技艺，自幼对剪纸产生浓厚兴趣，立志继承家艺，认真向父辈们学习。

习艺期间，他先从素描、色彩等绘画基础入手，并得到父亲言传身教，全面掌握了张氏剪刻技术。1999年考入韩山师范学院美术系深造，毕业后一直从事美术教育（剪纸教学），2011年协助张湘明大师创作完成"2011年潮州首届花灯节"湘桥区片区的花灯制作，主打剪纸灯饰。其剪纸作品《共享富余》在第十三届中国（深圳）国际文化产业博览交易会上获得"中国工艺美术文化创意奖"银奖；剪纸作品《雄鹰》在2017年52届全国工艺品交易会"广轻工美杯"广东省工艺美术精品评比中，荣获金奖。

从艺20多年来，张在跃一直注重剪纸艺术的传承和发展，经常走进社区、校园举办公益教学活动，深受大众欢迎。

黄伟雄
项目名称：珠绣

黄伟雄，男，1964年生。自幼随母亲绣花学艺，喜好书画艺术，师从胡广旭师傅，先后在地方国营潮绣厂及二轻工业刺绣研究所工作。

他从事珠绣艺术设计研究工作30多年间，对珠绣的技艺及针法不断探索，并将之与绘画技法相结合，创造性地将珠绣工艺从实用装饰用途发展成纯艺术观赏的"珠绣画"，代表作有《富贵长春》《溢眼》《露气》《百鹤图》《弥勒佛》等珠绣及珠绣画屏风，分别在多个文化艺术节及工艺美术精品展中荣获多项金奖。不少作品为国家领导人及海内外知名人士所喜爱和收藏。他曾接受多家电视台及杂志的专访。

2009年，黄伟雄成立了"雅风艺术馆"，定期举办珠绣作品的展览，使珠绣这一工艺美术得以弘扬与传播。2012年成立了"中国刺绣大师黄伟雄工作室"，积极收徒授艺，培养了多名出色的徒弟。

为更好地培养人才，他被广东职业技术学院、广东女子职业技术学院聘请为客座教授，带班讲授"珠绣工艺"课程，带领学生学习刺绣艺术理论，指导学生学习珠绣技巧针法，为珠绣制作技艺的传承和发展培养了新生力量。

林红
项目名称：珠绣

林红，女，国家非物质文化遗产项目粤绣（珠绣）市级代表性传承人。出身于潮绣世家，系高级工艺美术师、广东省工艺美术大师。现为中国工艺美术学会刺绣专业委员会会员、广东省工艺美术协会理事。

林红自幼随祖母及母亲绣花学艺，喜好书画艺术。从艺27年来，通过不断的实践、探索，改进并采用了新的珠绣针法及技艺，有效推动了珠绣工艺的发展。多年来，她设计的晚礼服、婚纱、珠绣包等珠绣产品远销欧美等世界各地。传授技艺，培养徒弟，其中有多人分别获得高级工艺美术师及中级工艺美术师资格。

其所创作的绣制作品先后获得国家级金奖12项、省级金奖8项。其中，《白度母像》在"2015中国(深圳)国际文化产业博览交易会"上获得"中国工艺美术文化创意奖"金奖。《西方三圣佛》在2012年第八届中国(深圳)国际文化产业博览会交易会冬季工艺美术精品展"中国工艺美术百花奖"获金奖。《夜宴》晚礼服参加"2007中国（深圳）第三届国际文化产业博览交易会"获"中国工艺美术文化创意奖"金奖。《万里飘香》在"2008中国(深圳)第四届国际文化产业博览交易会"上，获得"中国工艺美术文化创意奖"金奖。

林利飞，男，1945年生。1965年进入潮州市工艺美术研究所工作，师从辜秋泉先生学习麦秆工艺设计制作，掌握了麦秆剪贴画全部制作技艺，并创新出"飞削""浮烙"等新技法。其作品题材广泛，尤擅创作花鸟，注重精细对比、点线面结合并依麦秆的不同色质，创作出"细、纤、精、巧"的麦秆画作品。多年来，作品多次获得国家、省、市大奖。

他致力于传统手艺的传承，通过培训等方式培养设计制作人员十人，为潮州麦秆剪贴画的传承、发展作出了积极贡献。

林利飞
项目名称：潮州麦秆剪贴画

李光荣

项目名称：潮州麦秆剪贴画

　　李光荣，男，1951年生。广东潮州人。高级工艺美术师，广东省工艺美术大师，广东省非物质文化遗产项目潮州麦秆剪贴画省级代表性传承人。

　　1973年，李光荣考入潮州市特种工艺总厂设计室进行麦秆画创作设计，从事48年。擅长麦秆画创作设计，作品以花鸟虫鱼、风景人物为主，手工切丝、蒸熏漂染技艺独特，形神生动，给人以美的享受。2009年，应香港特别行政区政府中国文化传播中心邀请赴港演示麦秆画。2011年参加国家文化部"春雨工程"，赴宁夏参加"非遗"项目演示。历年参加多次中国"非遗"的展演活动。撰写论文4篇，发表于《广东工艺美术》杂志。

　　2005年，为拯救面临失传的麦秆画艺术，他创建潮州麦秆画研究艺术馆并任副馆长，搜集资料，培训技艺人员。创作设计的作品获国家级金奖13项，其中3项获特别金奖、银奖3项；省级金奖8项、银奖10项，市级金奖5项。作品《贝多芬》2008年被中国工艺美术馆收藏。2010年作品《大展宏图》被16届亚运会组委会永久收藏，作品《乐圣贝多芬》被卡塔尔王子及其夫人和国际象棋世界冠军诸宸收藏，2013年作品《梅兰菊竹》被广东省工艺美术精品馆收藏，作品《百鸟和鸣》被广东省文旅厅"非遗馆"收藏。

方志伟，男，1954年生。从小喜欢绘画。

他自1975年底先后到潮州市工艺公司、工艺美术研究所工作，拜麦秆画老艺人郑鸿增为师，学习潮州麦秆画的制作技艺。他大胆地吸收国画、油画和潮州刺绣、泥塑、木雕等各项艺术元素创新技艺，发明了一种陶瓷与麦秆画结合的艺术形式。

2005年，他组建潮州市麦秆画研究艺术馆。创作的麦秆画作品有10幅获国家级金奖，并传授徒弟、学员20多人，为潮州麦秆画传承与发展作出了贡献。

方志伟

项目名称：潮州麦秆剪贴画

刘桂荣

项目名称：潮州麦秆剪贴画

刘桂荣，男，1955年生。现为中国民间文艺家协会会员，潮州市麦秆画代表性传承人，高级工艺美术师，潮州市工艺美术大师。1973年进入潮州特种工艺厂工作，先后曾在潮州工艺美术研究所举办的进修班及汕头工艺美术学校进修班学习，为其艺术创作奠定了良好的设计基础。从事麦秆画创作设计四十多年，刻苦钻研，技艺精湛，作品风格新颖。在制作工艺上有所创新，特别是在制作技法及材料运用上力求精工细致，把麦秆草所具备的"光、色、质"的材料特性发挥到极致。设计的作品极具现代气息，深受客户的喜爱。2008年，为弘扬发展麦秆工艺，创立刘桂荣麦秆画艺术研究工作室。一直以来，积极培养麦秆画技艺人才，在潮州市高级技工学校、湘桥区实验小学等多所学校，以言传身教的方式授徒传艺，为麦秆画制作技艺的传承和发展发挥了积极作用。

刘桂荣积极参加各项传承展示活动，作品在参加国内外各级比赛中获得国家级金奖4次，银奖3次，铜奖2次；省级金奖5次，银奖3次及市级奖多项。多篇论文发表在《广东工艺美术》刊物；文章《让潮州麦秆画重放光彩》及多件作品发表在《人民日报》海外版。

李两丰
项目名称：潮州麦秆剪贴画

李两丰，男，1965年生。自1981年起一直从事潮州麦秆画工艺美术的设计制作，至今已有40年。其间，在潮州市二轻特种工艺总厂长期从事麦秆画样品制作，具有深厚的麦秆工艺美术基础，工艺手法受到工艺师傅的充分肯定。2004年成立"李两丰麦秆画工艺美术工作室"以来，以其对工艺美术的兴趣执着，独立从事麦秆画制作。工艺手法上借鉴各种民间艺术特点，不断创新，提高麦秆画工艺水平。

近年来，他先后创作完成了《岭南佳果》《潮州牌坊街》《花开富贵》《威震幽峪》《年年有余》《国色天香》《平安如意》《万事如意》《草泽雄风》等作品。其中，《潮州牌坊街》参加2009年广东省工艺美术精品展评为金奖，《威震幽峪》《草泽雄风》在第十四届、十五届上海国际艺术节被中国轻工业联合会分别被评为传统艺术金奖，《花开富贵》在2012年广东(潮州)工艺精品展上被广东省工艺美术协会评为银奖，《年年有余》及《万事如意》在2013年、2014年深圳文博交易会上，被中国（深圳）国际文化产业博览交易会组委会评为创意金奖。

2014年，李两丰被评为潮州市工艺美术大师。

蔡小尹

项目名称：潮州麦秆剪贴画

蔡小尹，男，1973年作为艺徒进入潮州工艺厂工作，师从林利飞老师等艺人。从事麦秆画制作，特别是对于麦秆贴画的创作研究情有独钟，几十年从未间断过。在熟练掌握麦秆画传统技法的基础上，深入探索新技法，探索新的表现手法，从平面贴画到半浮贴画，再到高浮贴画，增强画面的立体感和层次感，以达到更好的视觉效果，使麦秆贴画的观赏价值有了质的提升。另一方面他拓展思路，将工艺品与日用品相结合，把麦秆画装饰于茶叶盒、文具盒、首饰盒、图相架的设计中，既提高了工艺品的实用价值，也赢得了更广阔的市场。

他自1990年开始授徒传艺，指导学生学习麦秆画制作。2007年8月，创建西湖街道文化馆高雅麦秆画艺术研究工作室，开展麦秆画创作及授徒，得到社会高度评价。

从2008年开始，蔡小尹每年利用学校放假期间到骄阳艺术学校办班教授麦秆画制作，被学校聘为乡土文化潮州麦秆画高级美术教师。

自2012年开始，蔡小尹时常配合湘桥区文化局、文化部门开展的文化走亲活动，到街道、学校传授制作技艺。2019年6月被湘桥区人才工作领导小组特聘为工艺美术人才培养工程进校育苗活动导师。

其创作的麦秆画、摆件等作品多次在国家级、省级展览会上获奖：麦秆装饰盒《龙》《凤》获中国（深圳）国际文化产业博览会银奖；麦秆画茶叶盒获第二届广州紫砂·陶瓷艺术文化暨工艺美术精品展评比大赛银奖；麦秆画《前程万里》获广东工艺美术精品展金奖并被广东省工艺美术评审委员会、广东省工艺美术协会认定为广东省工艺美术精品；高浮麦秆画《荷塘清趣》获广东传统工艺美术精品展银奖。并在《广东工艺美术》《潮州工艺》发表关于麦秆画的论文多篇。

石敬潮
项目名称：潮州麦秆剪贴画

石敬潮，男，1959年9月生于潮州。高级工艺美术师，潮州市工艺美术大师。

他从事麦秆画创作设计47年，作品风格新颖，格调高雅，刀法娴熟，技艺精湛。在继承发展原有的传统制作工艺基础上，发掘开拓，丰富发扬了潮州麦秆画的传统技艺。近几年来更是集中精力于麦秆剪贴画作品的创作，探索麦秆剪贴画新技法，逐渐形成自己独特的艺术风格。2007年，创建西湖街道文化站高雅麦秆画艺术研究工作室；2019年，被潮州市湘桥区人才工作领导小组办公室聘请为工艺美术人才培养工程进校育苗活动导师，传授麦秆画制作技艺。同时积极参加各项传承展示和评选活动，多次"非遗进校园"活动。作品多次参加国内外各级比赛获奖，其中国家级金奖1项、银奖4项、铜奖2项，省级金奖5项、银奖3项、铜奖1项、精品奖4项。他撰写的《潮州麦秆画赏析》《潮文化熏陶下的潮州麦秆画艺术》等多篇论文在《广东工艺》和《潮州工艺》上发表。

2018年7月，石敬潮被评为省级非物质文化遗产项目潮州麦秆剪贴画市级代表性传承人。

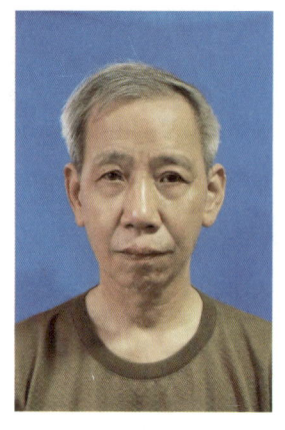

郑和
项目名称：潮州麦秆剪贴画

郑和，男，1948年7月生于潮州。现为高级工艺师、潮州市工艺美术大师。

1970—2006年，郑和在潮州市工艺总厂从事麦秆画制作，2007年至今在潮州麦秆画研究艺术馆致力于麦秆画创作设计工作。

在创作实践中，郑和潜心钻研，孜孜不倦，不仅创新麦秆画高浮雕制作技法，还开拓出新的艺术创作形式，如仿油画人物肖像画、瓷上麦秆画等。作品多次参加国内外展览并荣获各类奖项，其中特别金奖3项、金奖6项。2008年，麦秆画作品《乐圣贝多芬》被中国工艺美术馆收藏；2009年，麦秆画作品《潮州八景图》获第五届中国国际文博会特别金奖；2010年，麦秆画作品《侨领陈伟南先生》获广东省传统工艺美术精品展金奖；2011年麦秆画作品《百鸟朝凤》获第七届中国国际文博会金奖；2012年，麦秆画作品《潮州古城图》获第八届中国国际文博会特别金奖；2013年，麦秆画作品《迎客松》获第九届中国国际文博会金奖。

他在技艺传承上不留余力，无私传授，其中女儿郑烨娃、学徒陈细妹等从事麦秆画制作十余年，取得突出成绩，为潮州麦秆画传承尽心尽力。

陈仰泉
项目名称：潮州推光金漆画

陈仰泉，男，1956年生。15岁开始跟随父亲学习潮州推光金漆画技艺，1981年创立"博洋金漆工作室"，专门从事金漆佛像与漆器制作，漆器修复等工作。

他曾多次参与大型的推光金漆画制作，共创作了潮州推光金漆画50余幅。1997年应邀到中国驻朝鲜大使馆制作《清明上河图》木雕巨作。1997—2001年先后到泰国28次，完成高11米的"千手观音"金漆佛像的制作。该佛像共用金箔200余万张，造型金碧辉煌，受到了当地民众的高度称赞。2006年，在广州市城隍庙与卢艳光等人合作创作了《开天辟地神仙卷》大型漆画，成了当时世界上最大的漆画，申请吉尼斯世界纪录。20多年来，潮州以及周边地区的各个寺庙、祠堂都留下了他的制作印记。其代表作有《潮州八景》《湖山庄园》《松下听琴图》《祥和》等，其中作品《湖山庄园》在2015年首届广东省传统工艺文化博览交易会大展中荣获金奖，作品《松下听琴图》《祥和》在全国工艺文化博览交易会上分别获得银奖和铜奖。

近年来，他积极配合潮州市开展潮州推光金漆画有关资料的收集、整理等工作，并利用空余时间，为年轻一代培训潮州推光金漆画的制作技艺，为潮州"非遗"保护和传承作出贡献。

黄裕钢

项目名称：潮州推光金漆画

　　黄裕钢，男，1956年10月生，别号山光，潮州市潮安区人。1979年起，跟随父亲的古建筑组从事古建筑修建、彩绘、潮州推光金漆"铁笔画"等。1983—2015年期间，带队并传授学徒进行古建筑装饰设计、彩绘工作，先后修缮复建众多寺庙、祠堂、民宅公厅和文物保护项目。2016年至今，先后被评为工艺美术师省级、潮州推光金漆画省级非物质文化遗产项目代表性传承人，并担任潮州市潮安区推光金漆画工艺研究院（潮州市非物质文化遗产保护基地）院长，具备基层实用型专业技术人才A级资格。

　　他一贯致力于该项目技艺的传承工作，于1990年开设推光金漆画工场，后成立工作室，先后招收20多个徒弟，传授推光金漆画技艺，目前已有李永武等6名徒弟能独立从事该项目工作。他授艺的儿子黄铭秋创作的作品先后在第四届中国国际民间艺博会荣获银奖，作品《黄仁勇遇八王爷》在2014年中国（深圳）国际文化产业博览会上荣获"中国工艺美术创意奖"金奖，作品《天官赐福》在2015年广东传统工艺美术精品大展中荣获银奖，现为潮州市工艺美术大师、高级工艺美术师并被评为"潮州推光金漆画"市级传承人；徒弟李勇武师从他20多年，现已在潮阳设立工作室，传授潮州推光金漆画技艺。目前，黄裕钢的工作室仍有10多人从事这项工作，并已掌握了部分技艺。

　　黄裕钢近几年经常参加各种宣传活动，如参加潮州市"文化古城·乐享名街"文化活动，"非遗"技艺展演等。

黄明理
项目名称：潮州推光金漆画

黄明理，男，1966年生。受家庭技艺熏陶，5岁左右学画，8岁学技能，13岁亦学亦工。师从曾祖父及祖父、父亲习艺，足迹遍及粤、闽、赣、东南亚多地。长期从事传统古建筑行业及漆画、金漆工艺业务，遵古法制，融汇古法兼现代技术，改进多项工艺，促进技艺高层次的发展。

近年来，积极参加国内外工艺展览，多次参加由国家文化和旅游部、广东省人民政府、深圳市人民政府联合在深圳举办的文博会和在广州琶洲馆举办的博览会，其推光漆金漆画作品获金奖6次、银奖2次。4次应邀出席在北京钓鱼台国宾馆、北京人民大会堂召开的艺术大会。

为把传统的工艺技术发扬光大，他积极培养人才，找收徒弟，以言传身教的方式授徒传艺，在高端技艺的发展中发挥了重要作用。

2016年，黄明理被评为省级非物质文化遗产项目潮州推光金漆画市级代表性传承人。

黄铭秋

项目名称：潮州推光金漆画

　　黄铭秋，男，出身于潮州古建筑世家。2005年正式跟从黄裕钢老师学艺。经过近20年的勤奋钻研，现为潮州市工艺美术大师，高级工艺美术师并被评为省非物质文化遗产项目潮州推光金漆画市级代表性传承人，具备基层实用型专业技术人才B级资格。

　　从艺以来，黄铭秋在粤东地区诸多文物保护单位及众多祠堂、宗庙、佛堂、华侨老屋、古民居宅第等进行古建筑修缮与设计，其中最为代表性的修缮工程是泰华祠。2010年，其带着工艺美术团队在揭阳市云路镇陇上村泰华祠进行为期7年的"潮州推光金漆画"创作与施工。此工程施工难度大、工艺水平要求高，带队负责人必须在古建筑大木结构梁架方面有着丰富的制作推光金漆画的经验和制作技能，及对潮式民居、宫庙、祠堂、各地区性独特的建筑装饰图案、色彩、布局和手法有一定见解的基础上，方能完成工作。带队人黄铭秋设计了大部分图稿，运用了黄金箔、矿物质颜料，且在温度、湿度很难把控的区域运用铁笔开金工艺手法，制作出许多具有传统地方特色的工艺品。这得益于他对传统的潮州推光金漆画制作技艺的娴熟运用、对原材料"生国漆"的选取，以及对各种工具自主设计制作方面具有独特思路。

　　近几年他经常参加各种宣传活动，如参加潮州市"文化古城·乐享名街"文化活动项目技艺展演、宣传视频制作活动等，从而扩大了这门技艺的影响力。发表论文《金漆画—潮汕民间艺术的瑰宝》《浅析漆画艺术的实用性》《传承和发展潮汕推光金漆画》等。十年来，以师带徒方法授艺多人，现在有黄伟康、黄森伟两位学生基本能够独立创作。

传统技艺
Traditional Handicraft

叶竹青

项目名称：潮州彩瓷烧制技艺

叶竹青，男，1935年生。从事潮州彩瓷艺术已近70年了。

他在陶瓷设计、制作工艺方面有深厚的积淀，特别是1976年首创釉上堆全彩装饰瓷艺，引领了潮州彩瓷的新风尚。其作品以自然、抒情为基调，用工笔新彩形式描绘，着色细致入微，运笔秀逸，注重虚实结合，使作品造型装饰疏密有间、轻重有别，富于立体感。

一直以来，他承担着潮州彩瓷技术骨干培训工作，培养了一大批技术人员，为潮州彩瓷艺术的传承、发展作出了重要贡献。

谢金英，男，1946年生。师从潮州著名国画家陈修龄先生，并以此为基础进入潮州彩瓷厂从事创作设计、培训工作。

从艺至今已50多年，谢金英将中国画的笔画技巧融入潮彩技法当中，丰富了潮州彩瓷的表现形式。其作品画风严谨、意境深远、技法娴熟，具有浓郁的民间技艺特色和传统地方风韵。

一直以来，他致力于潮州彩瓷艺术的传承，通过传、帮、带等方式培育了一批潮彩艺人，为潮州彩瓷艺术的传承、发展作出了积极的贡献。

谢金英

项目名称：潮州彩瓷烧制技艺

蔡禧平，男，1953年生。自幼酷爱绘画，从小随父亲蔡永青学艺，全面掌握潮州彩瓷设计、制作和彩绘技艺，并拥有家传的潮州彩瓷艺术资料及实物。

在传承父亲潮彩"单笔皴"技法的基础上，蔡禧平创造出"苔笔皴"山水彩绘技法，应用于批量生产高档陈设瓷。他把中国画技法与瓷艺融于一体，画面结构严谨，笔法精细，格调清雅，自成一格。作品经常参加国内外陶瓷工艺美术大展并荣获金、银、铜奖项40多个。

他1979年起受聘潮州市彩瓷总厂任潮彩培训班教师，学员多达2000多人次。目前已有徒弟8人，能全面掌握潮州彩瓷彩绘技艺。

蔡禧平

项目名称：潮州彩瓷烧制技艺

蔡秋权

项目名称：潮州彩瓷烧制技艺

蔡秋权，男，1955年11月生于潮州。1985年于广州美术学院工艺系结业，专修现代陶瓷装饰设计。

现为中国陶瓷艺术大师，广东省工艺美术大师，正高级工艺美术师，广东省陶瓷协会常务理事。

多年来，他致力于陶瓷装饰艺术的研究和探索，作品意蕴深厚，色彩秀美，格调高雅，充满诗情画意。既有深厚的文化内涵，又有浓郁的装饰美，体现了中国文化从容优雅的中庸气度和东方艺术温柔、典雅的美学神韵。在当代陶瓷艺术中别具一格，自成一家，受到国内外专家及收藏界的肯定和好评。20多件作品获得国家级、省级评比的金奖、银奖，并为多家馆藏机构所珍藏。

2017年8月，蔡秋权在江苏省无锡市举办个人作品展；2018年5月，在广东省东莞市举办"风华绝代"陶艺精品展。2016年，其作品《疏影凝香》获得广东省工艺美术珍品奖；同年作品《国色春晖图》入选参加北京博物馆举办的《中国工艺美术双年展》。多件作品作为国礼瓷赠送外国首脑和知名侨领。

吴渭阳
项目名称：潮州彩瓷烧制技艺

吴渭阳，男，1952年7月生。自幼爱好绘画、书法，博识深求，能融众家之长兼收并蓄。

从事陶瓷美术设计创作和陶瓷研究50多年，将陶瓷艺术的传承与创新有效结合，推出"曜变太阳花天目釉""三维艺术结晶釉""高温结晶釉彩画"等艺术精品。多件作品获得全国多项评比金奖、银奖，其中结晶釉彩画《女娲补天》《江上清音》两件作品于2010年7月在上海世博文化中心参加"2010年上海世博会——中华艺术·国家大师艺术珍品荟展"作品《万山红遍》被收藏于首都博物馆。多次发表专业论文。还取得曜变太阳花天目釉、陶瓷表面装饰层及其制造方法、结晶釉彩画及其制造方法三项国家发明专利，被潮州市政府聘为潮州市首届工艺美术大师评审委员，并为国家重大文化工程《中国工艺美术全集·广东卷·艺术陶瓷2》撰稿《结晶釉瓷画》一文。

吴渭阳现为轻工大国工匠、中国陶瓷艺术大师、广东省工艺美术大师、正高级工艺美术师，担任中国陶瓷工业协会陶瓷艺术大师联盟副主席、广东省红太阳陶瓷研究院院长等职务。

2018年7月，吴渭阳被评为国家非物质文化遗产代表性项目潮州彩瓷烧制技艺市级代表性传承人。

吴学湘

项目名称:潮州彩瓷烧制技艺

吴学湘,男,1968年8月生于潮州。自幼喜爱工艺美术,学习潮彩技艺。1988年起,开始从事陶瓷装饰彩绘工作,并逐渐形成较为鲜明的艺术个性,尤以精擅山水瓷版画著称。2018年10月应邀参加"2018粤港澳大湾区·珠三角(广东)非遗周暨佛山秋色巡游活动非遗活态展示",展现潮州彩瓷烧制技艺及潮彩彩绘技艺之精美效果。其作品在国家级、省部级工艺美术专业展评活动中多次荣获金、银奖项。

2017年5月,吴学湘创立"潮州市千笔文化国画瓷研究院";2018年12月,成立"潮州市千笔雅致瓷艺有限公司"。旨在将潮州传统工艺美术与现代审美精神相结合,将艺术创作与理论研究相结合,将传承创新与人才培养相结合,以创作出更有艺术个性的潮彩作品。同时,挖掘和培养出一批批热爱潮彩技艺的优质人才,与潮彩行业同仁一道,使潮彩艺术更好地走向世界。

吴学湘现为广东省工艺美术大师、高级工艺美术师,担任广东省工艺美术协会第八届常务理事、潮州市工艺美术协会第三届理事会副会长、"潮州市工艺美术研究院"特聘研究员、韩山师范学院美术学院兼职教授及潮州市职业技术学校"潮彩技艺教学名师"。

他于2018年被评为国家非物质文化遗产项目潮州彩瓷烧制技艺市级代表性传承人。

叶岩峰

项目名称：潮州彩瓷烧制技艺

叶岩峰，男，生于广东潮州。高级工艺美术师、中国民间文艺家协会会员、潮州市高层次人才、潮州市工艺美术大师，2018年被评为国家非物质文化遗产项目潮州彩瓷烧制技艺市级代表性传承人。从小伴随父亲叶竹青在广东省陶瓷研究所学习陶瓷美术、陶瓷技艺和"潮彩"。1987—1991年，在省陶瓷学校装饰班读书，毕业后分配在省陶瓷研究所设计室工作，2015年就职于韩山师范学院。

从毕业至今工作32年来，叶岩峰一直坚守在陶瓷研究、设计、开发创新的工作岗位上。得益于"陶瓷世家"和"潮彩"传承人叶竹青父亲的口传心授，加之自身的努力，在陶瓷系列设计、制作中能做到一专多能，精益求精。除自身专业的装饰设计和潮彩技艺外，在造型、生产、营销、商品布展、窑炉技术等方面都有研究，并取得可喜成绩。其独立创作了200多件作品中，不少作品在全国、省、市工艺美术评比会中获奖，被有关报刊刊登，有的作品被广东民间博物馆、陶瓷陈列馆、市博物馆收藏。

陈碧香

项目名称：潮州彩瓷烧制技艺

陈碧香，女，1977年生于广东省潮州枫溪。现为国家非物质文化遗产项目潮州彩瓷烧制技艺市级代表性传承人、高级工艺美术师、潮州市工艺美术大师、潮州市陶瓷艺术大师，潮州市青年工艺美术大师示范工作室负责人。

她1993年参加工作，师从谢金英老师学习潮彩技艺，刻苦钻研，从艺至今已有29年，掌握了潮彩的构图、色彩、平面设计、笔墨运用、选择瓷白胎以及作品彩绘与烧制技艺等。

以对地方特色工艺的传承创新为己任，陈碧香不断追求创新，在潮州彩瓷烧制技艺的设计和新材料应用上卓越有成效。创作的作品多次获国家级及省级的金奖、银奖，创新类作品被各类专业机构收藏。

陈碧香坚持积极履行社会责任，受到各界的好评。2008年，其把多件作品捐献给市慈善机构，将拍卖所得支援灾区，尽自己的微薄之力。经常参加社会救助活动，多次将作品送"狮子会"拍卖，用于支持社会公益活动。为回报社会，积极助力扶贫，多次捐钱捐物帮助困难群众渡过难关。先后培训了潮州彩瓷烧制技艺人才数十人，为农村劳动力转移作出了贡献。

陈坚

项目名称：潮州彩瓷烧制技艺

陈坚，男，1979年生。广东省工艺美术大师，广东省陶瓷艺术大师，高级工艺美术师。现任潮州市仰中美术馆副馆长。1996年毕业于汕头工艺美术学校，1997年进入江西景德镇陶瓷学院进修。

陈坚自幼年时期随父亲陈仰中（中国陶瓷艺术大师）学艺，为潮州工艺美术世家第五代传承人。20多年来在彩瓷技法上不断创新，擅长工笔花鸟画和陶瓷装饰画，作品多以岭南景色、花鸟为题材，融合家学传统和现代彩瓷技法，在构图、用色等方面均有新的发展。主体图案抛却了传统潮彩的繁复浓厚，选用明亮色彩，风格清丽细腻，显得更为年轻、时尚，别具当代审美意趣，形成了个人独特的艺术风格。

其作品屡获国家级工艺美术金奖，被全国各大博物馆收藏。2000年，陈坚和父亲一起创办"仰中美术馆"，并在景德镇开设分馆。致力于潮州彩瓷烧制技艺的保护和传承工作，宣传、弘扬潮彩技艺并积极培养潮彩人才。

谢华

项目名称：
枫溪手拉朱泥壶制作技艺

谢华，男，1965年生。12岁时即跟随祖父谢碧辉学习手拉朱泥壶制作技艺，深得真传，其后又跟随父亲谢本基学艺，全面掌握了枫溪手拉朱泥壶制作技艺的各个环节。

他的作品题材充满创意，整体造型优美，善于将绘画、浮雕与壶体造型及实用性相结合，把品饮功能与视觉、触觉感受融为一体，达到极为高超的艺术水平。多年来，作品多次获得国家级、省级各种奖项，广为社会各界所喜爱和收藏。

谢华积极致力于技艺传承，通过言传身教培养后继人才，为枫溪手拉朱泥壶制作技艺的传承和发展作出了贡献。

吴瑞深

项目名称：
枫溪手拉朱泥壶制作技艺

吴瑞深，男，1934年生于壶艺世家。十多岁开始随父亲从事手拉朱泥壶制作，至今已有60余年。

在继承传统技法的同时，吴瑞深不断推陈出新，手法富于变化，追求精、奇、特。作品造型优美、圆润灵巧、线条流畅、独具韵味，受到海内外各界人士的青睐。多年来，其创作的朱泥壶作品屡获国家级、省级各项大奖。

他注重枫溪手拉朱泥壶制作技艺的传承，精心将技艺传授给后辈儿孙，为传承、发展枫溪朱泥壶制作技艺作出了贡献。

潮州市非物质文化遗产名录图典

传统技艺 Traditional Handicraft

吴锦全

项目名称：
枫溪手拉朱泥壶制作技艺

吴锦全，男，1974年生于潮州市枫溪壶艺世家，是广东老字号"祥记"手拉壶第四代传人。现为高级工艺美术师、广东省工艺美术大师、广东省陶瓷艺术大师，国家非物质文化遗产项目枫溪手拉朱泥壶制作技艺省级代表性传承人，荣获第二届潮州市"最美工匠"称号。

自幼受工艺世家环境的熏陶，吴锦全跟从父亲吴维祥学习手拉壶制作技艺，凭着世家渊源及自身的钻研，练得扎实的传统手拉坯朱泥壶工艺。从艺多年来不断探索，为提高自身艺术修养及创作水平，2008年至2009年期间参加清华大学举办的现代陶瓷研修班。2016年9月—2018年7月期间进入东北师范大学学习，美术教育专业，取得大专学历。

吴锦全手拉壶制作技艺精湛，手法严谨简练，运线规整，造型飘逸，壶风典雅，精、气、神俱佳。多次应邀出访俄罗斯、澳大利亚、美国、泰国等国家及台港澳地区进行文化交流，做学术演讲及技艺演示，广受好评。作品多次参加国内外工艺美术大赛并获大奖，多件作品被中国美术馆、亚太博物馆等国内外各级博物馆及藏品单位收藏。

作为手拉朱泥壶项目传承人，吴锦全一直注重手拉壶技艺的传承和发展。他创立的潮州市祥记吴锦全手拉壶艺术研究所，现为潮州市非物质文化遗产保护基地，培养了吴洁烽、吴洁敏、蔡家鸿、舒泽丽等壶艺师。经常与外地单位联合开展专项研学活动，如联合潮青书院开展博雅学堂研学活动、联合潮州市新阶联在祥记吴锦全手拉壶艺术研究所开展实践交流活动等，大力宣传手拉壶文化。

章燕城

项目名称：
枫溪手拉朱泥壶制作技艺

章燕城，男，1953年8月生。中国陶瓷艺术大师、高级工艺美术师、广东省工艺美术大师，国家非物质文化遗产项目枫溪手拉朱泥壶制作技艺省级代表性传承人、清代"老安顺"第四代传人、"章燕城手拉壶研究所"所长，独立品牌"燕城茶壶"创始人。

章燕城生在陶瓷艺术世家，自幼随父章永添学习朱泥手拉壶技艺，吸收祖风之精髓，为艺术创作积累了浓厚的底蕴。作品在秉承传统工艺的基础上不断创新，把泥质的精心淘练、造型的工艺性和实用性等与传统文化相糅合，形成自己的独特风格。

章燕城创作的作品屡获各级奖项，如《朱泥西施系列壶》《朱泥鸣远组合壶》《平湖提月》等原创作品先后获中国陶瓷设计大赛金奖；原创作品《联想》《天趣》获"大地奖"金奖；《厚德载物》《五代同堂》《沙漠之舟》等原创作品先后获中国工艺美术文化创意奖金奖；原创作品《唐风提梁壶》被中国美术馆收藏，作品《千环西施》《潮韵》《太极悟道》被中国工艺美术馆收藏，作品《禅》《五代同堂》被广东省非物质遗产保护中心收藏。

章金财

项目名称：
枫溪手拉朱泥壶制作技艺

章金财，男，1972年10月生，枫溪"安顺得记"第四代传人，现为潮州市工艺美术协会会员。

章金财9岁便跟随父亲章永江学习手拉坯朱泥壶制作技艺，对于壶艺悟性较高。13岁得其父真传，作品古风淳朴，具有较高的实用、鉴赏和收藏价值。他时刻不忘博采众长，提高自身专业修养和创新能力，其作品匀称，转折圆润，在古韵的基础上充分展示出朱泥壶活泼柔顺的美感，把传统文化和现代理念糅合在一起，深受中外人士的好评。近年创作的手拉壶《凤凰花篮》获2006年广东省陶瓷艺术创作设计创新大赛铜奖；《红怀》《红与黑》《富贵壶》先后获广东省第二、第三、第四届陶瓷艺术与设计创新大赛铜奖、银奖、金奖。

他于2006年11月被评为"手拉壶工艺美术师"；2008年6月被授予"枫溪民间陶瓷艺术家"称号；2009年12月被评为"潮州市工艺美术大师"；2010年3月被省评为"艺术陶瓷高级工艺美术师"并获广东省艺术设计高级专业资格；2012年4月被评为国家级非物质文化遗产项目枫溪手拉朱泥壶制作技艺市级代表性传承人；2014年6月被评为潮州市湘桥区优秀中青年科技人才。

陆树深

项目名称：
枫溪手拉朱泥壶制作技艺

　　陆树深，男，1956年9月生，广东潮州人，制壶世家百年老字号"陆荣利"第四代传人。高级工艺美术师，潮州市工艺美术协会理事，潮州市民间文艺协会会员，广东省岭南民间工艺研究院副研究员，广东省紫砂壶工艺美术协会副主任委员，中国民间文艺家协会陶瓷艺术专业委员会委员。

　　陆树深从小受父亲的手拉坯技艺影响和传承，刻苦钻研手拉坯技术。1974年至今，创办了"陆荣利壶艺坊"工作室。在手拉壶泥料和壶型设计制作中，特别在泥料上的突破传统，大胆创新，精通原矿黑星泥、青灰泥、窑变等各种泥料的特点。设计制作以纯手工制作，擅长于传统技艺和现代创新。风格大气、圆润稳重、简洁典雅、神形兼备、质地古朴、造型完美、具有独特的韵味。他把自己四十多年来手拉壶工艺研究创作的经验加以总结，先后授徒一批，陆煊、陆钿已为潮州市陶瓷艺术大师。陆树深作品多次获得国家级、省级的金奖、银奖。作品《大浪淘沙》被中国瓷都展馆收藏，《莲子壶》《竹韵壶》先后被漳浦县博物馆收藏和中国茶叶博物馆收藏。作品《半月竹节壶》被广东省工艺美术珍品馆收藏，《一帆风顺》被广东省茶叶研究院收藏。广东电视台、珠江电视台等媒体专题报道了他在手拉壶艺术领域中所取得的成就和贡献。

潮州市非物质文化遗产名录图典

传统技艺 Traditional Handicraft

张瑞端

项目名称：
枫溪手拉朱泥壶制作技艺

张瑞端，男，1968年生于潮州壶艺世家。自幼耳濡目染，师承叔父学习祖传的潮州手拉坯茶壶制作技艺，深得家族壶艺真传，至今学艺已近四十载。现为正高级工艺美术师、中国工美行业艺术大师、中国轻工"大国工匠"、广东省工艺美术大师，是百年老字号"裕德堂"第四代传人。于2016年被评为该项目市级代表性传承人。

张瑞端着力于手拉壶的造型创新，历年来创作的艺术作品屡获国家级和省级评比金奖、银奖，《顺畅壶》获全国工艺产业博览会暨非物质文化遗产传统技艺展"国匠杯"最佳创作奖，《螭蟠》入选"庆祝中华人民共和国成立70周年"中国工艺美术大师作品巡展，还有多件作品被中国工艺美术馆等权威机构及博物馆永久收藏。

张瑞端积极参与社会实践，热心公益事业。2019年11月，张瑞端被广州大学美术与设计学院聘为"枫溪手拉朱泥壶制作技艺"研修班指导教师，2020年8月向潮州慈善总会"2020励志助学慈善拍卖活动"无偿捐献艺术作品，同年11月参与"多彩非遗文化传承"公益培训班教学。有多篇论文在《中国高新科技》《广东工艺美术》上发表。

章广鑫

项目名称：
枫溪手拉朱泥壶制作技艺

章广鑫，男，1981年9月生。1998—2002年在广东省陶瓷学校专攻雕塑，2004—2006年在江西景德镇陶瓷学院学习陶瓷美术。现为广东省工艺美术大师、正高级工艺美术师、广东省陶瓷艺术大师、是"潮州手拉朱泥壶"老字号"老安顺"第五代传人，是国家非物质文化遗产项目枫溪手拉朱泥壶制作技艺市级代表性传承人。

章广鑫自幼跟随祖父和父亲学艺，深受家庭熏陶，加之个人努力，9岁便能转泥成壶，15岁即能独立制作手拉坯朱泥壶。擅长艺术陶瓷的手拉朱泥壶的创新设计，开拓绞泥、刀削新技法。其作品色泽华贵、质地细腻，线条简洁，形体疏朗有致、艺趣天成，稳重中见灵气。参加各级评赛屡获奖项，如原创作品《唐风提梁壶》被中国美术馆收藏。作品《一品竹》提梁手拉壶《玄》《西施弦纹壶》等获中国工艺美术协会评比金奖；作品《平湖提月》获中国陶瓷工业协会举办的"中陶奖"金奖；又有《厚德载物》等五件作品获中国文化和旅游部、商务部等部门举办的"中国工艺美术文化创意奖"金奖。

他着力于手拉朱泥壶技艺的传承和发扬，常以客座教授的身份不定期在潮州高级技工学校开设手拉壶技艺推广讲座及培训。

章海元

项目名称：
枫溪手拉朱泥壶制作技艺

章海元，男，1975年9月生。广东省工艺美术大师、高级工艺美术师、"老安顺"第五代传人。8岁开始学习手拉坯朱泥壶制作，师承于祖父章永添和父亲章燕明，从业30多年，创作了300多种壶形。

其作品《敦煌艺术》《憩》获"中国工艺美术百花奖"金奖，《月亮船》《金垛垛》《情侣舞》获得国家级特别金奖，《天门·草堂》获国家级特等奖，还有《祥云捧日》《摘星揽月》《方圆》《水上人家》获国家级金奖；《长虹贯岳》《圆》《紫晞》被中国美术馆收藏，《十头朱泥壶》《祝寿朱泥壶》《龙珠千环朱泥壶》被中南海紫光阁收藏，《沙漠之神》《岁月留白》《一唱三叹》被中国工艺美术馆收藏，还有作品被新西兰非物质文化遗产中心永久收藏。《奥运壶》《世博壶》《亚运壶》《诗与壶》系列作品等，被《人民日报》《南方日报》《羊城晚报》《中国经济时报》等及中央电视台、香港卫视、广州电视台等媒体专题报道。

2014年11月APEC会议在北京举行，其作品《圆梦》《富贵》在首都博物馆向各国展示；2017年制作的《丝韵春风》被选为"一带一路"国际合作高峰论坛的特制礼品；2018年9月在法国巴黎现场展示潮州手拉坯朱泥壶制作技艺。他先后被广东省人民政府授予"第三届南粤技术能手"，被中共潮州市委市人民政府授予"第六届优秀中青年科技人才""潮州市第七届拔尖人才"，还获"广东省岗位技术能手标兵""广东省陶瓷行业优秀艺术家"等称号。

吴晗哲

项目名称：
枫溪手拉朱泥壶制作技艺

吴晗哲，男，1986年生于陶艺世家。国家级非物质文化遗产项目枫溪手拉朱泥壶制作技艺市级代表性传承人，高级工艺美术师，乡村工匠高级工程师，第十六届潮州人大代表，潮州工艺美术大师，广东老字号潮州手拉壶百年字号"源兴炳记"制壶世家的第六代传承人。

自幼受到家庭熏陶和潜移默化的影响，从小就对手拉壶的创作产生了极大的兴趣。14岁便在爷爷吴瑞深（中国陶瓷艺术终身成就奖和中国工艺美术终身成就奖获得者）的指导下开始学习制作手拉壶。同时，为了改变传统手拉壶艺人重技法缺理论这一现象，吴晗哲于2009年2月报读江西景德镇陶瓷学院的艺术设计专业。经过十几年的努力学习和工作实践，掌握了制作手拉壶的工艺技术，熟悉手拉壶专用泥料的性能和应用技法，于2005年正式开始独立制作手拉壶，能独立进行设计创作，制作出各种形状的手拉壶，手拉工艺日臻成熟，作品得到了蒋蓉、徐汉棠、李昌鸿等制壶大师、清华大学张守智教授、杨永善教授等名家指点。

应邀在法国、北京、乌鲁木齐、济南、澳门、广州、深圳、东莞、清远、福州等地举办个人作品展并现场进行手拉壶艺演示。得到社会各界的好评和肯定，作品广受玩壶者和社会收藏单位的喜爱。现有多件套作品在国家、省级评比上获奖。其中国家级金奖3项，银奖2项，国家级专业展馆收藏2项，省级金奖8项，银奖7项，铜奖3项，精品奖3项。

吴为明

项目名称：
枫溪瓷烧制技艺

吴为明，男，1938年生。1953年进入瓷厂工作，师从老艺人吴维松学习陶瓷彩绘，后到广州、北京、敦煌等地进修学习，为艺术创作奠定了良好的基础。长期从事陶瓷彩绘、造型和装饰设计，广泛吸收汉画像石的构图方式和西方现代派艺术风格，设计了大量釉下彩、陈设瓷等作品，以器型优美、线条柔和、色彩素雅著称，极具现代气息。

一直以来，吴为明积极培养陶艺人才，以言传身教的方式授徒传艺，为枫溪瓷烧制技艺的传承和发展发挥了重要作用。

2012年，吴为明被评为国家非物质文化遗产项目枫溪瓷烧制技艺国家级代表性传承人。

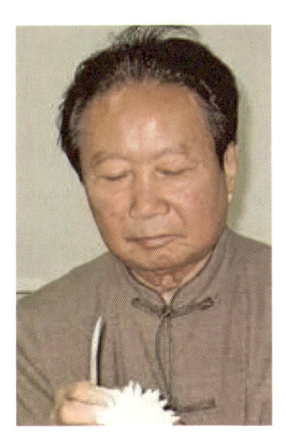

王龙才，男，1932年生。14岁即师从著名陶艺师吴阿猴，从事枫溪瓷艺和研究50多年，经验丰富，造诣深厚，技艺高超，被授予"中国工艺美术终身成就奖"，被聘为"中国知识产权文化大使"。

其通雕瓷花及瓷塑成就卓越，把枫溪瓷独有的通雕瓷花技艺推向一个新的高峰，在国内独树一帜。作品屡获国内外大奖并被定为国礼瓷，其中《春色瓷花篮》被作为国宝陈列于北京人民大会堂，《白玉通》获保加利亚普罗迪夫国际博览会金奖。

多年来，他不遗余力于枫溪瓷艺的传承，培养了一大批瓷艺人才。

王龙才

项目名称：枫溪瓷烧制技艺

陈钟鸣，男，1936年生。高级工艺美术师，1988年被授予"中国工艺美术大师"称号。

陈钟鸣10岁即开始学瓷艺，曾师从景德瓷名家蔡金台，有50年从事枫溪瓷艺创作和研究的丰富经验。技艺全面，造诣甚高，尤擅长陶瓷仕女制作，以"清、新、秀、雅"见称。多件作品曾获全国陶瓷美术设计评比一等奖，22寸《琵琶通花瓶》获保加利亚普罗迪夫国际博览会金奖；巨型《通花双龙戏珠》在新加坡、加拿大展出，被誉为"中国工艺美术登峰造极之作"。几十年来，他培养了大批瓷艺人才，有些已成为枫溪陶艺界新一代的代表人物，为枫溪瓷艺的传承发展作出了重要贡献。

陈钟鸣

项目名称：枫溪瓷烧制技艺

吴维潮

项目名称：枫溪瓷烧制技艺

吴维潮，男，1956年生。

他1972年考入广东省枫溪陶瓷工业研究所，学习泥塑及彩绘技艺，其间师承中国工艺美术大师陈钟鸣学习泥塑创作，自1975年，先后两次在广州美术学院雕塑系学习瓷雕、泥塑及绘画的基础和理论，1983年毕业后至今一直在广东省枫溪陶瓷工业研究所从事瓷塑、陶艺、彩绘的创作设计。

吴维潮从艺近40年，作品丰硕，获奖作品40多件套，在国内外举办个人作品展，出版专著2部，发表专业论文4篇，有近60件作品被省级博物馆收藏、有6件作品被中国美术馆收藏。

近年来，吴维潮致力于枫溪瓷烧制技艺的传承和保护工作，已授徒10余人。

吴映钊

项目名称：枫溪瓷烧制技艺

吴映钊，男，1959年生。

他6岁起跟随父亲吴德立学习工艺美术，传承祖父吴炳城的炳利作坊技艺，读中学期间已有瓷塑作品参加省、地、县少年儿童美术展览并获奖。1978年10月至1980年8月在潮州市美术瓷二厂创作组工作，1980年考入广东工艺美术学校学习雕塑专业，毕业后任职于广东省陶瓷研究所。1992年，创办潮州市金艺陶瓷实业，专业从事工艺美术的设计和创作。在继承传统手工技艺的基础上加以创新，作品具有鲜明的地方特色，多次荣获国家级、省级奖项。

近30年来，他培养了大量专业人才，使枫溪瓷烧制技艺后继有人。

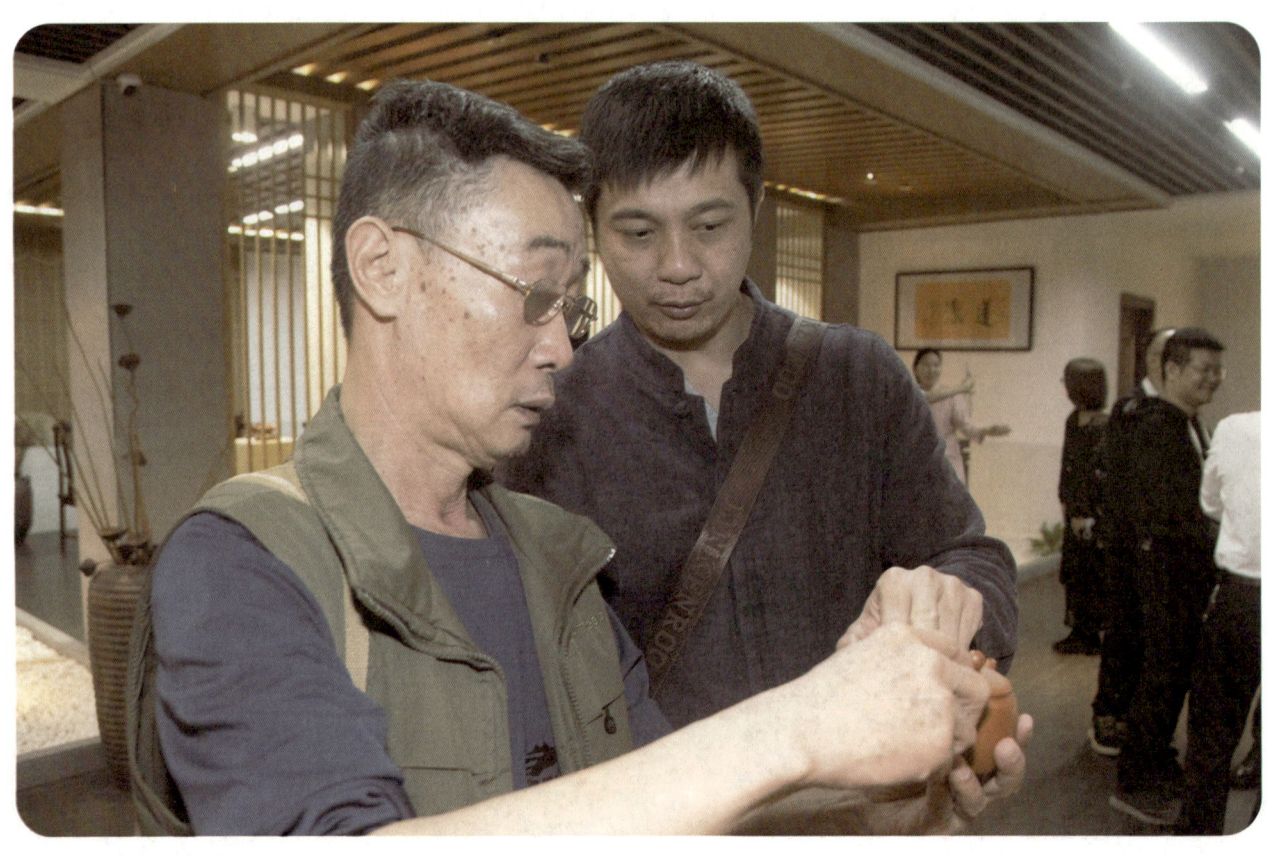

陈震
项目名称：枫溪瓷烧制技艺

陈震，男，广东省工艺美术大师，高级工艺美术师，广东省美术家协会会员，现任职于韩山师范学院。

陈震得益于父亲陈钟鸣（中国工艺美术大师）的亲授，并取法于学院艺术。创作上，既继承了潮州民间艺术又吸收了美学理念，并把两者有机地糅合在自己的作品里，从不同的角度、用不同的表现手法诠释着每一个作品。

作为韩山师范学院美术学院的专业教师，为培养新一代高素质的非遗接班人，他将非遗文化带入教学中，为本科、专科学生传授非遗技艺，教育学生在继承中国传统陶瓷雕塑文化的基础上勇于创新，将艺术规律用活，要用新的眼光审视潮州泥塑、刺绣、抽纱、木雕、剪纸等民间工艺。从艺三十多年来，创作了许多独具个性的"震瓷"作品，如《中国娃》《新仕女》《写意人物》《母子》《时代旋律》等几大系列作品，多次获国级、省级最高奖，多件作品分别被中国美术馆、外交部钓鱼台国宾馆、中国历史博物馆等收藏和广东民间工艺博物馆（广州陈家祠）、潮州市颐陶轩潮州窑博物馆等购藏。2009年，受邀在广东民间工艺博物馆举办了为期近三个月的个人陶瓷雕塑艺术展；2016年，在颐陶轩潮州窑博物馆举办了为期一个半月的个人作品展。

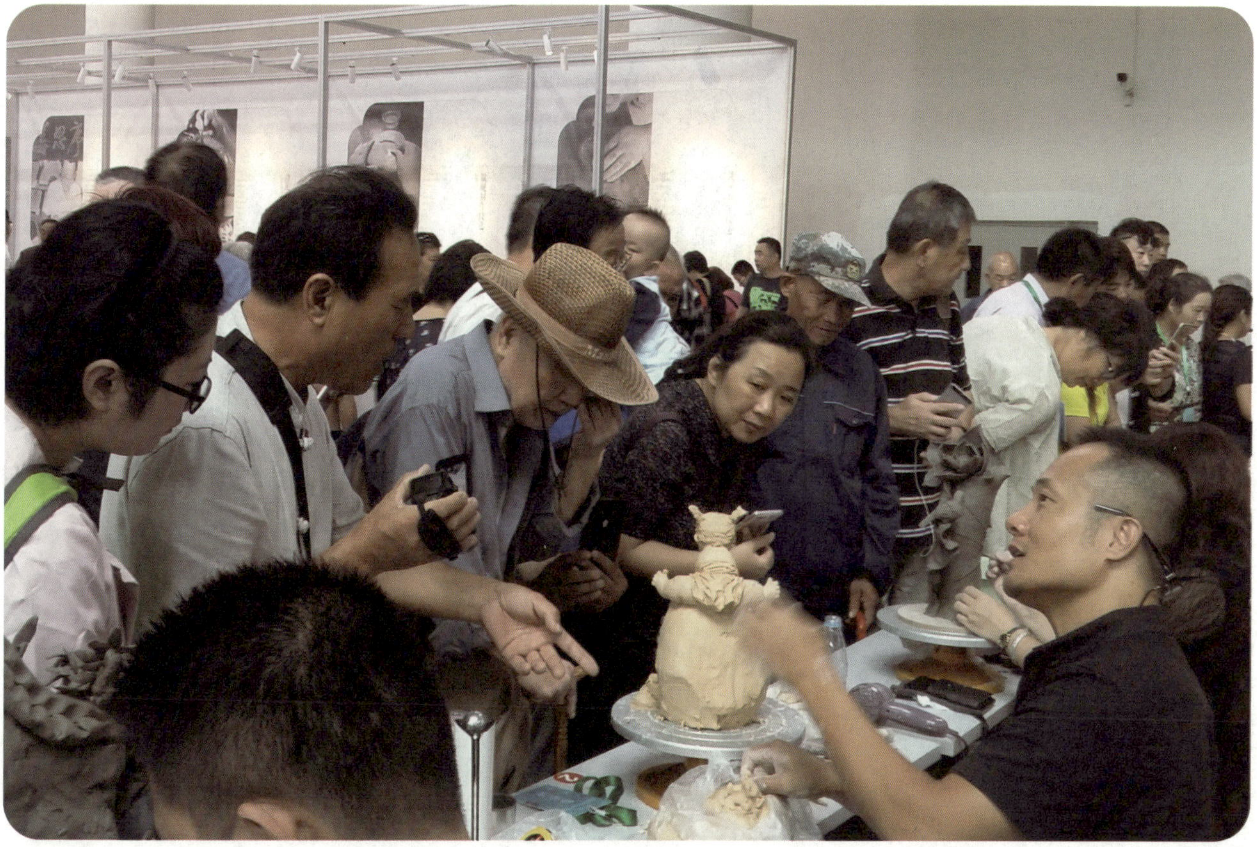

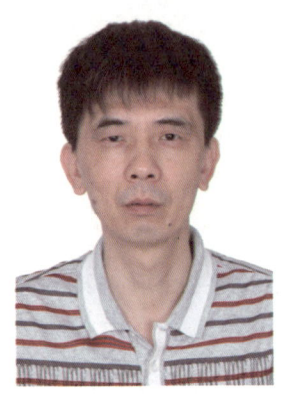

吴勤

项目名称：枫溪瓷烧制技艺

吴勤，男，1965年生于广东潮州。1986年毕业于广东省陶瓷学校，同年于中央工艺美术学院进修，现在韩山师范学院省陶瓷职业技术学校从事陶瓷艺术教学与创作。现为高级讲师、高级工艺美术师、广东省陶瓷艺术大师、国家非物质文化遗产项目枫溪瓷烧制技艺市级代表性传承人。曾获中国陶瓷艺术与设计教育杰出贡献奖。近年来从事高温颜色釉彩绘的研究和探索，把颜色釉淋漓尽致、变幻莫测的特点与传统绘画相结合，形成陶瓷釉彩装饰特有的艺术语言及装饰风格。

30多年来，在广东省陶瓷职业技术学校陶瓷艺术教学及陶瓷设计创作中，他为各陶瓷产区培养了许多优秀陶瓷设计人才，多次被评为"优秀教师""优秀班主任"也被评为"广东省轻纺工业职业教育优秀教师"。同时致力于陶瓷装饰艺术教学研究及艺术创作，取得较好业绩。创作作品荣获国家级金奖2项、银奖3项、铜奖4项；省级金奖8项、银奖10项，作品被陈列馆及私人收藏。发表专业论文8篇。代表作品《晨曦》在第七届"大地奖"陶瓷作品大赛中荣获金奖；《秋语》荣获第十届"中陶奖"中国陶瓷产品设计大赛金奖；《梦境家园》在中国陶瓷艺术大展暨第十届全国陶瓷艺术设计创新评比获中铜奖；《翱翔》在第十一届全国陶瓷艺术设计创新评比中获铜奖；《石之魂》《舞动》《梦境家园》在中国（深圳）国际文化产业博览交易会获"中国工艺美术文化创意奖"银奖。

邢宋明

项目名称：枫溪瓷烧制技艺

邢宋明，男，1959年生于潮州市潮安区凤塘镇洪巷村。初中毕业后在本村从事陶瓦工作，1992年创办洪巷工艺陶瓷厂。从枫溪灶脚曾厝巷处请来了当时潮州唯一的建窑队队长曾绍千老前辈，国营枫溪长美陶三厂负责生产、烧制技术指导的章裕祥（炳利号传人）及其儿子章壮伟，知名龙窑看火师傅周裕合老师傅，分别由他们负责新窑的修复重建、产品生产控制、龙窑实际烧火操作等的指导。在建设龙窑的过程中，向几位老前辈学习龙窑的结构、原理、建造要点及烧制的方法。

邢宋明对龙窑及陶瓷的制作、烧成原理有很强的悟性，不断学习、尝试、创新，从陶瓷制作第一步的选用泥料，到柴烧釉料配制，产品造型结构比例、装窑位置调整安排，以至火温走势控制等都有了非常专业的掌握和经验。

2010年，他将在广州工作的儿子邢利祥叫回潮州，继承龙窑制作烧制技艺。开办了"潮州市信靠龙窑文化博物馆"及工作室，作品已多次获得国家、省级大奖。同时他还引进专业的高校陶艺学生进厂创办陶艺工作室，使龙窑技艺价值得到更大的发挥。

2017年，他与儿子合作的作品《破茧·重生》获得第十届"中陶奖"中国陶瓷设计大赛金奖。

陈丹虹

项目名称：枫溪瓷烧制技艺

陈丹虹，女，1973年生。高级工艺美术师，广东省陶瓷艺术大师，潮州市工艺美术大师，枫溪瓷烧制技艺市级代表性传承人。

她1996年毕业于广东省陶瓷学校陶瓷艺术专业，一直致力于陶瓷艺术创作及传承、传播、传授"非遗"技艺，勤耕博取。擅长创作陶瓷人物题材瓷塑作品以及通花瓷、瓷花作品，以女性特有的细腻、丰富的情感生活体悟，发挥传统的经典表现手法，并融合现代意识加以创新。作品艺术风格时尚、典雅、清新、传神，多次在国家级、省级荣获奖项，作品被中国瓷都陈列馆、湖南醴陵博物馆、平川博物馆、广东省陶瓷协会永久收藏。

2021年，陈丹虹被评为国家非物质文化遗产项目枫溪瓷烧制技艺市级代表性传承人。

吴淑云

项目名称：枫溪瓷烧制技艺

吴淑云，女，1958年生，潮州人。潮州市第十三届政协委员，高级工艺美术师。中国陶瓷工业协会艺术委员会理事、广东省首届陶艺大师、广东省工艺美术大师、潮州市"泥屋陶瓷艺术研究所"所长。

她毕业于广东省陶瓷职业技术学校，广东省陶瓷美术大师，服务于广东省枫溪陶瓷工业研究所。她擅长工笔花鸟画，作品格调高雅、技法细腻高超、色彩淡雅又富有时代气息。从艺近40年，创作作品400多件，获国家、省级金、银、铜奖20多件。出版有《吴淑云花鸟瓷画作品集》及《花香鸟趣》。2007年先后在广州、澳门举办个人作品展，2017年春应邀参加美国亚利举办的桑那州中国陶瓷艺术大师作品展，获得业界赞许。作品被清华大学教授杨永善称赞为"用釉上彩的技法画出釉下彩的艺术效果"，是中国瓷都潮州具有影响力的女陶艺家。

王金良

项目名称:
潮州单丛茶制作技艺

王金良,男,1942年生。高中毕业后从事茶叶良种选择、栽培、采摘、制作、销售等工作,1981年创办茶厂。

数十年的栽茶、制茶实践为其积累了丰富的单丛茶制作经验,对茶树栽培中的阳光调度,茶叶制作中的吐香花、发酵、烤焙时间及温度高低的掌握均恰到好处,产品质量符合国家质检标准,生产的"蜜香""兰花香""黄金片"等品种的单丛茶受到消费者的普遍欢迎,在国内、国际茶叶市场均享盛誉。2002年其获金珠单丛A型及B型两种工艺创新奖;2007年获黄金片工艺创新奖和陈年兰花香单丛金奖;2011年新品种获国际单丛茶王奖。

自20世纪90年代起,他每年举办"茶叶制作技术培训班",亲自任指导技师,并将制作技艺传给女儿及女婿,积极培养周边的青年茶农,为潮州单丛茶制作技艺的传承、传播作出积极贡献。

林伟周

项目名称：
潮州单丛茶制作技艺

林伟周，男，1951年生于潮州凤凰山茶叶制作世家。其父亲林永名和祖父林点都是传统种茶、制茶能手，林伟周秉承先辈传下的种、制茶传统技艺，在尊重传统的基础上，敢于创新，与时俱进。

在凤凰单丛茶优质种植资源的保护和开发利用上，他建立凤凰单丛茶树资源圃和凤凰单丛茶良种繁育基地，率先开展凤凰单丛茶种质资源的收集、保存工作，推广凤凰单丛茶种苗。其主持完成的"凤凰高香型单丛茶苗木繁育基地建设及关键技术措施研究"，获潮州市科技进步二等奖。凤凰单丛茶制作工艺核心是做青和炭焙，十分讲究新梢成熟度及采摘技巧，他在实践中积累了丰富经验，大胆引进了先进制茶机械，用于摇青（做青）、杀青、揉捻、干燥等工艺环节以及毛茶拣梗，研究机械加工与传统技艺相结合，使单丛茶的制作适应现代化生产模式。多年来，他积极参加国内、省内各项大型茶事活动及各类茶叶质量评比活动，加强对凤凰单丛茶的宣传推介，打造了单丛茶的知名品牌，为潮州单丛茶制作技艺的传承、传播作出了贡献。

黄瑞光

项目名称：
潮州单丛茶制作技艺

黄瑞光，男，1946年2月生于广东潮安县凤凰镇虎头乡杨梅格村，2021年8月31日去世。生前系高级评茶师，潮州市省级非物质文化遗产项目潮州单丛茶制作技艺市级代表性传承人。

1963年，黄瑞光从饶平七中（今潮安区凤凰中学）毕业后，即参与创办虎头大队茶场工作。1964~1968年，就读广东潮安县劳动大学学习茶果专业。1970—1972年，到潮州市"五七"干校接受茶果专业培训，学成归家。1973—1977年，担任生产队队长、大队生产主任期间，敢为人先，大田改茶，把茶叶生产作为发展农村经济的大事来抓。1978年调入广东省茶叶进出口公司担任茶叶审评员、公司业务经理。曾应邀到泰国、日本等国家考察交流，为将单丛茶叶打入国际市场。

1986年，他撰写的《凤凰单丛茶品质特征及加工工艺》一文发表在《中国进出口商品百科全书·烟茶酒》，被《中国历史名茶研究选编》收录。1996年，《广东茶叶根深叶茂》文章被收入江西省《农业考古》一书，同时在世界著名茶叶刊物——印度的《茶叶》月刊上发表。还有多篇茶叶研究的文章刊登于《福建茶叶》杂志上。2004年编著的《凤凰单丛茶》丛书由中国农业出版社出版，并由中国农业出版社授权在台湾出版。黄瑞光的事迹也被中国新闻社编入《世界名人录》中。

自1978年开始，他担负起广东省地方茶叶制作加工培训班老师，培养学生两万多人，学员遍布全国各地。2004年起，担任国家职业资格认证培训的辅导老师、考评员。

叶汉钟

项目名称：
潮州单丛茶制作技艺

叶汉钟，男，1963年生。广东省非遗项目潮州单丛茶制作技艺市级代表性传承人，国家一级评茶技师，国家高级茶艺师，中国茶叶学会茶艺专业委员会委员。

叶汉钟从事茶叶行业30余年，1998年进入浙江大学茶学系进修，长期致力于潮州工夫茶文化和凤凰单丛茶生产的研究，历年来发表茶叶有关论文10余篇，编著了《中国(潮州)工夫茶艺师》《潮州工夫茶概述》等多本著作。

2015年8月，在米兰世博会中国馆中国茶文化周展示潮州工夫茶艺，凤凰单丛茶在"百年世博·中国名茶"评选中荣获"金骆驼奖"，其起草制定《潮州工夫茶艺技术规程》《地理标志产品 凤凰单丛（枞）茶》等10多个团体标准。

他钟情于茶文化研究，醉心于所有关于茶物品的收藏、制作、发掘、复制与传承历代潮州工夫茶茶具，创建潮州工夫茶艺表演队并多次参加国内外及省、市重大庆典活动。多年来，通过多种方式和渠道对潮州茶文化进行保护、传承和弘扬，尽其所能将使潮州单丛茶文化提升到更高层次。

文国伟

项目名称：
潮州单丛茶制作技艺

文国伟，男，1976年生于潮州凤凰乌岽村。"非遗"潮州单丛茶制作技艺市级传承人、中国茶叶流通协会理事、国家高级制茶师及评茶师、江西财经大学客座教授、潮安区凤凰单丛茶产业培养人才特聘专家、潮州工夫茶协会副会长、潮州市宋脉文氏茶业有限公司创始人。

文国伟从1990年开始独立从事凤凰单丛茶生产、制作及研究。他致力提倡维护手工操制、传统炭焙的理念。30多年来坚持人工除草，杜绝使用任何化肥及除草剂，在从源头上控制茶叶原料的质量的同时，也让杂草腐烂转化为有机肥，达到让茶树养料自供自给的目的，进一步避免因土壤受外来因素干扰影响而产生变化，从而更好地保护茶树。不仅对茶园管理有着一套特别制度，他还大力呼吁与支持当地茶农要保护好古茶树资源，每年的茶园巡视必不可少。家族世代相传的"宋茶王"不仅是目前单丛茶产区树龄最长的母树，更是潮州古茶树的瑰宝。

文国伟不忘初心，在守护世代相传的古茶园同时更做好每一杯茶。在他看来，每一种单丛茶，都有一种独特的制茶技艺。他追求发掘最本质的香味，始终保留茶叶最原始、最本真的形态。其采摘和制茶方法独具一格，根据每一年日照、雾气、降水量等环境变化影响来对茶叶春芽加以区分，并施以不同制作手法。

对于推广凤凰单丛茶文化的工作，他也不遗余力，时常以研究员、分享员、传播者的角色出现在单丛茶的宣传及品鉴活动中。

陈玉春

项目名称：
潮州单丛茶制作技艺

陈玉春，男，1963年11月生于潮州。潮州市第十五届、十六届人大代表。2015年被评为省级非物质文化遗产项目潮州单丛茶制作技艺市级代表性传承人。

陈玉春从事茶叶制作加工30多年，长期从事凤凰单丛茶栽培与生产、制作技艺推广与审评、茶文化研究与传播等工作。在生产实践中，研发出单丛茶不同香型、不同株系的系列产品，荣获广东省农业科技进步奖一等奖、农业农村部农作物"品种登记"。

作为潮州市农村实用人才带头人，牵头制定地方性产品标准和原产地理标志，对凤凰单丛茶工序进行标准化梳理，建立绿色无公害生产体系，全力打造"技术头部、标准高地"。作为茶文化研究倡导人，他是潮州工夫茶标准21式冲泡技艺起草人之一、《中华传统技艺（青茶类）潮州凤凰单丛茶制作技艺精品展特辑》执行主编。现任潮州工夫茶文化博物馆馆长、潮州工夫茶文化研究院院长、潮州市天下茶业有限公司董事长、国家一级技能高级评茶技师、济南大学"国学潮州工夫茶文化"研修班客座教授、华南农业大学园艺学院研究生导师。

他多次受邀参加国家、省市各级"非遗"博览会、农业博览会和文博会等，通过研讨会、学术交流、人才培训、茶文化展示、茶文化书刊、茶旅课题等载体，助力潮州经济发展，为"非遗"技艺传承、发展作出了贡献。

林程辉

项目名称：
潮州单丛茶制作技艺

　　林程辉，男，1976年生。单丛茶"南馥"字号第四代传承人、国家一级评茶师、广东省乡村工匠传统工艺高级工程师、国家高级制茶（国家职业资格三级）、食品工程师、茶叶农艺师。

　　他毕业后一直从事茶叶加工技艺，以及良种名茶繁育、种植、加工工作。获得省政府颁发的广东省科技进步奖一等奖、国家农业农村部颁发的全国农牧渔业丰收奖三等奖、神农中华农业科技奖三等奖等，还获省农业农村厅颁发的省农业技术推广奖二等奖1项、三等奖1项，潮州市政府颁发的潮州市科学技术进步奖一等奖1项、二等奖2项、三等奖1项。并连续十一届被聘为潮州市潮安区茶叶协会茶叶评比会评审专家。他制作的茶叶在众多国内外茶博会、茶评会中获得金奖、银奖等多项奖项。

　　他积极开展制茶技艺推广和传承、培训工作，为凤凰单丛茶传统制作技艺传承贡献力量。

林步高

项目名称：
潮州单丛茶制作技艺

林步高，男，1957年9月生。自幼随父学习茶叶制作，1974年跟随凤凰老一辈制茶师学单丛茶传统制作技艺，之后埋头苦干于茶坊、茶园间，对单丛茶传统制作及品鉴深入研究。作为广东省茶叶学会理事、广东省高级评茶师学会理事、广东省茶文化研究会理事，他连续21届被聘请为潮安区茶叶协会、凤凰镇茶叶协会茶叶评比会评委。

林步高所制作的潮州凤凰单丛茶，从外形、滋味、香气、汤色、回甘等方面都有显著特色，品质上佳，得到专家和广大消费者的充分肯定和高度赞誉。所选送的凤凰单丛茶系列产品在国内外茶叶评比中，多次荣获国际特别金奖，以及"全国中茶杯""国饮杯"特等奖、金奖。连续三年荣获广东省"十大好春茶"的荣誉称号；创下了单丛茶类九年七获"茶王"称誉的记录。他经营的茶叶公司被评为凤凰单丛茶诚信经营优秀企业、热心公益企业、2018年度凤凰单丛茶产业发展优秀企业，同时参与《地理标志产品凤凰单丛（枞）茶》起草。

林步高现为国家高级评茶师（一级技师）、广东省高级评茶师学会主评大师、潮州市高层次人才，享有凤凰单丛十佳匠心茶人、广东省自强模范等荣誉称号。2018年被评为广东省非物质文化遗产项目潮州单丛茶制作技艺市级代表性传承人。

文锡誉

项目名称：
潮州单丛茶制作技艺

文锡誉，男，1965年4月生于潮州市潮安区凤凰镇乌岽村李仔坪。少年时在乌岽村大队茶场帮工、学习，18岁正式开始从事茶园管理、凤凰单丛茶制作及加工，至今已有40年。先后师从文银勺、黄瑞光等制茶师傅学习制茶技艺，刻苦钻研，总结众家所长，形成了一套具有个人风格的制茶工艺，成为乌岽村公认的制茶能手。其制作的乌岽单丛茶以香清、汤滑、重滋味而为人所称道，广受业内人士好评。

文锡誉所制作的单丛茶多次参与潮安区、凤凰镇茶叶评比和粤东斗茶赛、乌岽斗茶赛等评选活动。2018年，他制作的老仙翁单丛茶在潮安区茶叶协会第八届名茶评比、凤凰镇第二十一届名茶评比中荣获花香型三等奖；2019年，老仙翁单丛在首届粤东斗茶赛中获得二等奖；2021年，他制作的鸭屎香单丛、蜜兰香单丛在乌岽村首届单丛茶文化节斗茶赛中获得二等奖及三等奖。2018年7月，被评为广东省非物质文化遗产项目潮州单丛茶制作技艺市级代表性传承人。

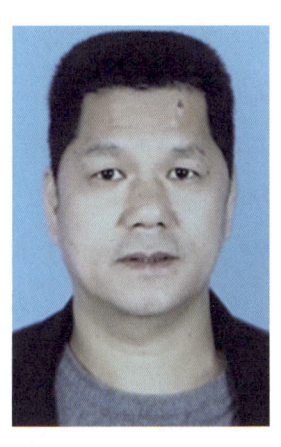

曾宏瑾

项目名称：
潮州单丛茶制作技艺

曾宏瑾，男，1967年生。茶艺大师，广东特色工夫茶联盟发起人之一。任广东钻茗茶业有限公司、凤凰宏农茶叶合作社理事长，参与了潮州市地方标准《地理标志产品凤凰单丛（枞）茶》的起草。

他自幼在凤凰山长大，以山水为邻，与茶树为伴。受父辈的制茶工艺影响，十几岁就开始在自家作坊手工制作单丛茶，管理着祖辈留下来的茶园。经过长期实践全面掌握了"晒青—凉青—做青（浪菜）—杀青（炒茶）—揉捻—干燥"整套代代相传的单丛茶制茶工艺。2000年4月至2019年12月，在广东南馥茶叶有限公司与潮安区凤凰茶叶生产研究所学习制茶技艺，师承省级"非遗"传承人、高级评茶师林伟周老师，进一步学习凤凰单丛茶的种植技艺研究与生产制作。多年来他制作的单丛茶泡出的茶汤清亮自然、清香扑鼻，令人回味悠长。

2013年8月，曾宏瑾成立潮安区凤凰钻茗茶业有限公司，致力拓展推广优质单丛茶加工技艺，促进技艺传承和老字号品牌建设，并于2015年1月注册"金枞冠"商标30类。

如今，他更是倾心于茶文化、茶技艺的普及、推广和传播工作。在传统单丛茶制作的基础上，不断探索单丛茶的加工制作工艺、产品的研发、设备的升级改造创新。开展规模化、品牌化管理和科学种植，让单丛茶品类不断丰富，品质上乘，深受国内外消费者的信赖，获得了诸多荣誉奖项，成为凤凰山家喻户晓的匠心茶艺带头人。

蓝泽敏

项目名称：
潮州单丛茶制作技艺

蓝泽敏，男，1983年生，是一名土生土长于潮安区凤凰镇石古坪山内的畲族茶农。蓝氏家族祖上世代以种茶、制茶为生，爷爷蓝乃树作为石古坪畲族茶农，创立了畲族茶艺作坊；后来由其儿子蓝润谋承接家庭式作坊，组建了茶叶加工场。如今，蓝泽敏接手家族企业，成立了茶叶公司加工企业，扎实推进茶艺传承及茶文化传播。

一直以来，蓝泽敏非常严格遵循凤凰单丛茶传统的制作技艺，坚持采用纯手工加工，遵古法制，特别是在保持传统制茶中的采摘、晒青、晾青、做青、杀青、揉捻、焙干等工艺流程的处理上，融合了祖传技艺并形成独有的手工制茶技法：人工摇青、人工杀青、人工揉捻、人工初焙、炭焙等。在继承和优化传统技艺的同时，将其独特的制茶技艺传承给家乡广大畲族茶农群众。

他成立了潮州市家乡人茶业有限公司进行专业营销，在省内外地区组建近46家以宣传、推介畲族文化及凤凰单丛茶文化的连锁店，产品屡获各类评比特等奖、一等奖等奖项。另外，依托自身组建的直播间、直销店等茶艺场所开展制茶技艺传播。2018年，被潮安区委组织部挂牌"扬帆计划·凤凰单丛茶评茶师培训场地"。

由于在制茶工艺传承中表现突出，他获得了评茶师资质，被授予"凤凰单丛茶十佳匠心茶人""凤凰单丛茶加工技艺传承青年匠人"等荣誉，并被聘为广东食品药品职业学院客座教授及担任潮州市青年商会副会长。

黄佳海

项目名称：
潮州单丛茶制作技艺

黄佳海，男，1950年生于潮州市潮安区凤凰镇凤西村大庵。2020年8月，被聘为潮州市潮州工夫茶文化研究会理事会顾问。他从小遵循学习凤凰单丛数百年从鼻祖黄乃宣那一辈代代传承下来的制茶技艺。1975年创新研发水力带动揉捻机工艺，提高制茶效率。1978年担任为凤凰镇大庵茶厂生产队长，负责管理制茶技艺的技术掌控。1982年落实推广下田到户，管理自家茶园，开荒育苗，认真管理好古树茶的生长。1989年最先培育名优品种豆仁香、桃仁香、蟠桃香。

1982至今，黄佳海将家传制茶技艺传给子女，尊重传统与现代技术之变结合，提升制茶经验同时，以生产队长身份发起村民开垦荒山种茶，带动当地茶农育苗种茶，鼓励大家积极种好茶脱贫增加收入。2004年鼓励青年人办茶厂，改变茶农过去一家一户手工制茶标准散、小、乱问题，提高质量和生产效益。1990年起，组织村民保护凤凰山古茶树，用实际行动造福家乡。2018年至2019年，他先后被授予"热心公益""造福社会"荣誉称号。

2022年5月21日，黄佳海担任凤凰单丛茶太空茶种育苗顾问。如今，太空茶种育苗基地花落在黄佳海家院里，他继续致力用新科技寻求新的突破。

方树光

项目名称：潮州菜烹饪技艺

方树光，男，1953年生于潮州一个厨师世家。1968年开始随父亲方大顺学习烹饪厨艺，从水台做起，到刀工、掌勺等，经过严格锻炼，熟练掌握了潮州菜烹饪技艺。

他擅长烹制海鲜，能充分体现潮州菜色、香、味、精于素菜荤做中，所做菜肴既有蔬菜的清香，又有肉类的浓郁。长于食品雕刻，既能突出主题，又有自然、生动、逼真、美观之意境。

多年来，他积极推动潮州菜烹饪技艺的宣传与弘扬，曾赴日本、东南亚以及中国香港等国家和地区电视台讲授、展示潮州菜烹饪技艺，受到社会各界的普遍赞誉。

刘宗桂

项目名称：潮州菜烹饪技艺

刘宗桂，男，1965年生于潮州一个烹饪世家。自幼受父辈影响，热爱潮州饮食文化，从16岁起，进入潮州餐馆从事厨房烹饪工作。多年来，曾任香港及国内多家知名潮州菜酒家行政总厨，在实践中不断提高烹饪技艺。

他敢于在继承传统的基础上推陈出新，变革烹调方式，在刀工精细上下功夫，充分突出潮州菜色、香、味特点，崇尚清鲜与原汁原味。擅于烹制海鲜和甜品菜式，多次在美食节和烹饪大赛中获誉。

近年来，他被聘为韩山师范学院旅游管理系潮州菜烹饪副教授，为国家培养出大批潮州菜烹饪骨干人才。

吴前强

项目名称：潮州菜烹饪技艺

吴前强，男，1957年生。其尊人为潮州菜名厨吴炳泉，自幼对烹饪兴趣浓厚，14岁小学毕业后跟随父亲学习烹饪技艺，小小年纪就在潮州火药厂食堂任厨师。青年时已全面掌握潮州菜特点、焖炖煎炸煮等烹饪技能。

他尤擅长烹制海鲜菜肴，如潮州名菜"潮州大排翅""明炉烧响螺""雪山金丝燕""炒麦穗花鱿鱼"等，充分体现潮州菜色、香、味、形的特点。他刻苦钻研，推陈出新，素菜荤做，"见菜不见肉，宁解其中味"。制品既有蔬菜的芳香，又有肉类的浓香，如"护国菜""八宝素菜""厚菇芥菜"等；擅食品雕刻，能以主题酒席配上食雕，形象生动，自然逼真。20世纪80年代后，他曾任多个酒家的主厨，还任行政总厨等职，多次率队参加各级文化旅游美食节比赛并屡获奖项。在2004年潮州市首届文化旅游美食节中，获"潮州十大名厨"称号；2012年获中国烹饪协会颁发的"中华金厨奖"。

多年来，吴前强在工作岗位上培养了大批青年厨艺人才，且各自崭露头角，为潮州菜传承发展作出了贡献。

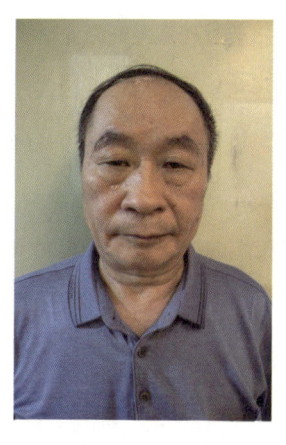

郑著阳

项目名称：潮州菜烹饪技艺

郑著阳，男，1953年生。国家潮菜考评员、广东烹饪大师。

他自小受到父亲郑炳辉的烹饪技艺的熏陶，努力学习炒菜烹饪技术。其父亲童年时进入斋菜世家蔡振杰老前辈的斋菜铺学艺，1945年前后曾到过中国香港、新加坡等地从事烹饪谋生，后又回到家乡潮州，当时，郑炳辉已算是潮州菜（荤、斋）和各类传统筵席烹饪技艺极高的名师之一。

1981年前后，潮州市政府在华侨旅行社接待中国香港以及泰国佛教代表团期间，大型的斋菜筵席皆由郑著阳及父亲制作的。自1982年起，郑著阳跟随父亲学艺。经常在潮汕地区各地做些家乡传统宴席，如"开荤宴""满月宴""出花园""寿宴""乔迁宴"，以及"丧宴"（斋菜、素菜、荤菜）等宴席。在实践中，他也学到了对食材产地、季节、质量等的鉴别和烹饪技艺。

从事烹饪的数十年来，他也把所学到的和研究出来的烹饪技艺毫不保留地传授给年轻厨师。

陈俊生，男，1968年生。2008年起应聘到韩山师范学院旅游管理系烹饪专业从事教学工作，担任了烹饪理论与烹调技艺实操的教学，至今历届学生毕业并分布到全国许多地方从事烹饪或烹饪教学工作，其中杨旭宏、杨莹汕、吴宏坤、李正旭、董轩等各自成名立业。

在从事潮州菜的制作、研制、教学中，陈俊生尤擅利用传统的技法创新烹制潮州菜。在新原料的开发利用、营养配餐、健康饮食等方面，他进行不懈的探索。编写的《潮菜工艺学》一书，作为韩山师范学院烹饪专业必修课程。

陈俊生

项目名称：潮州菜烹饪技艺

苏培明

项目名称：潮州菜烹饪技艺

苏培明，男，1967年生。

从业以来，他秉承传统与创新相结合的原则，在工作中不断采用各种技术、技能。尤擅于：以烹制海鲜、干货为特色，在制作中发挥出潮州菜的传统和创新相结合，如清炖鱼翅、蚝皇鲍鱼、生菜龙虾等；在创新菜品中，以清鲜、保持原汁原味为特点，如堂灼响螺、原汁灼斑鱼等；其他代表菜式如芙蓉雪蛤、清炒角螺、醉花胶等都较显示其应有特点。

苏培明从事潮州菜烹饪工作以来，尊重传统方式方法，通过研究、开发、不断创新制作出新的潮菜新品，同时也通过传、帮、带的方式培养出若干青年厨师，其中有苏宗海、张振喜、李小鑫、陈伟群、黄立桐等，他们在不同的餐饮业中都有建树，对带动潮菜的发展发挥着积极作用。

苏培明现任国家中式烹饪师高级考评员、潮州市培训中心潮州菜教师。

孙文生

项目名称：潮州菜烹饪技艺

孙文生，男，1968年生于潮州市枫溪。中式烹调高级技师，中国烹饪名师，享受国务院政府特殊津贴专家，广东省"粤菜师傅"五星名厨，第四届南粤技术能手。

1985年，孙文生随父亲孙壁树学习厨艺，后得到父亲的好友吴前强师傅及邱少波老师悉心培养，逐步掌握了潮州菜历史文化内涵及技艺特点。孙文生在厨师岗位上勤勤恳恳，认真学习，刻苦钻研，特别烹制高档菜肴上认真研究和开拓，在娴熟运用刀工及烹调方法中的炖、焖、炒基础上，创新发展潮州菜式，让潮菜内容更为丰富。

孙文生的专业技艺得到社会及同行的肯定，在曾经服务过的各酒楼中均能以标准化传统做法起到带头人作用。如今，作为"非遗"传承人，他主动承担发扬传承传统潮州菜技艺责任，边工作边带徒，言传身教，精益求精，努力把传统潮州菜烹饪技术发扬光大。

苏和伟，男，1968年生于潮州。广东潮菜专业委员会副理长，潮州市烹调协会理事，潮州市餐饮协会主要成员专家，潮州市厨师协会副会长。从事烹饪工作30多年，师承潮州菜泰斗朱彪初。现任潮州市技师学院及饶平县技工学校外聘烹饪教师、湘桥区玉记饮食店行政总厨，在潮州潮人美食城有设自己的"粤菜师傅"大师工作室。广东省名厨，名师，大师，国级中式烹饪大师，广东省技术能手。2018年4月，参加中国美食走进联合国精品菜第281期中国厨艺高级技能研修班考取结业证书。多次参赛曾获2项金奖。作品"金毛狮子鱼""如意五福""双色龙虾"为潮州名菜。曾受邀赴山东开展两地菜系文化交流，传承潮州菜文化。培养一批批新人，多次参加潮州菜文化项目活动，尤其是"粤菜工程"项目，深受好评。

苏和伟

项目名称：潮州菜烹饪技艺

方绍鹏，男，1954年生于潮州铜锣制作世家。自小在耳濡目染中与铜器制作结下了深厚的感情。16岁开始随祖父方俊士、父亲方国辉进入庵埠国营铜锣厂，系统学习铜锣制作技艺，全面继承了方潮盛铜锣从拣料到校音的一系列制作技艺，并有着自己独到的见解，特别是在定音、校音方面，功夫扎实。多年来，其制作生产的铜锣行销海内外，受到社会各界的广泛关注和普遍赞誉，为浮洋方潮盛铜锣制作技艺的传播与弘扬发挥了积极作用。

方绍鹏

项目名称：
浮洋方潮盛铜锣制作技艺

方绍金

项目名称：
浮洋方潮盛铜锣制作技艺

　　方绍金，男，1979年生。16岁毕业之后进入潮安县国营铜锣厂工作，受祖父、父亲之教导，虚心好学，系统学习方氏铜锣制作技术。1991年，祖父、父亲回乡重新创办方潮盛铜锣厂，他跟随前后，一边潜心研习，精益求精，熟谙铜锣技艺；一边为铜锣厂辛勤劳作，在实践中探求铜锣技艺精髓。全面掌握并熟练运用方氏铜锣的制作技艺，特别是定音技艺，决定铜锣音质，为铜锣制作技艺"重中之重"。为掌握定音技艺要领，他用了将近6年的时间学习、磨炼，从中领会定音的技巧，融会贯通，得其，娴熟运用，使之传承发扬。

　　30多年来，方绍金不断刻苦研习，技艺渐臻纯熟。铜锣经过择料、熔炉、过模、打坯、修容、淬火、定音7道工序，制作过程中每个锣要经过不断地锻打，越紧密声音越好，不同的锣制作厚薄不一样，要做到自己心中有数。定音技术性最强，必须举锤娴熟、轻重有数，特别是最后一锤决定着铜锣的松紧度、定出不同的音阶音色，故有"千锤百炼，一锤定音"之说。如今，方潮盛铜锣厂从一个民间小作坊，到现今被列入广东省非物质文化遗产保护基地，得以持续、良性地发展。方绍金十分注重培养铜锣制作技艺的接班人，将自身的技艺毫无保留地传授给下一代和爱好者，使方潮盛铜锣制作技艺得到了很好的传承。

方绍贤

项目名称：
浮洋方潮盛铜锣制作技艺

方绍贤，男，1957年生。自1978年至今于浮洋镇方潮盛铜锣厂工作。作为方潮盛铜锣第五代传人，自幼受祖父方俊士、父亲方国辉的影响，常奔梭于铜器之间，喜闻铜乐之音。20岁（1976年）高中毕业后加入知青上山下乡队伍，两年后返城，正式开始跟随祖父方俊士进入庵埠国营铜锣厂工作。自小资质聪慧，尽得技艺真传。经几年刻苦学习与磨炼后，已熟练并全面掌握方氏铜锣的制作技法，特别是其深刻领会并掌握的定音之艺。

1985年，方绍贤与其祖父、父亲在浮洋重新兴办方潮盛铜锣厂。方绍贤一边学习，一边为铜锣厂辛勤劳作，熟悉并掌握了各道工序运作，将方潮盛铜锣做得有声有色。在工作之余，方绍贤跟着祖父方俊士钻研并练出了一手好字，销售铜器，人们都认准方绍贤浓墨泼彩的"浮洋方潮盛"字样。

方绍贤致力于方氏铜锣的发展，其技艺得到族人和社会的肯定，香港、汕头、潮州等电视台曾为其做过专题报道。现为广东省民间文艺家协会会员。

柯仁勇

项目名称:
铜铸胎掐丝珐琅器制作技艺

柯仁勇,男,1963年生。自1983年4月起,师从父亲柯为强,学习铜铸胎掐丝珐琅器制作技艺,全面掌握了相关技艺。2003年,依托潮州市东泰陶瓷实业有限公司的生产基地和技术力量,建立了制作铜铸胎掐丝珐琅器的车间,以在材料选择、制作工艺等方面呈现出富丽堂皇的审美效果著称。其作品《象耳香薰》于2008年获得广东传统工艺美术精品大展金奖。柯仁勇制作的另一件制品《番莲纹瓶》,同时获得广东省工艺美术精品认定证书。

同时,其收集、整理、挖掘、完善相关制作技艺,并购置制作工具,培养艺人传承技艺,将这项目独特技艺传承并发扬光大。

传统技艺 Traditional Handicraft

徐啸鸿

项目名称：
铜铸胎掐丝珐琅器制作技艺

徐啸鸿，男，1973年生。1993年6月起，师从铜铸胎掐丝珐琅器制作技艺第五代传承人柯仁勇学习铜铸胎掐丝珐琅器制作技艺。

2003年，柯仁勇依托潮州市东泰陶瓷实业有限公司的生产基地和技术力量，建立了制作铜铸胎掐丝珐琅器的车间，购置制作工具，吸纳各地珐琅艺人，徐啸鸿协助柯仁勇发掘、收集、研究、继承铜铸胎掐丝珐琅器制作技艺，进行铜铸胎掐丝珐琅器的实际制作，制作技艺得到真正恢复和有效保护，铜铸胎掐丝珐琅器制作技艺在潮州得到传承和发展。潮州原有的铜铸胎掐丝珐琅器制品多为民间风格，在继承了宫廷风格的铜铸胎掐丝珐琅器制作技艺之后，随着技术力量及制作资金的增强，制品的器形由日用小件扩展至适用于大小各种形状及造型，呈现皇家风范，富丽堂皇。

徐啸鸿协助柯仁勇制作的铜铸胎掐丝珐琅器制品《象耳香熏》，于2008年9月18日获广东传统工艺美术精品大展金奖及广东省工艺美术精品认定证书。

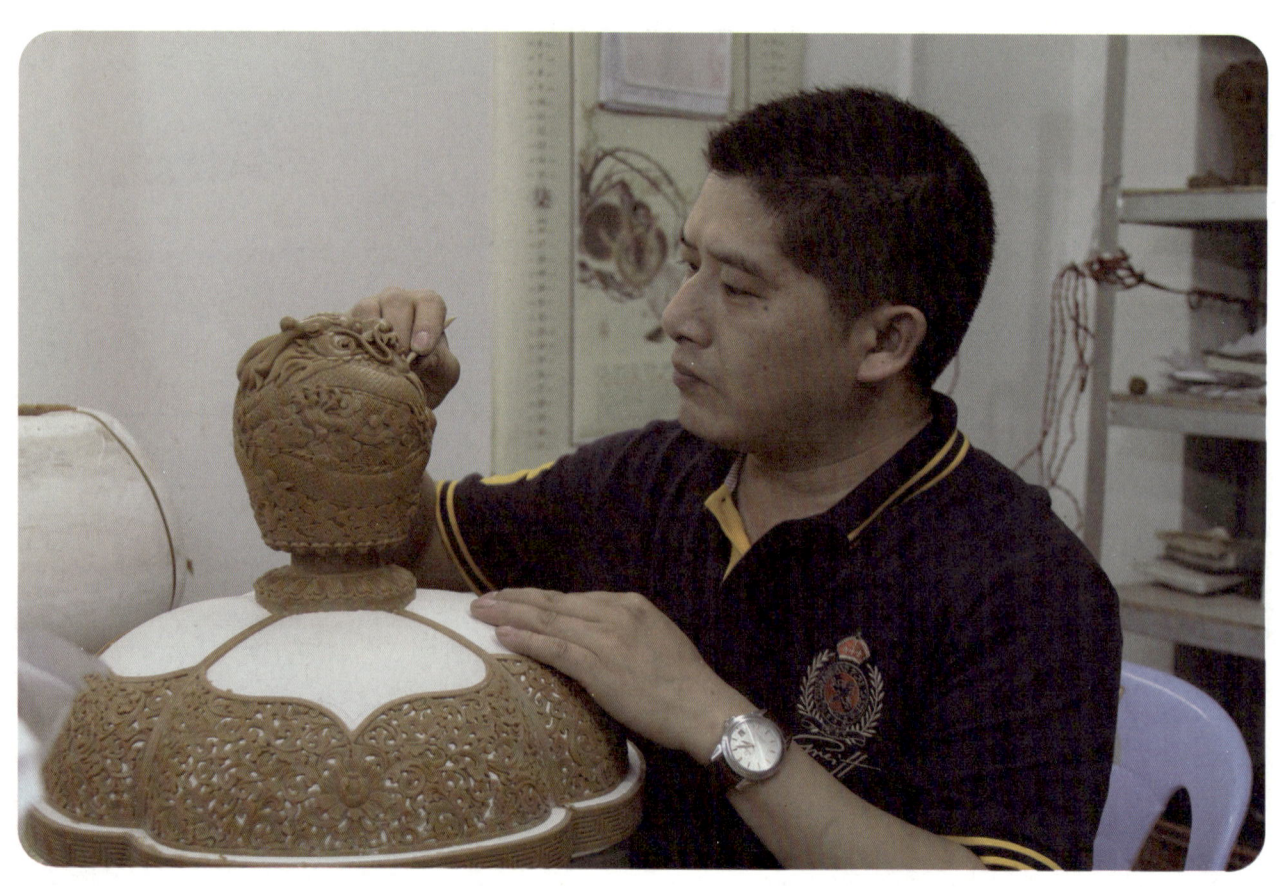

肖楚明

项目名称：
潮州传统建筑木结构技艺

肖楚明，男，1950年10月生。自1965年随父亲肖耀辉及堂兄肖唯忠当大木学徒，至1970年学成出道。但他仍正处"文化大革命"期间，社会上传统建筑市场基本停摆，只能延揽一些木工活，但也潜心行艺，不敢懈怠于钻研。改革开放伊始，传统建筑营造市场复苏，使得他有了用武之地。首次正式担当大木制作，是1988年的开元寺山门修复工程，施工过程得到父亲肖耀辉及开元寺筹建委员会总监、潮州大木作名师郑炳照先生的悉心指导，得益匪浅。

在1989年6月底的西湖南岩寺大雄宝殿营造工程、1990年的意溪镇头塘孝禅寺营造工程中，他自感技艺日趋成熟，对潮州传统建筑的营造体系多有领悟。1991年，经恩师郑炳照先生介绍，其承接了庵埠灵华寺大雄宝殿及天王殿等大型大木作工程，在通盘设计、造型工艺等各方面已胸有成竹，有今朝方为出师之慨。此后相继承接了庵埠宝垅林氏大宗祠、意溪张氏敦厚堂、枫溪水月、仙田丁氏大宗祠等诸多工程，也得到业界和社会的肯定。

40多年来，肖楚明承接传统建筑营造的区域包括粤东和珠三角地区，完成了100多个祠堂、庙宇和府第建筑的大木作工程，成为潮汕地区传统建筑行业的高产户。出道以来，他主持完成的各项工程，在工艺造诣和木结构质量等方面均广受业主和社会的好评。

传统技艺永无止境，他仍涉猎中国传统官式建筑营造法式、中国传统建筑历史，不断开阔眼界，提高修养。

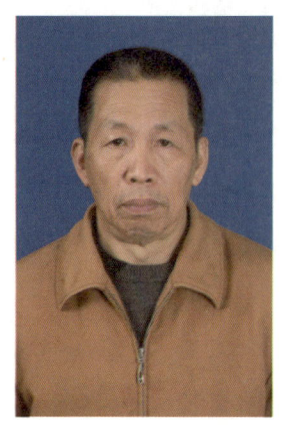

许秋泉

项目名称：
潮州金银錾刻技艺

许秋泉，男，1950年生于金银首饰工匠世家。1964年开始跟随父亲在潮州市二轻首饰厂学习金银錾刻技艺，之后从事个体首饰加工、錾刻浮雕肖像的工作。

他一直以来潜心钻研金银錾刻工艺，并学习绘画和书法，不断提高自己錾刻技艺的造型能力和表现能力，擅长錾刻传统花鸟鱼虫、飞禽走兽和人物肖像等题材。

多年来，他创作的作品曾被美术馆及个人用于展出和收藏，并在多个展览中获得殊荣。代表作有《罗基宏》银质纪念章，《空谷足音·佃介眉》《懿德仁心·陈伟南》金属浮雕肖像及《黄周旋》《真元永葆·王兰若》肖像等。其作品《经纬人文·饶宗颐》肖像、《孙中山》肖像、《胡耀邦》肖像分别获2012年广东省（潮州）工艺美术精品展金奖、银奖及精品奖，作品《一片造紫铜南瓜壶》获2015中国（深圳）国际文化产业博览交易会"中国工艺美术文化创意奖"铜奖。接受过《潮州日报》、潮州电视台等多家报刊和电视台的专访。

近年来，他积极传艺授徒，推广和传授潮州金银錾刻技艺及其制作流程，致力于金银錾刻技艺的传承与保护。

李楚良

项目名称：
潮州金银錾刻技艺

李楚良，男，1946年生。15岁便进入五金行业当学徒工，对金属器具上的錾刻花纹有着浓烈兴趣。1964年在谢业希师傅传授下，勤奋学习錾仔工艺。1966年，因参与饰品社承接的生产毛主席像章及创作"忠"字牌工作，得到蔡泽、吴春光两位师傅的尽力培养。李楚良学习认真刻苦，常常利用休息时间在厂自练基本功。此后在向外求艺时，得到老前辈陈松锦和金银工艺一代名师刘沅之六子刘松森老师厚爱，予以悉心传授浮雕工艺技艺，使之系统学习金属浮雕的相关技艺，为后期创作打下坚实基础。

1982年开始创业，李楚良历经8年，创办了"开元证章厂"，专门制作金属标章和五金产品，生产胸章、纪念币、佛牌、公安警车标志、领花、浮雕挂画等特色产品。因产品工艺极具特色彰显，凹凸感真实，錾刻精致美观，得到社会广泛认可和赞赏。

陈树喜

项目名称：
潮州佛手果老香黄制作技艺

陈树喜，男，1969年10月生于潮州。现任广东展翠食品股份有限公司董事长。自1984年前后开始学习佛手果老香黄制作技艺，从事老香黄加工销售相关工作，至今已30多年。在陈树喜的带领下，广东展翠食品股份有限公司多年来获得了持续、稳定发展。

目前，展翠公司已经发展为一家专业从事现代健康食品生产、农副产品精深加工的综合性高新技术企业。近年来，公司先后获得了"高新技术企业""农业产业化国家重点龙头企业""驰名商标""中国质量诚信企业""全国工人先锋号"等荣誉，连续十多年被评为"广东守合同重信用企业"和"潮州市纳税大户"。其所创建的广东佛手文旅生态园，被评定为国家3A级旅游景区。在推动企业前进和佛手果产业发展过程中，获得了潮州市潮安区扶贫济困十大爱心企业、潮州市潮安区扶贫济困慈善集体、饶平县爱心集体等称号。

陈树喜2018年被评为广东省非物质文化遗产项目潮州佛手果老香黄制作技艺省级代表性传承人，2020年，陈树喜被评为第广东六批省级非物质文化遗产项目潮州佛手果老香黄制作技艺代表性传承人，现为高级工程师职称。2020年5月，被评为广东省劳动模范，曾获广东省非公有制经济组织党员标兵、潮州市农村实用人才带头人等称号。

杨启财

项目名称：
潮州佛手果老香黄制作技艺

杨启财，男，1963年11月生，籍贯广东潮州。食品工程高级工程师，广东省非物质文化遗产项目潮州佛手果老香黄制作技艺市级代表性传承人，现任广东济公保健食品有限公司总经理兼技术中心主任。

自1990年至今，杨启财一直在我省传统食品规模企业广东济公保健食品有限公司从事技术管理及创新工作，主持、参与实施省级财政支持技术创新项目、科技型中小企业技术创新基金项目、国家星火计划、潮州市科技计划项目等3项国家级、省级课题和3项市级课题。其中有2个项目通过市级科技成果鉴定，技术达到国内领先水平，经济和社会效益显著；获得广东省食品行业科学技术进步奖二等奖和潮州市科技进步奖三等奖各1项；获授权发明专利2项，受理发明专利1项；负责制订《佛手凉果》《佛手果膏》《济公牌济公开胃丸》《凉茶固体饮料》《金银花植物固体饮料》《果丹》《含果肉压片糖》等企业标准7项、《广佛手无公害生产技术规程》地方标准和《蜜饯通则》国家标准各1项。在核心期刊上发表专业技术论文7篇，独立撰写2篇，第一撰写人2篇。

工作之余，他十分热衷公益事业，勇担社会责任，多次为山区发展佛手种植捐献佛手种苗，给予"希望小学"课桌椅和为贫困学生发放助学金等，多次被潮州日报和当地电视台采访和报道。2016年5月，被庵埠镇人民政府授予"情系庵埠助残楷模"的荣誉称号。同时，担任潮州市国际商会副会长、潮州市食品行业协会常务副会长和潮州市潮安区工商业联合会第十二届执行委员会副主席等社会职务。

杨树雄

项目名称：潮州蜡石造型技艺

杨树雄，男，1963年生。

1999年底开始玩石，之后十多年间到潮州蜡石产地购买蜡石，向潮州蜡石造型技艺师傅学习奇石摆设，制作盆景假山。2010年后尝试探索潮州蜡石的深加工，把潮州蜡石毛坯料雕成精美的蜡石雕件。2006年组织策划成立潮州市赏石文化协会，任第一届、第二届会长。为潮州赏石文化积极宣传，组织潮州蜡石到柳州、广州、顺德参加国际性展览，打响了潮州蜡石造型品牌。自担任市赏石协会会长之后，带动了一大批赏石的新人，使赏石队伍不断扩大，赏石人员发展到几百人，扩大了潮州蜡石造型技艺的人气，积极授徒传艺，精心策划了深圳国际蜡石节，加强了市赏市你协会的外引内联。通过潮州蜡石造型技艺这块金字招牌吸引众多嘉宾的参观和肯定。2009年主编《中国潮州蜡石宝典》一书，为潮州赏石文化作出贡献。

林仰青

项目名称：潮州蜡石造型技艺

林仰青，男，1947年生。自小耳濡目染，深爱蜡石造型技艺，在祖辈们的指导下，捡拾石头、构筑盆景颇有心得。然因父亲早亡，加之生计所逼，他早早离开学校就业于搬运公司，当上装卸工直到汽车驾驶员。而心中对于蜡石造型技艺的喜爱与追求一刻不变，常于工作之余或流连于园林、盆景艺术之中，或随手捡拾各种小蜡石把玩，直至1968年，与几位园林师傅在交流盆景艺术心得时，他方知潮州蜡石造型技艺源远流长，自此一发不可收拾，有空便多向师傅们讨教。除业余时进山涉谷收集各种蜡石，身上凡有余资均倾于购集各种蜡石赏藏，并对蜡石造型技艺深入搜索，已略有小成。

20世纪八九十年代，适逢盛世，借改革开放春风，其蜡石造型技艺得以百尺竿头更进一步。在传统的园艺、盆景及家居摆设、奇石欣赏的技艺基础上，根据潮州蜡石的质、色、形、纹特点对蜡石进行雕、拼、摆、挂等进行再创作，并带动了一大批玉石爱好者加入造型技艺行列中来。在与全国各地乃至台、港、澳和东南亚等国家的赏藏石名家的交流中，他的蜡石造型技艺及藏品得到各地名家的盛赞与认可，且在一系列全国性、国际性展览中获得一批金、银、铜奖项，并且在北京奥运会石展且获奖。先后被聘为广东省赏石文化专业委员会、广东省宝玉协会奇石专业委员会及湖南《石韵》杂志等机构的理事、常务顾问等。

艺术无止境。潮州蜡石造型技艺的发展前景无限，进入21世纪以来，林仰青更致力于传承潮州蜡石造型技艺这一非物质文化遗产，使之发扬光大。积极参与策划、组织成立潮州市赏石文化协会并任副会长，他也是《中国潮州蜡石宝典》一书的副主编，为潮州赏石文化传播不遗余力。

陈伟华

项目名称：潮州蜡石造型技艺

陈伟华，男，1958年8月生于广东潮州。自幼受文化艺术的熏陶，酷爱书法、盆景、奇石。2008年因祖辈留下的一块潮蜡激起对奇石的热情，从而走上赏石藏石之路，并创立潮州凝华石馆。14年来藏石近千方，在全国石展上多次荣获金奖，现收藏有潮州彩玉、潮州蜡石、云南黄龙玉、紫金蜡石、台山玉石等。

为弘扬潮州赏石文化和传承潮州蜡石技艺，2009年，他执行主编《中国潮州蜡石宝典》一书。同年在潮州著名蜡石产地——登塘世田附近发现一种集质色于一体的石种(潮州彩玉)，大胆尝试，与雕刻师研究探讨，雕琢出令人喜爱的作品，备受行家、藏家的青睐，成为当地最具特色的石馆。2011年应清远龙湖奇石文化产业园之邀，担任该园举办的中国图腾黄龙玉石展主评委；2012年担任该园举办的翡翠、黄龙玉、奇石鉴宝专家组成员。现为潮州蜡石造型技艺市级"非遗"代表性传承人；担任潮州市玉石文化协会会长、广东省观赏石协会副会长和国际赏石文化总会副会长。

王小荣

项目名称：
潮州蜡石造型技艺

王小荣，男，1958年8月生于潮州。

他自2000年开始师从杨树雄，潜心研究蜡石造型技艺。为弘扬潮州赏石文化，注重技艺传承。多年来，他先后创办"家玉户晓"和"大益"两个蜡石展馆，成为推介潮州赏石文化及造型技艺的阵地和广大石友和爱好者交流学习的平台。在此期间，王小荣赞助并参与主办历届"大益杯"潮州市蜡石展、编辑《中国潮州蜡石宝典》一书。通过赏石活动平台这一媒介的牵引，既提高潮州蜡石造型技艺的影响力和美誉度，又大力促进赏石文化的传承、发展、保护工作。

王小荣在2009年11月举办的广东省第二届粤东侨博会暨潮州市第三届文化旅游节（富丽杯）奇石展上获一金、一银、二铜的成绩；在2010年11月举办的潮州市第四届（大益杯）名家藏石、精品奇石展上获评潮州"藏石名家"称号等。

其现为潮州市赏石文化协会副会长，于2018年被评定为潮州市第六批市级非物质文化遗产项目潮州蜡石造型技艺市级代表性传承人。

曾荣文

项目名称：
潮州蜡石造型技艺

曾荣文，男，1963年生于农村家庭，自幼勤劳好学。1989年自办企业。1999年在潮州藏石名家谢礼权、林仰青等老前辈影响指导下，开始采集收藏潮州蜡石，并熟练掌握潮州蜡石采集、造型、保养流程。

在继承传统潮州蜡石采集、清洗、造型、保养技艺的同时，曾荣文还不断学习创新，设计木座并对石体进行修复加工，使观赏石达到形神兼备、赏心悦目。作品曾获各级比赛金奖、银奖100多项，其中"盛世宝鼎"获珠宝玉石最高奖项"天工奖"，玉雕"广济桥"获"神工奖"金奖。

从业20多年来，他一直采用言传身教的方式授徒，为潮州蜡石文化传承作出贡献。与此同时，注重潮州蜡石造型技艺宣传，积极参与各种交流活动。2006年建造3600平方的新发奇石馆，展出蜡石近万方；2012年建成新发黄龙玉博物馆，展出各类玉石，其中潮州蜡石造型摆件800多件，免费供奇石爱好者及市民参观。

杨敏

项目名称：
潮州腐乳饼制作技艺

杨敏，男，汉族，1970年6月生于潮州市湘桥区，食品工艺工程助理工程师。现为食品生产企业负责人。

作为杨氏腐乳饼第四代传承人，杨敏从事食品行业30余年，在实践操作和理论方面都积累了丰富的工作经验，先后创办食品销售企业和食品工厂，主要研究潮州特色小食，将传统食品进行商品化、标准化、规模化生产，力促地方食品产业发展。腐乳饼作为其主要研究对象，经常参加省内外专业展会，更广泛地传播潮州腐乳饼制作技艺，提高了腐乳饼的知名度。起草制订腐乳饼制作规范和质量标准，从原料挑选、加工处理、制饼、烘烤等程序进行具体化描述，统一制作工艺，提升产品质量，规范行业生产行为。在实践中广收学徒，定期组织培训班，教授腐乳饼制作技艺。在其主持下，组织专家搜集、整理历史资料，总结了腐乳饼的文化内涵和发展历史。注重腐乳饼制作技艺的普及、讲解、传道，在"广"的基础上求"精"，无私地把平生所学的腐乳饼制作技艺传授给年轻一代，使之后继有人。

陈应娥

项目名称：
潮州腐乳饼制作技艺

陈应娥，女，1964年生于潮州饼食之家。父亲是潮州市二轻食品厂技术师傅，在父亲的影响下，对潮州饼食有了一定的认识。

1980年，她进入潮州二轻食品厂。从最基础的炉盘工做起，一步步学习饼食的传统制作技艺，其间，在工厂老师傅的指导下，牢固地掌握了潮州饼食各种材料的传统处理工艺及制作方法，为其饼食之路打下了良好的基础。

1984年，加入厚记小食坊，于1987年与同在饼食厂的陈镇雄结为夫妇。陈镇雄亦出身于饼食之家，其父亲是二轻食品厂的师傅、厚记小食的创办人之一。在前期工作中，陈应娥跟随家公进一步学习技艺。婚后夫妻独立经营厚记小食坊，陈应娥主要负责组织生产制作各种潮州饼食，制作技艺包括腐乳饼、朥饼、白皮饼、六式嫁女饼等潮州传统饼食。随着经验的不断积累，在生产过程中更加深对饼食文化全面的了解，包括饼食对嫁娶文化的影响，饼食在潮人礼佛祭祖中的地位，对潮人饮食文化的渗透影响等。

为了让传统饼食能被现代人所接受，能在传统的基础上更进一步发展。1996年，陈应娥到广州白云职业培训学校（现为广州白云学院）学习港式面包花饼专业。通过学习现代的食品知识、食品工艺，结合自身的传统饼食制作经验，形成了一套现代化的饼食制作理论和技艺。在此基础上，针对人们不断变化的口味和健康追求，她对腐乳饼过于油腻这一弊端进行改进，使现有的腐乳饼无论从口味还是营养结构上更适应当前市场需求，深为广大消费者所接受。

许日存

项目名称：
潮州漆器髹饰技艺

许日存，男，1940年生。自幼跟随父亲许钦从事生漆脱胎制作技艺，为各地寺庙设计制作泥塑木雕和生漆脱胎神像佛像。同时自学绘画，曾经多次为汕头日报社画插图。1960年前后曾有木雕作品通过广州江南工艺品进出口公司出口国外。后因神佛造像被视为"封建迷信"遭到禁止，故转为从事于浮雕和绘画工作。20世纪80年代以后，又重新开始从事潮州漆器制作技艺至今。

代表作品有为五台山南山极乐寺佛母洞制作的佛母及西方三圣等生漆脱胎造像，以及庐山东林寺的慧远祖师像等，均受到业内行家的好评。并有多件作品分获国家级、省级、市级的金、银奖项。

许日存注重保护传承潮州漆器髹饰制作技艺，吸收近20名徒弟入行学艺，从基本操作起，一点一滴亲身传授。现已有多位徒弟能独立从艺，尚有近十位学徒跟随在身边从事漆器髹饰技艺工作。

潮州市非物质文化遗产名录图典

传 统 技 艺
Traditional Handicraft

黄树藩

项目名称:
潮州炭炉制作技艺

黄树藩,男,1951年生。因在家中排行老大,自幼放学后就主动到父亲的得记缶铺当伙计,帮忙生计。

1966年,黄树藩进入枫溪前进瓷厂手拉胚组做学徒,先后师承黄祝深、黄镇弟、姚震乾、黄朝镇四位技术精湛的老师傅,练就了一流的手上拉坯功夫和扎实的修坯刀功夫。1970年开始独立制作,随后逐渐成为前进瓷厂的主力军。

1981年,在改革开放的推动下,他创办了个体小作坊——黄树藩陶坊。几十年来一直从事陶艺设计及制作,积累了丰富的经验,创作出一大批备受赞赏的作品。他继承了父亲黄得江制炉技艺,并融合历代枫溪手拉坯艺人精粹,在传统与创新中寻求平衡点,创新、设计了现代版的"风炉薄锅仔",让退出历史舞台几十年的"风炉薄锅"以新的姿态登上时代舞台。

近年来,黄树藩开班带徒,传授潮州炭炉制作技艺,为潮州炭炉制作技艺的传承和发展作出了贡献。

邱凤青

项目名称：
潮州炭炉制作技艺

邱凤青，男，1967年生于枫溪长美村。祖父邱大嗳于19世纪末在枫溪长美西溪旧道东岸建窑制炉，成了当时潮州炭炉的代表性人物。在祖父邱大嗳和父亲邱瑞姜的熏陶下，邱凤青自幼对制炉工艺产生极大兴趣，之后更是得到父亲在炭炉制作技艺上的真传。不仅继承了潮州风炉的传统制作特点和工艺，还运用现代技术加以改进，探索制作出外形古朴、典雅，符合现代审美的新式炭炉，使产品兼具观赏性和实用性。先后共创作出两百多件炭炉作品，取得二十几项国家专利。作品也因此斩获多项大奖，并被中央电视台《记住乡愁》栏目选为人文内涵表现道具。

近十年来，邱凤青一直坚持免费向社会开放个人作品展示厅，不留余力为公众讲解炭炉文化，并竭尽全力传授炭炉制作技艺，培养传承人，为炭炉制作技艺的传承和发展作出了贡献。

黄树荣

项目名称：
潮州鼻烟壶制作技艺

黄树荣，男，1984年生于潮安区浮洋镇凤仪村。潮州市非物质文化遗产项目潮州鼻烟壶制作技艺市级代表性传承人。自小喜爱美术，耳濡目染学习制作潮州鼻烟壶，多年来从事钻研潮州鼻烟壶制作技艺，是潮州乃至国内鼻烟壶制作技艺为数不多的传承者和研究者。一直致力于潮州鼻烟壶传承工作，创办潮艺鼻烟壶作坊招收学徒，采取口头传授和实际操作相结合的家庭作坊方式传承。积极参加各类工艺美术博览及文化活动，多次走访北京、天津、内蒙古及台湾等地，弘扬传播潮州鼻烟壶传统文化。他的作品以俏色巧雕和掏膛"水上漂"为技艺特点，创作的鼻烟壶在收藏市场上不断攀升，引起收藏界的关注和争相收藏。

目前，他加入中国工艺美术协会鼻烟壶专业委员会、中国民间文艺家协会、广东省工艺美术玉器专业委员会、广东省民间文艺家协会、潮州市工艺美术协会、潮州市民间文艺家协会、潮州古玩收藏家协会。

蔡清权

项目名称：
潮州鼻烟壶制作技艺

蔡清权，男，1953年生于潮州。1973年高中毕业后，在湘桥区太平街道办事处第五居委会玉雕组学习玉雕技术。他拜玉雕师傅王有何为师，学习掌握平面、半浮雕立体雕，以及花卉、人物、山水、水族、飞禽等题材的创制技艺。设计制作了玛瑙鼻烟壶《牧牛图》《螳螂西瓜》《铁杵磨成针》。此外，他还制作了玉器摆件：玉杯、玉煊炉、玉花瓶；挂件：蝉、香囊，以及玉茶壶、文房四宝等各种玉器。

在传承师傅技艺的基础上，他着重研究传统潮州鼻烟壶的刻制技艺。在取材方面主要以玛瑙、水晶和玉石。在雕琢制作上，壶里掏空力求壁薄通透；壶外除了利用巧色或光身外，还用阴刻或浮雕的技法，以花鸟、昆虫、人物故事、山水、仿古等内容作为装饰图案，形成独特的潮州鼻烟壶个人艺术特色。

杨婉如

项目名称：
潮州九制陈皮制作技艺

杨婉如，女，1975年6月生于广东省潮州市。毕业于中山大学，硕士研究生，中级食品工程师。全国人大代表，广东省政协常委，先后荣获广东省"科学进步奖"二等奖、"优秀民营企业家""关爱员工优秀民营企业家"等荣誉。

杨婉如2006年就任广东佳宝集团副董事长、集团总裁。她是佳宝集团的掌舵者"陈皮大王"杨应林的女儿，全面接掌家族企业以来将佳宝集团带上了辉煌事业的巅峰。以具有地方特色的凉果蜜饯为起点，经过数年发展沉淀，将一个区域性品牌打造成为国内具有较高知名度和美誉度的全国性品牌，"佳宝"品牌拳头产品"九制陈皮"远销全球各地。

以陈皮原料为轴心，延展出更多健康美味的新型陈皮零食及药食同源产品。近年来，公司被认定为"全国食品安全示范单位""广东省健康农业科技示范基地""纳（创）税大户""守信用重合同单位""广东省农业龙头企业"等。2011年公司荣获广式凉果加工工艺提升与安全控制技术研究及产业化科技一等奖，2015年广东柑桔加工品质评价与高值化利用技术研究及产业化荣获广东省科技技术二等奖，2019年广式凉果安全生产及其提质增效关键技术与产业化荣获广东省科技进步奖二等奖。2021年，她被认定为潮州市省级非物质文化遗产代表性项目潮州九制陈皮制作技艺市级代表性传承人。

杨婉如是一个有情怀、有强烈社会责任感的企业家，热心助学，情系教育。2012年，她成立了"煦阳助学团"，连续五年资助偏远山区尘肺病人家庭的子女读书求学；设立助学金，专门救助家庭特困生，鼓励他们读书改变命运；建立农村图书馆等。

蔡卫武

项目名称：
潮州九制陈皮制作技艺

蔡卫武，男，潮安区潮菜发展促进会会员，潮州市民主建国会会员。任潮州市振园果子厂有限公司经理、技术总监，潮州市振园果脯有限公司总经理。

他1971年生于潮州市古巷镇福庆村凉果世家家庭，祖父和父辈一生从事凉果加工和销售，且都是遐迩闻名的"凉果大王"。

在祖父辈的影响下，他从小就与凉果结下不解之缘，早在中专毕业之时，就娴熟地掌握了蜜饯、果脯、话化、糖衣、果酱五大类共110多个凉果品种的加工技艺，毅然进振园果子厂工作。进厂后跟随在父亲身边，系统地学习潮州凉果制作技术，从选料到原料配比，再到如何酌加中药材等，使其对潮州凉果制作认识更加深刻。1992年，他正式接过父亲的传承棒，成为家族第四代传承人。

正是有这娴熟高超的制作技艺与工序上的高标准要求，使其制作的九制系列凉果产品先后荣获"广东省优质产品""农业部优质产品""国家绿色食品""广东省名牌产品""国家名牌产品"等47项荣誉称号，并摘取了"国际食品加工技博览会金奖"和"世界名牌消费品（全国凉果行业唯一一家获此殊荣企业）两项桂冠"。并于2019年荣获舌尖上的甜蜜——全国最优质蜜饯冠军，2020年荣获广东省蜜饯优秀企业推荐二等奖。产品多次在人民大会堂、劳动人民文化宫、中国出口商品交易会以及上海市重庆市举办的振园凉果新闻发布会上展销。2020年11月，蔡卫武在"广州·潮州非遗精品展"等活动上展示潮州凉果品牌和技艺，传播和弘扬潮州美食文化。

黄立武

项目名称：
潮州酥糖制作技艺

黄立武，男，1970年9月生。广东烹饪大师、中国烹饪大师、潮州市级非物质文化遗产项目潮州酥糖制作技艺市级代表性传承人，潮州市潮安区龙湖瑞源饼食店经理。

他从事糖化系列产品制作35年，主要产品有龙湖酥糖、龙湖豆方、龙湖炖糕等。其中龙湖酥糖历史悠久，制作工艺复杂，既酥又脆，入嘴无粕，口感清香，堪称经典。该产品多次代表潮州市参加澳门美食节和香港美食嘉年华活动，并参加了广东省第九届农业博览会和中国第二届进博会亚洲美食节的展示，被省烹饪协会和省潮菜文化研究会分别授予"广东名小吃金奖"和"消费者喜爱特色食品"荣誉称号。

多年来，黄立武守护旧土，默默耕耘，致力于龙湖酥糖的传承和保护，积极开展各项宣传推介活动。他的制作技艺由中央电视台国际频道美食中国栏目制作为专题片，广东卫视、深圳卫视、浙江卫视、凤凰卫视以及潮州日报、潮州电视台等新闻媒体都先后对龙湖酥糖进行采访报道。其主理的瑞源饼食店被省烹饪协会命名为"广东餐饮名店"；同时，被评为"潮州市乡村美食名店"，"老字号"为远近闻名的饼食店。作为"非遗"传承人，黄立武不忘初心以传承保护为己任，继续努力推动非遗文化创新发展，为龙湖酥糖世代相传作出新贡献。

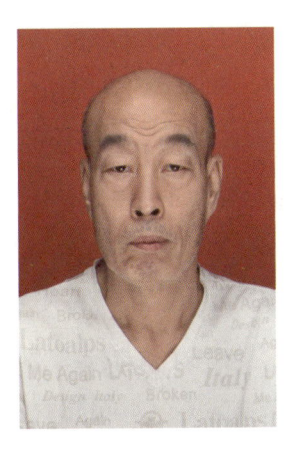

林梓群

项目名称：
潮州菜头粿制作技艺

　　林梓群，男，1961年12月生在潮州市潮安区金石镇仙都乡一个小作坊家，家里专门制作潮汕特色小食菜头粿（萝卜糕）。制作菜头粿技艺由其祖父代代相传下来，已经是四代人，有100多年了。他家制作的菜头粿深受广大消费者喜爱，因其采用最传统最古老的制作方式：选用过冬老米磨浆，新鲜菜头切成细丝，两者混合一起，经过4小时蒸制而成。食用时，可将菜头粿切成片，再下鼎煎制到两面金黄色就可以上盘。这样菜头粿外酥里嫩、口感绝佳。

　　2005年、2010年，产品参加澳门美食节；2011年，产品参加香港美食节等活动，深受好评。2017年，其作坊被省烹饪协会授予"广东餐饮名店"。2019年，菜头粿获"广东名小吃"称号。林梓群获"广东餐饮名师""大师"等称号。

郭卓钊

项目名称：
潮式卤水制作技艺

郭卓钊，男，食品工程教授级正高级工程师。现任广东康辉集团有限公司总裁，兼任广东省广式传统食品工程技术研究中心主任。

20多年来，他通过"工业化生产反哺农业"模式，带动广东省广式蜜饯、广式卤水等国内传统食品产业的集群化发展，建成了国内最大的集科研开发、加工生产、外贸出口为一体的广式传统地方食品示范基地，直接带动农户逾20万户，吸纳农村劳动力超过2.5万人，成为"国家农业产业化重点龙头"示范企业。

他积极参与公益活动，为社会累计捐款逾3500万元。荣获"全国农村青年创业致富带头人""全国食品工业优秀企业家""广东省青年五四奖章"等荣誉。任中国青年企业家协会常务理事、广东省青年企业家协会常务理事、广东省食品协会副会长、广东省青年农业促进会常务副会长、广东省食品学会常务理事、潮州市食品协会会长、潮州市政协委员、人大代表、潮州市青年联合会副主席、上海潮汕联谊会副会长、上海潮汕青联会主席。

庄沛锐

项目名称：
潮式肉脯制作技艺

庄沛锐，男，1963年生于广东潮安。现任广东真美食品股份有限公司董事长。中山大学岭南学院EMBA研修班、长江商学院、北京大学汇丰商学院经济管理研修班毕业。食品工程高级工程师（教授级），享受国务院政府特殊津贴专家，全国肉禽蛋标准化技术委员会标准审查组专家，国际标准化组织/食品标准化技术委员会/肉禽蛋鱼及其制品分技术委员会（ISO/TC34/SC6）国内专家组成员。2017年至今任潮州老字号协会会长，2021年，被命名为潮州市非物质文化遗产项目潮式肉脯制作技艺市级代表性传承人。

庄沛锐深耕食品行业30多年，创立了广东真美食品股份有限公司，经过20多年的发展，一跃成为国内知名的休闲食品企业。先后获得中国十大经济创新人物奖、中国制造"十佳品质奖"、第九届潮汕星河国瑞科技奖、改革开放30年广东省食品行业突出贡献企业家、广东省食品行业科学技术奖之先进科技带头人、广东省食品行业优秀企业家等荣誉。主导参与国家标准及行业标准制定20多项，三次获得广东省科技奖二等奖。他致力于弘扬和传承潮州非物质文化遗产、老字号文化，为宣传、保护、传承、发展潮州老字号事业、非物质文化遗产作出了努力和贡献。

庄明辉

项目名称:
潮式肉脯制作技艺

庄明辉,男,1954年3月生于潮式肉脯制作世家。1981年起,担任潮安庵埠镇庄陇食品调味厂经销组长。1988年创建潮州市庵埠庄陇柿园食品厂,担任厂长。1990年,企业产品获得第十一届亚洲运动会标志使用许可证,并作为亚运会独家销售产品,以捐款、捐物方式支持亚运会筹办工作。1999年,企业先后更名为"潮安县庄园春食品有限公司""潮州市潮安区庄园春食品有限公司",庄明辉负责潮式肉脯制作技艺传授和推广工作。

由庄明辉开发的"庄园牌烤鱼片""庄园牌陈皮凉果"荣获华北、东北、西北地区1990年糕点、小食品展销评优大会特别奖。"庄园"商标被广东老字号工作委员会授予"广东老字号"。"庄园""庄美"牌肉脯产品先后获得"国家质量卫生安全全面达标食品""最佳广东老字号奖""最受欢迎广东旅游手信奖""中国市场公认著名品牌""广东省食品行业名牌产品""广东岭南特色食品""广东旅游手信奖""潮州名手信""广东手信"等众多荣誉,在潮汕各式美食中有广泛的知名度。

多年来,他深入研究潮式肉脯制作技艺,注重"老字号"传承工作,积极为"老字号"评审工作贡献力量。其创建的企业于2012年获得了"广东省老字号企业"称号,2015年被中华老字号工作委员会授予"中华老字号先进集体"称号。个人被中国商业联合会、中华老字号工作委员会授予"中华老字号传承创新掌门人"殊荣,2021年被评为市级非物质文化遗产项目潮式肉脯制作技艺市级代表性传承人。

传统医药
Traditional Medicine

吴绍雄
项目名称：潮州暑茶

吴绍雄，男，1950年11月生。中医内科主任中医师，从1971年8月起，他进入潮州市中医医院前身之一的潮州镇中医门诊部当中药学徒并任资料员。在做好医疗的同时，参与潮州暑茶工作。全面了解暑茶的历史、发展、流派、影响等，收集潮州暑茶多个处方并熟练掌握其选料、配料、制药、研药、炒药、品茶等工艺流程。

1989年，他以"潮州市中医医院吉利门诊部"为研制平台，开展潮州暑茶的抢救、研制工作。他将已有的多张处方制出若干小样反复尝试，然后筛选出基础方，再撷取其他处方的优点增减，尽量保持人工操作的工艺要求。为使药效得到有效保存，炒茶仍沿用手工方法，用煤余热焙橱烘制暑茶。经过两年20多次的反复实验，基本达到疗效目的和口味要求。针对潮州暑茶原来只有清热、祛暑、利湿、化滞的功效而缺乏益气的特点，吴绍雄加入人参须等益气生津药物，效果良好。剂型上，在保存传统型的同时，推出方便实用的茶泡型。

吴绍雄从事中医药工作40多年，在国内外发表医学论文20多篇，其中《浅谈感冒非规范症状及其临床意义》被现版高校教材《中医内科学》录为现代文献索引。在做好医疗工作的基础上，发掘保存，并改良剂型。他积极培养暑茶下一代传承人，培养了一支专业的暑茶研制团队，宣传推广这项濒危的传统医药文化遗产，让地方中医药文化和"潮州暑茶"制作技艺发扬光大。

陈锦荣，男，1945年生。2012年被评为广东省非物质文化遗产项目潮州暑茶市级代表性传承人。

1972年，从岳父李永成手中取得"潮州暑茶"处方和制作工艺。1979年，他开始用潮州暑茶处方为患者开药解暑，1988年自制"潮州暑茶"用于防病治病。2002年，在潮州市卫生进修学校诊所，自制暑茶进行临床应用。2010年，与潮州市泽润制药有限公司合作开发暑茶新剂型"袋泡剂"，以36味中草药提炼后经浓缩制成袋泡，有"暑甘茶"与"潮州暑茶"两个品种，获得广大患者和消费者的欢迎。

陈锦荣
项目名称：潮州暑茶

民俗
Folk Custom

陈香白，男，1938年生。2008年3月，被评为国家非物质文化遗产项目潮州工夫茶艺省级代表性传承人。

致力研究中国茶文化和潮州工夫茶近20年，精通潮州工夫茶冲泡技艺，首创潮州工夫茶道太极图，出版有《中国茶文化》《茶事通义》等专著，曾应邀在国内外多个城市讲授茶艺，也接受过海内外许多国家和地区人士到潮州学习工夫茶艺。

陈香白
项目名称：潮州工夫茶艺

叶汉钟

项目名称：潮州工夫茶艺

叶汉钟，男，1963年生。2012年12月，被评为国家非物质文化遗产项目潮州工夫茶艺省级代表性传承人。

他自幼跟随父亲叶永声学习茶事，1980年进入潮州市茶叶公司，从事茶叶收购、加工、拼配、冲泡等工作，并在日常接待工作中充当"茶童"角色。1998年考取浙江大学茶学研究生，系统学习茶学理论知识。继承传统技艺精华，恢复了清代五件茶席工夫茶泡法，并总结发掘了"高冲起香""低泡生韵""热淋冷浸"的冲泡技法。

他近年来致力于潮州工夫茶的保护和传承工作，组建潮州工夫茶艺表演队，并培训出多名专业茶艺师，为潮州工夫茶艺的发扬作出突出贡献。

李淡榆

项目名称：潮州工夫茶艺

李淡榆，女，潮州人。国家非物质文化遗产项目潮州工夫茶艺市级代表性传承人，潮州工艺美术大师、国家评茶技师、国家茶艺技师、少儿茶艺培训师、农业职业经理人。2015年，她发起成立潮州市泓德茶文化交流中心，以"茶艺优美以雅致生活，茶道深泓滋心养德"为理念，传承、创新、再传播潮州工夫茶艺。以茶为载体，以文化为主导，接待国际、国内各地游客并开办多次主题茶会、茶艺表演、茶艺培训等一系列工作，积极与各地茶人进行茶文化交流，致力于弘扬潮州工夫茶文化及潮州工夫茶冲泡技艺。

为了文化事业的可持续发展，李淡榆更着眼于青少年及幼儿教育，并将传承工作带进学校第二课堂，受聘为中小学、幼儿园的课外传统文化校外指导老师，传授潮州工夫茶文化。在向青少年儿童传授茶文化的同时，将茶道礼仪与日常礼仪、茶道文化与传统道德相结合，以寓教于乐、轻松欢快的方式向少儿传授茶文化，在潜移默化中塑造少儿的良好人格。她将少儿的文化培训工作规范化，常态化，继承前人，培养后代，为光大中华美德、弘扬潮州茶文化尽微薄之力。

游碧娜

项目名称：潮州工夫茶艺

游碧娜，女，1981年7月生。2016年被评为国家非物质文化遗产项目潮州工夫茶艺市级代表性传承人。国家高级茶艺师、评茶师、花艺师。

游碧娜自幼酷爱茶文化，后师承国际茶学大家陈香白老师，对潮州工夫茶艺进行过系统研习。视茶如己，她曾说"茶如我，我如茶"。多次受邀参加国内外各种大型茶文化交流与技艺展示活动，为传承和发扬潮州工夫茶文化而不懈努力。

她曾代表潮州工夫茶文化研究院，应邀参加文化和旅游部在北京恭王府举行的中国非物质文化遗产生产性保护系列活动"传承技艺，美丽中国"——中华传统技艺（青茶类）潮州凤凰单丛茶制作技艺精品展，现场作传统潮州工夫茶二十一式茶艺表演；代表潮州工夫茶文化研究院应邀出席首届国家潮州凤凰单丛茶文化旅游节，并作为分享嘉宾；出席"互联网+工夫茶文化营销高峰论坛"；亲自为两位央视主持人展示潮州工夫茶二十一式茶艺表演，参与中央广播电视总台央视网《行走中国》纪录片潮州相关主题播放工作。积极参与第六届中国非物质文化遗产博览会，第二十一届中国（广州）国际茶业博览会等交流活动。

王翠莹

项目名称:潮州工夫茶艺

王翠莹,女,1974年生于潮州。自幼秉承家学,受外祖父黄少耕影响,喜欢传统文化。自2009年起师从陈香白教授学习中国茶文化、潮州工夫茶文化及潮州工夫茶冲泡技艺,通过自身学习积累和探索,把茶艺与茶、水与茶、器与水、人与自然融为一体,体现了潮州工夫茶"工夫"二字之精髓,通过礼茶来传承潮州工夫茶艺和弘扬中华民族传统文化。

王翠莹着力做好传承工作,把茶文化带进校园。2015年受聘为韩山师范学院校外茶艺指导老师;2017年受聘为潮州职业技术学校第二课堂茶艺班执教老师;2022年受聘为天龙职业技术培训学校茶艺师认证班实训老师、潮州技工学院茶艺指导老师。2019年参与《潮州工夫茶艺技术规程》团体标准制订;2020年指导学生获得"第三届'云生态'杯国际工夫茶冲泡大赛"冠军和季军;连续五年担任具有影响力的潮州单丛茶争霸赛评委。2021年被广东省政府聘为"第二届职业技能大赛"茶艺师裁判员,同年荣获迪拜世博会中华文化馆颁发的"潮州工夫茶文化推广使者"称号。

王翠莹现为国家高级茶艺师、国家一级评茶技师,2018年被评为国家非物质文化遗产项目潮州工夫茶艺市级代表性传承人。

龙素芳

项目名称：潮州工夫茶艺

龙素芳，女，1978年生。高级茶艺师、高级评茶员。自幼喜欢潮州茶文化，常跟随长辈到凤凰山茶园认识茶树，毕业后一直在茶行业从事茶事工作。2012年，拜陈香白教授为师，系统学习中国茶文化，钻研工夫茶独特技艺。

在日常工作实践中，熟练掌握技艺并融合传统"礼"文化，创新发展工夫茶冲泡艺术，在原有"二十一式"基础上增加了起式——礼敬宾客、收式——礼谢宾客两个程序，丰富完善了传统茶艺。

龙素芳注重与茶友之间的心得交流，以工夫茶艺展演和茶文化推广为己任，到各地参加演出和比赛。不仅亲自带徒传授技艺，还常年自费开设潮州工夫茶公益课堂；与香港潮州商会、广东省进出口商会、马中国际文化经贸促进会、广东青旅等数十个社会团体签订工夫茶文化推广战略合作协议，为传播潮州工夫茶文化奉献力量。

王泽英

项目名称：潮州工夫茶艺

王泽英，女，国家非物质文化遗产项目潮州工夫茶艺市级代表性传承人。国家职业资格茶艺技师、高级评茶师、潮州市茶艺协会会长，潮州市高层次人才，潮州市潮安区凤凰嘉茗茶业总经理。

她2006年创办"潮安县榕洽职业培训学校"，培训了3000多名评茶员和茶艺师。创编了一套"潮州工夫茶艺"的演绎方法，带领的多名弟子被评为区级"非遗"潮州工夫茶艺代表性传承人。被潮州市委宣传部选为茶文化使者，是"美丽广东·记忆乡愁——我是家乡代言人"。多次被聘请为潮州市、汕头市等市级茶事竞赛活动仲裁、评委。

她主办2019年"涌泉古岩杯"茶艺师职业技能竞赛，协办广东省茶艺技师职业技能大赛、广东省评茶员职业技能竞赛、"益武杯"中国工夫茶大赛、2022潮州工夫茶大会潮州工夫茶冲泡大赛，每年协助开展"粤东单丛茶评茶斗茶电视大赛"，积极参加各类茶事竞赛并取得优异成绩。

王泽英积极开展内容丰富、形式多样的茶文化活动，举办"无我茶会"、5·21"国际茶日"等专题活动，为潮安电视台《凤凰茶话》专栏录制节目，协助广东省茶产业大会、广东乡村青少年健康成长"两帮两促"行动（潮州站）、广东省"南粤古驿道定向大赛""潮文化'益'起来"主题活动、CCTV"发现之旅"潮安专题拍摄活动、"潮网汇——大V寻美最美潮州"城市品牌抖音活动等的开展并提供茶艺服务。

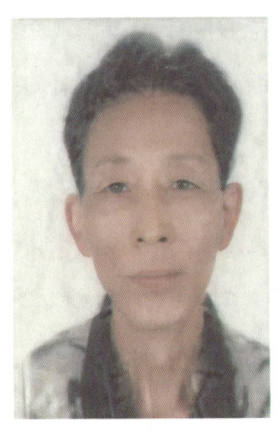

陈仁明

项目名称：饶平彩青习俗

陈仁明，男，1957年生。自幼酷爱美术，1981年起，先后在潮州市木器厂和彩瓷厂工作。

几十年来，每逢元宵佳节，他就会创作彩青作品几十件，供陈列观赏。尤其擅长制作人物、动物和植物为题材的钉桌，糅合了雕刻、绘画等艺术，并结合民间工艺，使各种造型更形象逼真、栩栩如生，具有较高的艺术性。他在继承传统制作技艺的基础上，不断进行创新，他将托底由面团改为陶瓷，使桌盘、桌碗能够永久不变质，可长期陈列。另外，还使用电钻等现代制作工具，使作品更具现代感。

近年来，他致力于饶平彩青习俗的传承和保护工作，以"非遗"进社区、进校园等方式，向年轻一代传授相关知识和传统技艺。

2012年12月，他被评为广东省非物质文化遗产项目饶平彩青习俗省级代表性传承人。

谢坤文

项目名称：饶平彩青习俗

谢坤文，男，1935年生。从小从师学艺，专门制作钉桌中的桌碗。

2008年，在饶平县组织的"饶平彩青民俗艺术节"中，他创作了几十件桌盘、桌碗参加活动，受到广大观众的赞赏。2011年，其作品被潮州市非物质文化遗产展览馆收藏展出。

制作钉桌时，他注重图案的变化和技巧的运用，利用麦、粟、豆、稻、米的不同形状和颜色拼造出花样百出的桌碗，使每个桌碗上达到图文并茂，有图、有字、有案，令人耳目一新。

每年元宵节，他会无偿为社区创作彩青民俗作品几十件，或无偿创作彩青艺术作品到三饶道韵楼展览，参加三饶彩青民俗文化节等。几十年来，他创作的饶平彩青民俗桌盘、桌碗作品达千余件。

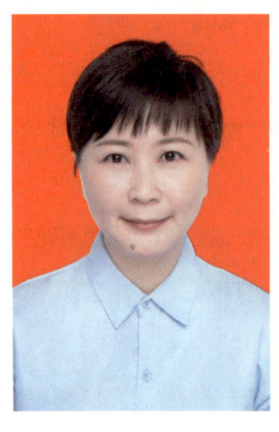

曾洁纯

项目名称：饶平彩青习俗

曾洁纯，女，1986年7月生。广东省非物质文化遗产项目饶平彩青习俗市级代表性传承人。

她自2012年培英幼儿园成为"非遗"传承教育基地以来，一直任基地传承负责人。这些年间，在工作实践中总结出个人心得："敬业是职业的必备，热爱才勇于付出，帮扶是大爱。"并立志以此带动园内教师的积极性。

她承担幼儿园饶平彩青艺术（三饶钉桌）课题负责人，将技艺传承带入幼儿教学中，在课题研究中带领传承的老师进行论文写作，撰写的教学经验论文《彩青艺术活动对幼儿多元能力的培养》获教育部中国教师发展基金会论文评比二等奖，《潮州文艺》第139期刊登该教学论文。此外，主编《彩青手工艺术进幼儿园》画册，让这种技艺传承成为可学可讲的课本。

蓝金炮，男，1948年生。畲族招兵节"师公"的世袭传人。年轻时，即随父亲学习招兵节仪式和道场诵经，能熟记和吟诵10本经文，熟悉招兵节中诵经叙事、祭祀、驱邪、唱神曲等仪式和程序，熟练掌握武场中的畲族猎步舞、钩刀舞及手诀等舞蹈动作。有30年参加100余场招兵节表演的丰富经验。

蓝金炮2008年3月被评为广东省非物质文化遗产项目畲族招兵节省级代表性传承人。

蓝金炮
项目名称：畲族招兵节

杨远
项目名称：
大城所端午节游旱龙

杨远，男，1954年9月生。

自25岁开始，跟随李歪先生学习、组织、编导端午节游旱龙游行队伍相关民俗活动。

2017年4月，杨远被评为广东省级非物质文化遗产项目大城所端午节游旱龙项目省级代表性传承人。

林柱州

项目名称：
大城所端午节游旱龙

林柱州，男，1976年6月生。现为广东省级非物质文化遗产项目大城所端午节游旱龙市级代表性传承人。

2017年8月，中央电视台莅潮州采访录制林柱州端午节游旱龙制作现场。

说起"游旱龙"，大城守御千户所在明代初期，端午节就有游旱龙的习俗。大城所自古传下一句俗话："张果老活到万万八千九，唔北（未曾）看见龙船街上走。"这就是说自古以来大城所游旱龙就是象征平安吉祥的。

大城所游的旱龙，各条彩旱龙有各自的特点，那时制扎旱龙仅有师傅一人，艺人十分稀缺。林柱州的祖父林炳顺是第十四代传人。他自幼受其祖父教导，学会制旱龙各种方法，以及材料选取和彩画等技术。十几年来，在堂伯父林之荣（第十五代传人）直接指导下，林柱州仿古制扎，熟练地完成了纸绣球、龙鳞、龙须特别是龙睛的制扎，并在技艺上不断改革。在取竹劈剔技术上，采取精细柔软的竹料，用宣纸卷成纸索捆绑龙架，在保证不断不散基础上狠下技术功夫，使旱龙在穿街过巷迅猛行进中坚韧牢固。

林柱州制作的旱龙作品，先后被饶平县所城社区"非遗"展览室、饶平县力诚民间艺术馆、饶平县所城镇文化分馆等收藏展览。

附 录

中华人民共和国非物质文化遗产法

(2011年2月25日第十一届全国人民代表大会常务委员会第十九次会议通过)

目 录

第一章　总　则

第二章　非物质文化遗产的调查

第三章　非物质文化遗产代表性项目名录

第四章　非物质文化遗产的传承与传播

第五章　法律责任

第六章　附　则

第一章　总　则

第一条　为了继承和弘扬中华民族优秀传统文化，促进社会主义精神文明建设，加强非物质文化遗产保护、保存工作，制定本法。

第二条　本法所称非物质文化遗产，是指各族人民世代相传并视为其文化遗产组成部分的各种传统文化表现形式，以及与传统文化表现形式相关的实物和场所。包括：

（一）传统口头文学以及作为其载体的语言；

（二）传统美术、书法、音乐、舞蹈、戏剧、曲艺和杂技；

（三）传统技艺、医药和历法；

（四）传统礼仪、节庆等民俗；

（五）传统体育和游艺；

（六）其他非物质文化遗产。

属于非物质文化遗产组成部分的实物和场所，凡属文物的，适用《中华人民共和国文物保护法》的有关规定。

第三条　国家对非物质文化遗产采取认定、记录、建档等措施予以保存，对体现中华民族优秀传统文化，具有历史、文学、艺术、科学价值的非物质文化遗产采取传承、传播等措施予以保护。

第四条　保护非物质文化遗产，应当注重其真实性、整体性和传承性，有利于增强中华民族的文化认同，有利于维护国家统一和民族团结，有利于促进社会和谐和可持续发展。

第五条　使用非物质文化遗产，应当尊重其形式和内涵。

禁止以歪曲、贬损等方式使用非物质文化遗产。

第六条 县级以上人民政府应当将非物质文化遗产保护、保存工作纳入本级国民经济和社会发展规划，并将保护、保存经费列入本级财政预算。

国家扶持民族地区、边远地区、贫困地区的非物质文化遗产保护、保存工作。

第七条 国务院文化主管部门负责全国非物质文化遗产的保护、保存工作；县级以上地方人民政府文化主管部门负责本行政区域内非物质文化遗产的保护、保存工作。

县级以上人民政府其他有关部门在各自职责范围内，负责有关非物质文化遗产的保护、保存工作。

第八条 县级以上人民政府应当加强对非物质文化遗产保护工作的宣传，提高全社会保护非物质文化遗产的意识。

第九条 国家鼓励和支持公民、法人和其他组织参与非物质文化遗产保护工作。

第十条 对在非物质文化遗产保护工作中做出显著贡献的组织和个人，按照国家有关规定予以表彰、奖励。

第二章 非物质文化遗产的调查

第十一条 县级以上人民政府根据非物质文化遗产保护、保存工作需要，组织非物质文化遗产调查。非物质文化遗产调查由文化主管部门负责进行。

县级以上人民政府其他有关部门可以对其工作领域内的非物质文化遗产进行调查。

第十二条 文化主管部门和其他有关部门进行非物质文化遗产调查，应当对非物质文化遗产予以认定、记录、建档，建立健全调查信息共享机制。

文化主管部门和其他有关部门进行非物质文化遗产调查，应当收集属于非物质文化遗产组成部分的代表性实物，整理调查工作中取得的资料，并妥善保存，防止损毁、流失。其他有关部门取得的实物图片、资料复制件，应当汇交给同级文化主管部门。

第十三条 文化主管部门应当全面了解非物质文化遗产有关情况，建立非物质文化遗产档案及相关数据库。除依法应当保密的外，非物质文化遗产档案及相关数据信息应当公开，便于公众查阅。

第十四条 公民、法人和其他组织可以依法进行非物质文化遗产调查。

第十五条 境外组织或者个人在中华人民共和国境内进行非物质文化遗产调查，应当报经省、自治区、直辖市人民政府文化主管部门批准；调查在两个以上省、自治区、直辖市行政区域进行的，应当报经国务院文化主管部门批准；调查结束后，应当向批准调查的文化主管部门提交调查报告和调查中取得的实物图片、资料复制件。

境外组织在中华人民共和国境内进行非物质文化遗产调查，应当与境内非物质文化遗产学术研究机构合作进行。

第十六条 进行非物质文化遗产调查，应当征得调查对象的同意，尊重其风俗习惯，不得损害其合法权益。

第十七条 对通过调查或者其他途径发现的濒临消失的非物质文化遗产项目，县级人民政府文化主管部门应当立即予以记录并收集有关实物，或者采取其他抢救性保存措施；对需要传承的，应当采取有效措施支持传承。

第三章 非物质文化遗产代表性项目名录

第十八条 国务院建立国家级非物质文化遗产代表性项目名录，将体现中华民族优秀传统文化，具有重大历史、文学、艺术、科学价值的非物质文化遗产项目列入名录予以保护。

省、自治区、直辖市人民政府建立地方非物质文化遗产代表性项目名录，将本行政区域内体现中华民族优秀传统文化，具有历史、文学、艺术、科学价值的非物质文化遗产项目列入名录予以保护。

第十九条 省、自治区、直辖市人民政府可以从本省、自治区、直辖市非物质文化遗产代表性项目名录中向国务院文化主管部门推荐列入国家级非物质文化遗产代表性项目名录的项目。推荐时应当提交下列材料：

（一）项目介绍，包括项目的名称、历史、现状和价值；

（二）传承情况介绍，包括传承范围、传承谱系、传承人的技艺水平、传承活动的社会影响；

（三）保护要求，包括保护应当达到的目标和应当采取的措施、步骤、管理制度；

（四）有助于说明项目的视听资料等材料。

第二十条 公民、法人和其他组织认为某项非物质文化遗产体现中华民族优秀传统文化，具有重大历史、文学、艺术、科学价值的，可以向省、自治区、直辖市人民政府或者国务院文化主管部门提出列入国家级非物质文化遗产代表性项目名录的建议。

第二十一条 相同的非物质文化遗产项目，其形式和内涵在两个以上地区均保持完整的，可以同时列入国家级非物质文化遗产代表性项目名录。

第二十二条 国务院文化主管部门应当组织专家评审小组和专家评审委员会，对推荐或者建议列入国家级非物质文化遗产代表性项目名录的非物质文化遗产项目进行初评和审议。

初评意见应当经专家评审小组成员过半数通过。专家评审委员会对初评意见进行审议，提出审议意见。

评审工作应当遵循公开、公平、公正的原则。

第二十三条 国务院文化主管部门应当将拟列入国家级非物质文化遗产代表性项目名录的项目予以公示，征求公众意见。公示时间不得少于二十日。

第二十四条 国务院文化主管部门根据专家评审委员会的审议意见和公示结果，拟订国家级非物质文化遗产代表性项目名录，报国务院批准、公布。

第二十五条 国务院文化主管部门应当组织制定保护规划，对国家级非物质文化遗产代表性项目予以保护。

省、自治区、直辖市人民政府文化主管部门应当组织制定保护规划，对本级人民政府批准公布的地方非物质文化遗产代表性项目予以保护。

制定非物质文化遗产代表性项目保护规划，应当对濒临消失的非物质文化遗产代表性项目予以重点保护。

第二十六条 对非物质文化遗产代表性项目集中、特色鲜明、形式和内涵保持完整的特定区域，当地文化主管部门可以制定专项保护规划，报经本级人民政府批准后，实行区域性整体保护。确定对非物质文化遗产实行区域性整体保护，应当尊重当地居民的意愿，并保护属于非物质文化遗产组成部分的实物和场所，避免遭受破坏。

实行区域性整体保护涉及非物质文化遗产集中地村镇或者街区空间规划的，应当由当地城乡规划主管部门依据相关法规制定专项保护规划。

第二十七条 国务院文化主管部门和省、自治区、直辖市人民政府文化主管部门应当对非物质文化遗产代表性项目保护规划的实施情况进行监督检查；发现保护规划未能有效实施的，应当及时纠正、处理。

第四章 非物质文化遗产的传承与传播

第二十八条 国家鼓励和支持开展非物质文化遗产代表性项目的传承、传播。

第二十九条 国务院文化主管部门和省、自治区、直辖市人民政府文化主管部门对本级人民政府批准公布的非物质文化遗

产代表性项目，可以认定代表性传承人。

非物质文化遗产代表性项目的代表性传承人应当符合下列条件：

（一）熟练掌握其传承的非物质文化遗产；

（二）在特定领域内具有代表性，并在一定区域内具有较大影响；

（三）积极开展传承活动。

认定非物质文化遗产代表性项目的代表性传承人，应当参照执行本法有关非物质文化遗产代表性项目评审的规定，并将所认定的代表性传承人名单予以公布。

第三十条 县级以上人民政府文化主管部门根据需要，采取下列措施，支持非物质文化遗产代表性项目的代表性传承人开展传承、传播活动：

（一）提供必要的传承场所；

（二）提供必要的经费资助其开展授徒、传艺、交流等活动；

（三）支持其参与社会公益性活动；

（四）支持其开展传承、传播活动的其他措施。

第三十一条 非物质文化遗产代表性项目的代表性传承人应当履行下列义务：

（一）开展传承活动，培养后继人才；

（二）妥善保存相关的实物、资料；

（三）配合文化主管部门和其他有关部门进行非物质文化遗产调查；

（四）参与非物质文化遗产公益性宣传。

非物质文化遗产代表性项目的代表性传承人无正当理由不履行前款规定义务的，文化主管部门可以取消其代表性传承人资格，重新认定该项目的代表性传承人；丧失传承能力的，文化主管部门可以重新认定该项目的代表性传承人。

第三十二条 县级以上人民政府应当结合实际情况，采取有效措施，组织文化主管部门和其他有关部门宣传、展示非

物质文化遗产代表性项目。

第三十三条 国家鼓励开展与非物质文化遗产有关的科学技术研究和非物质文化遗产保护、保存方法研究，鼓励开展非物质文化遗产的记录和非物质文化遗产代表性项目的整理、出版等活动。

第三十四条 学校应当按照国务院教育主管部门的规定，开展相关的非物质文化遗产教育。

新闻媒体应当开展非物质文化遗产代表性项目的宣传，普及非物质文化遗产知识。

第三十五条 图书馆、文化馆、博物馆、科技馆等公共文化机构和非物质文化遗产学术研究机构、保护机构以及利用财政性资金举办的文艺表演团体、演出场所经营单位等，应当根据各自业务范围，开展非物质文化遗产的整理、研究、学术交流和非物质文化遗产代表性项目的宣传、展示。

第三十六条 国家鼓励和支持公民、法人和其他组织依法设立非物质文化遗产展示场所和传承场所，展示和传承非物质文化遗产代表性项目。

第三十七条 国家鼓励和支持发挥非物质文化遗产资源的特殊优势，在有效保护的基础上，合理利用非物质文化遗产代表性项目开发具有地方、民族特色和市场潜力的文化产品和文化服务。

开发利用非物质文化遗产代表性项目的，应当支持代表性传承人开展传承活动，保护属于该项目组成部分的实物和场所。

县级以上地方人民政府应当对合理利用非物质文化遗产代表性项目的单位予以扶持。单位合理利用非物质文化遗产代表性项目的，依法享受国家规定的税收优惠。

第五章 法律责任

第三十八条 文化主管部门和其他有关部门的工作人员在非物质文化遗产保护、保存工作中玩忽职守、滥用职权、徇私舞弊的，依法给予处分。

第三十九条 文化主管部门和其他有关部门的工作人员进行非物质文化遗产调查时侵犯调查对象风俗习惯，造成严重后果的，依法给予处分。

第四十条 违反本法规定，破坏属于非物质文化遗产组成部分的实物和场所的，依法承担民事责任；构成违反治安管理行为的，依法给予治安管理处罚。

第四十一条 境外组织违反本法第十五条规定的，由文化主管部门责令改正，给予警告，没收违法所得及调查中取得的实物、资料；情节严重的，并处十万元以上五十万元以下的罚款。

境外个人违反本法第十五条第一款规定的，由文化主管部门责令改正，给予警告，没收违法所得及调查中取得的实物、资料；情节严重的，并处一万元以上五万元以下的罚款。

第四十二条 违反本法规定，构成犯罪的，依法追究刑事责任。

第六章 附 则

第四十三条 建立地方非物质文化遗产代表性项目名录的办法，由省、自治区、直辖市参照本法有关规定制定。

第四十四条 使用非物质文化遗产涉及知识产权的，适用有关法律、行政法规的规定。对传统医药、传统工艺美术等的保护，其他法律、行政法规另有规定的，依照其规定。

第四十五条 本法自 2011 年 6 月 1 日起施行。

广东省非物质文化遗产条例

（2011年7月29日广东省第十一届人民代表大会常务委员会第二十七次会议通过 根据2019年11月29日广东省第十三届人民代表大会常务委员会第十五次会议《关于修改〈广东省水利工程管理条例〉等十六项地方性法规的决定》修正）

目 录

第一章 总 则
第二章 非物质文化遗产代表性项目名录
第三章 非物质文化遗产的传承、传播和其他保护措施
第四章 法律责任
第五章 附 则

第一章 总 则

第一条 为了继承和弘扬优秀的传统文化，加强对非物质文化遗产的保护、保存工作，根据《中华人民共和国非物质文化遗产法》等有关法律、法规，结合本省实际，制定本条例。

第二条 本条例适用于本省行政区域内非物质文化遗产的保护、保存活动。

本条例所称非物质文化遗产是指各族人民世代相传并视为其文化遗产组成部分的各种传统文化表现形式，以及与传统文化表现形式相关的实物和场所。包括：

（一）传统口头文学以及作为其载体的语言；

（二）传统美术、书法、音乐、舞蹈、戏剧、曲艺和杂技；

（三）传统技艺、医药和历法；

（四）传统礼仪、节庆等民俗；

（五）传统体育和游艺；

（六）其他非物质文化遗产。

第三条 非物质文化遗产保护、保存应当坚持政府主导、社会参与，正确处理经济建设、社会发展与非物质文化遗产保护的关系，加强对非物质文化遗产的认定、记录、建档等保存工作，加强对体现优秀传统文化，具有历史、文学、艺术、科学价值的非物质文化遗产的传承、传播等保护工作。

第四条 县级以上人民政府应当将非物质文化遗产保护、保存工作纳入本级国民经济和社会发展规划；将保护、保存经费列入本级财政预算，并随着财政收入的增长而增加。

县级以上人民政府应当设立非物质文化遗产保护专项资金，用于本行政区域内非物质文化遗产的调查、传承、传播、濒危项目抢救等保护、保存工作。

第五条 省、地级以上市人民政府应当在资金、人才培养、设施建设等方面加强对少数民族地区、贫困地区非物质文化遗产保护、保存工作的扶持，并在其设立的非物质文化遗产保护专项资金中加大对本行政区域内少数民族地区、贫困地区的扶持力度。

第六条 县级以上人民政府建立非物质文化遗产保护协调机制，协调处理非物质文化遗产保护中涉及的重大事项。

非物质文化遗产保护、保存工作涉及两个以上行政区域的，由共同的上级人民政府及其文化主管部门予以协调。

第七条 县级以上人民政府文化主管部门（以下简称文化主管部门）负责本行政区域内的非物质文化遗产保护、保存工作。

县级以上人民政府发展改革、工业和信息化、教育、民族宗教、财政、税务、自然资源、住房城乡建设等有关部门，按照各自职责，负责有关的非物质文化遗产保护、保存工作。

第八条 各级非物质文化遗产保护工作机构在文化主管部门的领导下，组织实施非物质文化遗产保护、保存的相关工作。

文化馆（站）、村民委员会、居民委员会开展相应的非物质文化遗产保护、保存工作，文化主管部门应当给予指导和支持。

第九条 任何单位和个人对违反非物质文化遗产法律、法规和本条例的行为，有权向文化主管部门举报或者投诉。

文化主管部门应当依法受理，并将处理结果告知举报人或者投诉人。

第二章　非物质文化遗产代表性项目名录

第十条 县级以上人民政府及其有关部门应当对本行政区域内的非物质文化遗产资源状况进行调查，建立非物质文化遗产档案和相关数据库。

鼓励公民、法人和其他组织向文化主管部门提供非物质文化遗产信息。

第十一条 县级以上人民政府应当建立本级非物质文化遗产代表性项目名录，对本行政区域内体现优秀传统文化，具有历史、文学、艺术、科学价值的非物质文化遗产进行保护。

列入非物质文化遗产代表性项目名录的，应当具有世代传承传播、活态存在的特点，具有鲜明的民族或者地域特色，并在当地有较大影响。

第十二条 公民、法人和其他组织认为某项非物质文化遗产体现优秀传统文化，具有历史、文学、艺术、科学价值，可以向文化主管部门提出列入非物质文化遗产代表性项目名录的建议。

第十三条 公民、法人和其他组织可以向文化主管部门提出列入非物质文化遗产代表性项目名录的申请。申请主体为非申请项目传承人（团体）的，应当获得申请项目传承人（团体）的授权。

第十四条 县级以上人民政府可以从本级非物质文化遗产代表性项目名录中向上一级文化主管部门推荐列入上一级非物质文化遗产代表性项目名录的项目。

第十五条 向文化主管部门提交的申请材料或者推荐材料应当包括：

（一）项目介绍，包括项目的名称、历史、现状和价值；

（二）传承情况介绍，包括传承范围、传承谱系、传承人的技艺水平、传承活动的社会影响；

（三）保护要求，包括保护应当达到的目标和应当采取的措施、步骤、管理制度；

（四）有助于说明项目的视听资料等材料。

第十六条 非物质文化遗产代表性项目的认定实行专家评审制度。

评审工作应当遵循公开、公平、公正的原则。

第十七条 文化主管部门可以建立由具有较高学术水平和良好职业道德的专家组成的非物质文化遗产专家库。

第十八条 文化主管部门应当组织五名以上专家组成专家评审小组，对推荐、申请或者建议列入非物质文化遗产代表性项目名录的项目进行初评。初评意见应当经专家评审小组成员过半数通过。

文化主管部门应当组织五名以上专家组成专家评审委员会，对初评意见进行审议，提出审议意见。

专家评审小组和专家评审委员会从非物质文化遗产专家库中随机选择相关领域的专家组成。未建立非物质文化遗产专家库的，从相关领域选择专家组成。

专家评审小组的成员不得同时担任专家评审委员会的成员。县级人民政府文化主管部门组织的专家评审委员会人数不足的，专家评审小组成员可以参加专家评审委员会，但不得超过专家评审委员会总人数的三分之一。

第十九条 文化主管部门应当将拟列入本级非物质文化遗产代表性项目名录的项目予以公示，征求公众意见。公示时间不得少于二十日。

公示期间，公民、法人和其他组织有异议的，应当书面提出。文化主管部门经过调查，认为异议不成立的，应当在收到异议之日起三十日内书面告知异议人并说明理由；认为异议成立的，应当重新组织专家按照本条例规定的程序进行评审。

第二十条 文化主管部门根据专家评审委员会的审议意见和公示结果，拟订本级非物质文化遗产代表性项目名录，报本级人民政府批准、公布。

市、县级非物质文化遗产代表性项目名录应当报上一级文化主管部门备案。

第二十一条 文化主管部门对通过调查或者其他途径发现因自然或者人为原因而面临消亡、失传的非物质文化遗产项目，应当建立非物质文化遗产濒危项目目录，并将该目录报上一级文化主管部门。

文化主管部门应当会同有关部门制定非物质文化遗产濒危项目抢救方案，采取有效措施及时进行抢救性保护、保存。

在建立非物质文化遗产代表性项目名录时，对体现优秀传统文化，具有历史、文学、艺术、科学价值的非物质文化遗产濒危项目予以优先考虑。

第三章 非物质文化遗产的传承、传播和其他保护措施

第二十二条 文化主管部门应当组织制定保护规划，对本级人民政府批准公布的非物质文化遗产代表性项目予以保护，并对濒危的非物质文化遗产代表性项目予以重点保护。保护规划由非物质文化遗产保护工作机构负责执行。

文化主管部门应当对保护规划的实施情况进行监督检查；发现保护规划未能有效实施的，应当及时纠正、处理。

第二十三条 对列入非物质文化遗产代表性项目名录的项目，文化主管部门可以认定保护单位和代表性传承人。

第二十四条 非物质文化遗产代表性项目的保护单位应当具有该项目相对完整的资料，具备实施该项目保护计划的能力和开展传承、展示活动的场所及条件。

非物质文化遗产代表性项目的保护单位经文化主管部门组织五名以上专家评议、公示后，由文化主管部门批准并向社会公布。

第二十五条 非物质文化遗产代表性项目的保护单位应当履行下列职责：

（一）收集该项目的实物、资料，并登记、整理、建档；

（二）推荐代表性传承人；

（三）保护该项目相关的文化场所；

（四）开展该项目的展示展演活动；

（五）为该项目传承及相关活动提供必要条件；

（六）制定并实施该项目保护计划，定期报告项目保护实施情况，并接受监督；

（七）其他应当履行的职责。

非物质文化遗产代表性项目的保护单位无正当理由不履行保护职责并拒不改正的，文化主管部门应当撤销其保护单位资格并按照本条例规定的程序重新认定；因客观原因无法继续履行保护职责的，文化主管部门应当按本条例规定的程序另行认定。

第二十六条 公民、法人和其他组织可以向文化主管部门推荐非物质文化遗产代表性项目的代表性传承人人选，公民也可以自行申请认定为代表性传承人。

公民、法人和其他组织推荐非物质文化遗产代表性项目的代表性传承人的，应当征得被推荐人的书面同意。

向文化主管部门提交的推荐材料或者申请材料应当包括：

（一）被推荐人或者申请人的基本情况；

（二）该项目的传承谱系以及被推荐人或者申请人的学艺与传承经历；

（三）被推荐人或者申请人的技艺特点、成就及相关的证明材料；

（四）被推荐人或者申请人持有该项目的相关实物、资料的情况；

（五）其他说明被推荐人或者申请人代表性的材料。

认定非物质文化遗产代表性项目的代表性传承人，应当参照执行本条例有关非物质文化遗产代表性项目评审的规定，代表性传承人名单经文化主管部门批准后予以公布。

第二十七条 非物质文化遗产代表性项目的代表性传承人应当符合法定条件。下列人员不得认定为代表性传承人：

（一）仅从事非物质文化遗产资料收集、整理和研究的人员；

（二）文化主管部门和非物质文化遗产保护工作机构的工作人员；

（三）其他不直接从事非物质文化遗产项目传承活动的人员。

第二十八条 非物质文化遗产代表性项目的代表性传承人应当依法履行义务，并享有下列权利：

（一）开展传授、展示技艺、讲学以及文艺创作、学术研究等活动；

（二）享受人民政府规定的传承人补助费；

（三）开展传承活动有困难的，可以申请文化主管部门予以支持；

（四）提出非物质文化遗产保护工作的意见、建议；

（五）其他与非物质文化遗产保护相关的权利。

县级以上人民政府及其文化主管部门应当在活动经费、场所等方面支持非物质文化遗产代表性项目的代表性传承人依法开展非物质文化遗产代表性项目的传承、传播活动。

第二十九条 文化主管部门应当建立本级非物质文化遗产代表性项目代表性传承人档案。

文化主管部门应当每年将本行政区域内代表性传承人的情况报送上一级文化主管部门。

第三十条 文化主管部门应当指导非物质文化遗产代表性项目保护单位和代表性传承人依法保护其享有的知识产权。

第三十一条 县级以上人民政府对列入本级非物质文化遗产代表性项目名录的项目给予项目保护传承经费，对非物质文化遗产代表性项目的代表性传承人开展传承、传播活动给予传承人补助费。

任何单位和个人不得截留、挪用、挤占前款规定的项目保护传承经费和传承人补助费。

第三十二条 县级以上人民政府应当鼓励和扶持有关单位和个人在有效保护的前提下，合理利用非物质文化遗产资源。

鼓励采取与经贸、旅游相结合的方式保护和传承具有生产性、表演性或者观赏性的非物质文化遗产代表性项目。

第三十三条 县级以上人民政府可以结合节庆、文化活动、当地民间习俗等实际情况，组织开展非物质文化遗产代表性项目的展示、表演等活动。

第三十四条 县级以上人民政府应当在文化馆（站）内设立专门展室，或者根据需要建立非物质文化遗产专题的公共文化设施，用于非物质文化遗产代表性项目的传承、收藏和研究。

文化馆、图书馆、博物馆、美术馆等公共文化机构应当有计划地传播非物质文化遗产代表性项目，并依照国家和省有关规定向社会免费开放。

第三十五条 县级以上人民政府应当依法加强对与非物质文化遗产代表性项目密切相关的珍稀矿产、动物、植物等天然原材料的保护。

严禁乱采、滥挖或者盗猎、盗卖与非物质文化遗产代表性项目密切相关的珍稀矿产、动物、植物等天然原材料。

第三十六条 县级以上人民政府应当对与非物质文化遗产代表性项目直接关联的建筑物、场所、遗迹及其附属物划定保护范围，作出标志说明，建立专门档案，并在城乡规划和建设中采取有效措施予以保护。

前款所称标志说明包括非物质文化遗产代表性项目的名称、级别、简介和立标机关、立标日期等内容。

第三十七条 各级人民政府设立的文化机构在遵循自愿原则的基础上，可以依法对本行政区域内具有代表性的非物质文化遗产资料和实物进行征集、收购。收购时，应当合理作价，并向所有者颁发证书。

鼓励公民、法人和其他组织将其所有的非物质文化遗产资料和实物捐赠给政府设立的文化机构收藏，或者委托政府设立的文化机构保管或者展出。对捐赠者，应当予以表彰，并颁发捐赠证书；对委托者，应当注明委托单位的名称或者个人姓名。

鼓励公民、法人和其他组织依法成立研究机构，兴办专题博物馆，开设专门展室，开展对非物质文化遗产的研究工作，展示非物质文化遗产代表性项目。

第三十八条 县级以上人民政府及其文化主管部门和报刊、广播、电视、互联网等媒体，应当通过非物质文化遗产代表性项目专题展示、专栏介绍等方式，普及非物质文化遗产知识，提高全社会的非物质文化遗产保护意识。

第三十九条 学校应当按照教育主管部门的规定，因地制宜开展非物质文化遗产教育活动，并将非物质文化遗产代表性项目教育列为素质教育的内容。

第四十条 鼓励和支持公民、法人和其他组织依法通过资金资助、物资支持、提供场所等方式参与非物质文化遗产代表性项目的传承、传播活动。

鼓励和支持社会团体、研究机构、大专院校参与与非物质文化遗产有关的科学技术研究和非物质文化遗产保护方法研究。

鼓励依法开展非物质文化遗产保护工作的地区和国际交流合作。

第四十一条 各级人民政府及其有关部门应当加强非物质文化遗产保护工作队伍的建设，培养非物质文化遗产保护、研究、传承等各类专门人才。

第四章 法律责任

第四十二条 违反本条例第三十一条第二款规定，截留、挪用、挤占项目保护传承经费、传承人补助费的，由县级以上人民政府有关部门责令返还，并依照有关法律、法规予以处罚；构成犯罪的，依法追究刑事责任。

第四十三条 违反本条例第三十五条第二款规定，非法采挖或者盗猎、盗卖与非物质文化遗产代表性项目密切相关的珍稀矿产、动物、植物等天然原材料的，由县级以上人民政府有关部门依照有关法律、法规予以处罚；构成犯罪的，依法追究刑事责任。

第四十四条 违反本条例关于非物质文化遗产代表性项目、保护单位或者代表性传承人的评审规定，弄虚作假的，由文化主管部门给予警告；已认定为非物质文化遗产代表性项目、保护单位或者代表性传承人的，予以撤销，并责令返还项目保护传承经费、传承人补助费。

第四十五条 行政主管部门、非物质文化遗产保护工作机构及其工作人员违反本条例规定，有下列情形之一的，由有关机关责令改正；情节严重的，对直接负责的主管人员和其他直接责任人员依法给予处分；构成犯罪的，依法追究刑事责任：

（一）截留、挪用、挤占非物质文化遗产保护专项资金的；

（二）未按照本条例第九条规定处理举报或者投诉的；

（三）未按照本条例第十八条、第十九条、第二十条、第二十四条第二款、第二十六条第四款、第二十七条规定认定非物质文化遗产代表性项目、保护单位和代表性传承人的；

（四）未按照本条例第二十一条规定建立非物质文化遗产濒危项目目录或者及时进行抢救性保护的；

（五）未按照本条例第二十二条规定组织制定非物质文化遗产代表性项目保护规划，或者未对保护规划的实施情况进行监督检查的；

（六）有其他滥用职权、玩忽职守、徇私舞弊行为的。

第五章　附　则

第四十六条　本条例自 2011 年 10 月 1 日起施行。

广东省省级非物质文化遗产代表性传承人认定与管理办法

第一条 为了传承弘扬中华优秀传统文化，有效保护和传承非物质文化遗产，鼓励和支持广东省省级非物质文化遗产代表性传承人开展传承活动，根据《中华人民共和国非物质文化遗产法》《国家级非物质文化遗产代表性传承人认定与管理办法》《广东省非物质文化遗产条例》等有关法律法规，结合本省非物质文化遗产保护工作的实际，制定本办法。

第二条 本办法所称广东省省级非物质文化遗产代表性传承人，是指长期居住或工作在广东省省级非物质文化遗产代表性项目所在地且承担该项目传承责任，在特定领域内具有代表性，并在一定区域内具有较大影响，经广东省文化和旅游厅（以下简称"省文化和旅游厅"）认定的传承人。

第三条 广东省省级非物质文化遗产代表性传承人的认定与管理应当以习近平新时代中国特色社会主义思想为指导，坚持以人民为中心，弘扬社会主义核心价值观，保护传承非物质文化遗产，推动中华优秀传统文化创造性转变、创新性发展。

第四条 广东省省级非物质文化遗产代表性传承人的认定与管理应当立足于完善非物质文化遗产传承体系，增强非物质文化遗产存续力，尊重传承人的主体地位和权利，注重社区和群体的认同感。

第五条 广东省省级非物质文化遗产代表性传承人应当锤炼忠诚、执着、朴实的品格，增强使命和担当意识，提高传承实践能力，在开展传承、传播等活动时遵守宪法和法律法规，遵守社会公德，坚持正确的历史观、世界观、民族观、文化观，铸牢中华民族共同体意识，不得以歪曲、贬损等方式使用非物质文化遗产。

第六条 省文化和旅游厅根据全省非物质文化遗产保护实际，定期组织开展广东省省级非物质文化遗产代表性传承人认定工作。

第七条 认定广东省省级非物质文化遗产代表性传承人，应当坚持公开、公平、公正的原则，严格履行申报、审核、评审、公示、审定、公布等程序。

第八条 广东省省级非物质文化遗产代表性传承人包括个人和群体。

个人指单个自然人。群体由两名及以上自然人构成，他们分别掌握某项省级非物质文化遗产代表性项目实践的重要环节或核心技艺，相互间不可或缺、分工协作，共同承担该项目传承工作。

符合下列条件的中国公民个人或群体，可以申请为广东省省级非物质文化遗产代表性传承人：

（一）长期从事该项非物质文化遗产传承实践，熟练掌握其传承的广东省省级非物质文化遗产代表性项目知识和核心技艺，且有能力、有意愿持续开展传承工作；

（二）在特定领域内具有代表性，并在一定区域内具有较大影响；

（三）长期居住或工作在广东省省级非物质文化遗产代表性项目所在地。

（四）在该项非物质文化遗产的传承中具有核心、带头、示范等重要作用，积极开展传承活动，培养后继人才；

（五）爱国敬业，遵纪守法，德艺双馨。

鼓励长期在粤居住或工作且符合上述条件的香港、澳门居民中的中国公民申请广东省省级非物质文化遗产代表性传承人。

仅从事非物质文化遗产资料收集、整理和研究的，不得认定为广东省省级非物质文化遗产代表性传承人。

第九条 公民提出广东省省级非物质文化遗产代表性传承人申请的，应当向广东省省级非物质文化遗产代表性项目所在地县级以上文化和旅游主管部门如实提交下列材料：

（一）申请人姓名、民族、从业时间等基本情况；

（二）申请人的传承谱系或师承脉络、学习与实践经历；

（三）申请人所掌握的非物质文化遗产知识和核心技艺、成就及相关的证明材料；

（四）申请人授徒传艺、参与社会公益性活动等情况；

（五）申请人持有该项目的相关实物、资料的情况；

（六）申请人志愿从事非物质文化遗产传承活动，履行代表性传承人相关义务的声明；

（七）其他有助于说明申请人具有代表性和影响力的材料。

省直各部门直属单位可以通过其主管单位向广东省文化和旅游厅推荐本单位项目的省级非物质文化遗产代表性传承人，但应征得被推荐人的同意，推荐材料应当包括前款各项内容。

第十条 文化和旅游主管部门收到申请材料或推荐材料后，应当组织专家进行审核并逐级上报。

地级以上市文化和旅游主管部门收到上述材料后，应当组织评审，提出推荐人选和审核意见，连同申报材料和评审意见一并报送省文化和旅游厅。

第十一条 省文化和旅游厅应当对收到的申请材料或推荐材料进行复核。符合要求的，进入评审程序；不符合要求的，退回材料并说明理由。

第十二条 省文化和旅游厅应当组织专家评审小组和评审委员会，对推荐认定为广东省省级非物质文化遗产代表性传承人的人选进行初评和审议。根据需要，可以安排现场答辩环节。

初评人选应当经专家评审小组成员半数以上通过。评审委员会对初评人选进行审议，提出广东省省级非物质文化遗产代表性传承人推荐人选。

第十三条 省文化和旅游厅对评审委员会提出的广东省省级非物质文化遗产代表性传承人的推荐人选向社会公示，公示期为二十日。

第十四条 公民、法人或者其他组织对广东省省级非物质文化遗产代表性传承人推荐人选有异议的，可以在公示期间以书面形式实名向省文化和旅游厅提出。

第十五条 省文化和旅游厅根据评审委员会的审议意见和公示结果，审定广东省省级非物质文化遗产代表性传承人名单，并予以公布。

第十六条 省文化和旅游厅应当建立广东省省级非物质文化遗产代表性传承人档案，并及时更新相关信息。

档案内容主要包括传承人基本信息、参加学习培训、开展传承活动、参与社会公益性活动情况等。

第十七条 省级非物质文化遗产代表性传承人享有下列权利：

（一）开展传承活动，进行创造性实践；

（二）参加教育培训，学习新知识和技艺；

（三）参与非物质文化遗产宣传和交流；

（四）获得政府提供的传承支持；

（五）对非物质文化遗产保护工作提出意见和建议。

第十八条 省级非物质文化遗产代表性传承人承担下列义务：

（一）开展传承活动，培养后继人才；

（二）妥善保存相关的实物、资料；

（三）配合文化和旅游主管部门与其他有关部门进行非物质文化遗产调查、记录、研究和推广；

（四）积极参与非物质文化遗产公益性宣传等活动；

（五）接受文化和旅游主管部门指导、管理和考核评估，接受项目保护单位指导，配合有关部门开展审计、检查或绩效评价等工作；定期向所在地县级以上文化和旅游主管部门、项目保护单位提交传承情况报告；

（六）其他有关非物质文化遗产保护传承的义务。

第十九条 所在地县级以上文化和旅游主管部门根据实际情况对省级非物质文化遗产代表性传承人开展传承、传播等活动给予支持。

对无经济收入来源、生活确有困难的广东省省级非物质文化遗产代表性传承人，所在地文化和旅游主管部门应当协调有关部门积极创造条件，并鼓励社会组织和个人提供资助，保障其基本生活需求。

第二十条 省文化和旅游厅应定期对省级非物质文化遗产代表性传承人开展传承活动进行评估，实施细则另行制定。

考核评估结果作为是否继续享有省级非物质文化遗产代表性传承人资格及相关权益的主要依据。

第二十一条 省文化和旅游厅按照有关规定，会同有关部门对做出突出贡献的广东省省级非物质文化遗产代表性传承人予以表彰和奖励。

第二十二条 有下列情形之一的，经地级以上市文化和旅游主管部门核实后，省文化和旅游厅取消广东省省级非物质文化遗产代表性传承人资格：

（一）代表性传承人丧失中华人民共和国国籍的；

（二）采取弄虚作假等不正当手段取得资格的；

（三）无正当理由不履行义务且累计两次评估不合格的；

（四）违反法律法规或违背社会公德，造成重大不良社会影响的；

（五）自愿放弃的；

（六）其他应当取消广东省省级非物质文化遗产代表性传承人资格的。

第二十三条 广东省省级非物质文化遗产代表性传承人丧失传承能力、无法履行传承义务的，经地级以上市文化和旅游主管部门核实后，报省文化和旅游厅审核备案，并把其中作出突出贡献的传承人列入"广东省省级非物质文化遗产荣誉传承人"，取消其传习补助，鼓励地方给予其一定的优抚。

第二十四条 广东省省级非物质文化遗产代表性传承人或荣誉传承人去世的，地级以上市文化和旅游主管部门应及时将相关情况报省文化和旅游厅。

第二十五条 地级以上市文化和旅游主管部门可参照本办法，制定本行政区域内非物质文化代表性传承人的认定与管理办法。

第二十六条 本办法由省文化和旅游厅负责解释。

第二十七条 本办法自 2022 年 1 月 1 日起施行，有效期 5 年。原广东省文化厅 2014 年 9 月 29 日发布的《广东省文化厅关于省级非物质文化遗产项目代表性传承人认定与管理的暂行办法》同时废止。

中共潮州市委办公室 潮州市人民政府办公室印发《关于进一步加强我市非物质文化遗产保护工作的实施意见》的通知

各县（区）党委、政府（管委会），市委各部委，市直各单位．市各人民团体，上级驻潮单位：

《关于进一步加强我市非物质文化遗产保护工作的实施意见》已经市委、市政府领导同志同意，现印发给你们，请结合实际认真贯彻落实。

中共潮州市委办公室

潮州市人民政府办公室

2023 年 3 月 6 日

关于进一步加强我市非物质文化遗产保护工作的实施意见

为深入贯彻习近平总书记关于加强非物质文化遗产保护工作的重要论述，落实《中共广东省委办公厅、广东省人民政府办公厅印发《关于进一步加强我省非物质文化遗产保护工作的实施意见》的通知》（粤办发 [2022] 22 号）精神进一步健全我市非物质文化遗产保护传承体系，推进非物质文化遗产创造性转化、创新性发展，现结合实际，提出如下实施意见。

一、总体要求

坚持以习近平新时代中国特色社会主义思想为指导，全面贯彻党的二十大精神，深入贯彻习近平总书记视察广东视察潮州重要讲话重要指示精神，坚持党对非物质文化遗产保护工作的领导，以社会主义核心价值观为引领，坚守中华文化立场、传承中华文化基因，坚持依法科学保护、系统性保护，贯彻"保护为主、抢救第一、合理利用、传承发展"的工作方针，深入实施非物质文化遗产传承发展工程，为建设高水平文化强市提供精神力量。

到 2025 年，全市非物质文化遗产代表性项目得到有效保护，工作制度科学规范、运行有效，人民群众对非物质文化遗产的参与感、获得感、认同感显著增强，非物质文化遗产服务当代、造福人民的作用进一步发挥，社会广泛参与非物质文化遗产保护传承的生动局面逐步形成。到 2035 年，非物质文化遗产得到全面有效保护，传承活力明显增强，工作制度更加完善，传承体系更加健全，保护理念深入人心，国内外影响力显著提升，具有潮州特色的非物质文化遗产保护格局全面形成，在服务国家重大战略、全省工作大局和推动我市高质量发展中的作用更加彰显。

二、主要任务

（一）**完善调查记录**。开展非物质文化遗产资源调查研究，对急需保护、有重要价值的非物质文化遗产代表性项目进行重点或专项调查。按照国家和省的部署，对市级以上非物质文化遗产代表性项目和代表性传承人进行重点记录。妥善保存记录成果，加强转化利用和传播推广。规范非物质文化遗产档案管理，建设非物质文化遗产数据库，出版非物质文化遗产图典，对非物质文化遗产代表性项目和代表性传承人相关的文字、图片、录音、录像及实物资料等建档并进行数字化存储。

（二）**完善名录体系**。加强各级非物质文化遗产代表性项目制度建设，构建更加科学合理的分类体系。加强项目保护单位管理，压实项目保护单位责任，开展年度考核评估。做好市级非物质文化遗产代表性传承人的认定和管理，努力增加国家级、省级非物质文化遗产代表性传承人数量。加强各级非物质文化遗产代表性传承人制度建设，不断壮大传承队伍，加强传承人动态管理，开展传承人年度考核。

（三）**加强传承体验设施建设**。推进非物质文化遗产馆建设管理，打造具有影响力的非物质文化遗产传承体验示范馆。谋划建设综合性和专题性非物质文化遗产馆。统筹利用好现有资源，实现市、县两级非物质文化遗产展示场所全覆盖。支持有条件的文化馆、非遗保护中心、博物馆、文化站等利用已有场馆设置非遗传习所。支持建设非遗人才示范工作室，充分发挥非物质文化遗产名家的传帮带作用。鼓励在旅游景区和具有地方特色、保存现状较好、具备开放条件的历史建筑或文物保护单位中展示非物质文化遗产。支持有条件的非物质文化遗产代表性项目保护单位建设传承体验展示中心、传承人工作室；支持高校、职校、科研机构、社会组织、企业建设各具特色的非物质文化遗产传承体验设施。

（四）**加强理论研究**。充实潮州市文化遗产专家库，加强潮州文化和非物质文化遗产特约研究员队伍建设，做好非物质文化遗产资源的挖掘、研究。加强本地非物质文化遗产研究基地建设与管理，深化理论和实践研究。鼓励高校、职校、研究机构、社会组织、非物质文化遗产保护中心及项目保护单位积极开展非物质文化遗产研究，创办学术刊物，出版、发表研究成果，举办非物质文化遗产学术会议，开展跨区域学术研讨和交流活动。

（五）**加强区域性整体保护**。加强统筹协调，加快推进潮州文化（湘桥）生态保护区建设，积极创建国家级文化生态保护区。加强顶层设计，科学编制国家级文化生态保护区总体规划，完善保护区管理制度，有序推进生态保护区各项建设工作。加强调查研究，完善保护区非物质文化遗产代表性项目与代表性传承人名录管理体系。加强人才培养，加大对非物质文化遗产传承人群、管理干部、从业人员、志愿者等的培训培养力度，构建科学人才培养体系，提升保护区建设水平。鼓励结合美丽乡村建设、农耕文化保护、城市建设等，挖掘历史文化名镇名村、历史文化街区、传统村落、中国民间艺术之乡、乡村旅游重点村镇、少数民族特色村寨中的非物质文化遗产资源，建设非物质文化遗产特色村镇、街区。加强新型城镇化建设中的非物质文化遗产保护，推进"非遗进社区"工作，提高区域性整体保护水平。

（六）加强分类保护。对非物质文化遗产代表性项目进行收集梳理、建档立册、分类施策、加强保护。对于潮州金银錾刻、潮州抽纱等濒危项目，加强抢救记录、鼓励传承实践、实施动态跟踪，帮助其拓展在现代生活中的应用。加强各类传承人的培养，支持非物质文化遗产传承人提升技能 艺能，培育高素质技术技能人才，加强青少年传承人后备力量培养，推进非物质文化遗产进校园。阐释挖掘民间文学和民俗类非物质文化遗产代表性项目的时代价值及社会功用，创新表演艺术类非物质文化遗产代表性项目的表现形式。深入实施《潮州市潮剧保护传承条例》，加大对濒危剧种保护传承和优秀剧本、曲本创作的扶持力度，办好品牌活动。推动传统体育、游艺与杂技类非物质文化遗产代表性项目纳入全民健身活动。深入实施《潮州市工艺美术保护与促进条例》，推进传统工艺振兴计划，推动传统美术、传统技艺、中药炮制及其他传统工艺在现代生活中广泛应用。将符合条件的传统工艺企业纳入老字号名录。支持符合条件的传统医药类非物质文化遗产代表性传承人参加中医师承或确有专长考核，依法取得医师资格。积极申报联合国教科文组织创意城市网络"美食之都"，深入实施"粤菜师傅""广东技工"工程，弘扬潮州技艺和美食文化。支持建设非物质文化遗产工作站，集合行业优势资源，保护传承好潮州刺绣、潮州菜烹饪技 艺等传统技艺。办好"文化和自然遗产日系列活动""非遗购物节"等活动，围绕传统节日，组织具有本地特色和民族特色的非物质文化遗产展示展演宣传活动，满足人民群众的节日文化需求。

（七）服务国家战略和经济社会发展。组织非物质文化遗产传承人参加粤港澳大湾区等地的文化交流活动。在全面推进乡村振兴和新型城镇化建设中，发挥非物质文化遗产促就业、增收入和服务基层社会治理的作用，加大对革命老区原中央苏区、民族地区、脱贫地区的非物质文化遗产保护力度，建设非物质文化遗产工坊，扩大受益人群。鼓励非物质文化遗产传承人创作以红色文化、民族团结为主题的作品，弘扬社会主义核心价值观，铸牢中华民族共同体意识。推动非物质文化遗产与旅游融合发展，支持利用非物质文化遗产馆、非物质文化遗产传承体验中心、非物质文化遗产街区、非物质文化遗产工坊等场所，培育一批非物质文化遗产旅游体验基地。推出一批具有潮州特色的非物质文化遗产主题旅游线路、研学旅游产品和演艺作品。支持非物质文化遗产有机融入景区、度假区、旅游休闲街区。推动非物质文化遗产与科技融合发展，在展示展演、产品研发、宣传推广等环节加强科技应用。加强非物质文化遗产与文化创意、时尚元素融合，增加消费品的文化内涵和附加值，鼓励结合地方特色打造非物质文化遗产手信。利用互联网平台，拓宽非物质文化遗产产品推广和销售渠道。鼓励非物质文化遗产相关企业参加境内外展会，拓展国际市场。加强非物质文化遗产工作站、传承基地、生产性保护示范基地建设，推动多方合作、跨界融合，打造非物质文化遗产保护、传承、传播、交流、发展的综合性平台。

（八）促进广泛传播。丰富传播手段，拓展传播渠道，鼓励新闻媒体设立非物质文化遗产专题、专栏，举办非物质文化遗产相关优秀节目。鼓励文艺创作生产单位充分挖掘非物质文化遗产蕴含的文化价值，推出相关影视剧、纪录片、宣传片、舞台剧、短视频等作品，讲好非物质文化遗产故事。积极利用我市外宣媒体平台阵地，对外广泛宣介非物质文化遗产和中华优秀传统文化、潮州特色文化。利用文化馆（站）图书馆、博物馆、美术馆等公共文化设施和非物质文化遗产相关保护机构开展非物质文化遗产培训、展览、讲座、学术交流等活动。积极组织参加中国（深圳）国际文化产业博览交易会、广东旅游文化节、广东国际旅游产业博览会等平台活动，加强潮州非物质文化遗产传播。在传统节日、文化和自然遗产日期间，组织开展多种形式的宣传展示活动。鼓励探索利用公共空间和商业空间开展非物质文化遗产传播活动，打造非物质文化遗产传播阵地。加强非物质文化遗产保护实践成果和典型经验宣传推广，营造全社会关心、支持、参与非物质文化遗产保护的良好氛围。

（九）**融入国民教育体系**。加强非物质文化遗产传承人培训，与高校、职校、科研机构合作研究设计科学培养方案循序渐进提升传承人群传承能力。健全非物质文化遗产代表性传承人扶持机制，为其授徒传艺提供必要的资金支持，提供参与学术研讨、技艺交流等机会，进一步提升传承人技能。促进传统传承方式和现代教育体系相结合，拓宽人才培养渠道。推动非物质文化遗产内容融入中小学文化教育，鼓励在中小学开设非物质文化遗产特色课程。鼓励项目保护单位和代表性传承人开展形式多样的非物质文化遗产进校园传承活动，吸引更多青少年参与非物质文化遗产保护传承。依托本地高校和高等院校资源，推进教育与非遗传承工作融合发展，鼓励开设非物质文化遗产相关专业和课程，开发技能教材，培养非物质文化遗产保护专业人才。加大非物质文化遗产师资队伍培养力度，支持代表性传承人参与学校教学科研，鼓励非物质文化遗产传承人上讲台。引导社会力量参与非物质文化遗产教育工作，广泛开展社会实践和研学活动。

（十）**加强对外和对港澳台交流合作**。推动潮州非物质文化遗产"走出去"，加强与共建"一带一路"国家和地区的交流。依托国际性活动、会议等平台，加强非物质文化遗产保护先进经验交流互鉴，开展对外和对港澳台的非物质文化遗产宣传、推广与合作。通过驻外使领馆、海外中国文化中心、驻外旅游办事处、中资企业以及海外侨胞等，积极开展非物质文化遗产宣传推广。多渠道宣传潮州文化，搭建文化交流桥梁，充分发挥非物质文化遗产在增进文化认同、广泛凝聚人心、维系国家统一中的独特作用。

三、保障措施

（十一）**加强组织领导**。各县（区）党委和政府要高度重视非物质文化遗产保护工作，严格落实主体责任，把非物质文化遗产保护工作纳入本地区经济社会发展相关规划和考核评价体系。健全非物质文化遗产保护工作联席会议制度，完善协调推进工作机制，推动形成有利于非物质文化遗产保护的工作体系。

（十二）**加大政策支持力度**。完善政策法规，建立健全非物质文化遗产保护相关制度。支持非物质文化遗产相关企业按规定享受税收优惠政策，鼓励和引导金融机构继续加强对非物质文化遗产的金融服务，推动财政、税收、土地、金融、社保等相关政策落实到位。加强非物质文化遗产普法教育和知识产权保护，充分发挥非物质文化遗产法律专家作用，综合运用著作权、商标权、专利权等多种手段，支持相关非物质文化遗产产品注册商标和地理标志。

（十三）**强化机构队伍建设**。建立职责明晰、配置合理、保障有力的非物质文化遗产保护职能体系和运行机制。各县（区）党委和政府要依法明确承担非物质文化遗产管理职能的具体部门，统筹使用编制资源，强化人员配备，确保充分履行非物质文化遗产保护职能。完善非物质文化遗产保护管理人员培训机制，鼓励高校、职校培养培训非物质文化遗产保护管理人才。积极完善非物质文化遗产保护专业人才技术职称评审制度。对在非物质文化遗产保护工作中作出显著贡献的组织和个人，按照有关规定予以表彰奖励。

（十四）**完善投入机制**。各级政府要依法把非物质文化遗产保护经费列入本级预算，按照公共文化领域省级与市县财政事权和支出责任划分改革实施方案承担支出责任，加强绩效管理，提高资金使用效益。鼓励预算单位根据需要采购非物质文化遗产相关产品和服务。鼓励经费向濒危项目、示范引领作用突出及带动作用明显的重点项目、优势项目倾斜向老区苏区、民族地区和乡村振兴项目倾斜。采取定向资助、贷款贴息等措施，支持非物质文化遗产基础设施建设。完善多元投入机制，鼓励和引导社会力量以捐赠、资助、依法设立基金会等形式，支持和参与非物质文化遗产保护传承。

附件：主要任务分工表

主要任务	责任单位
1. 完善调查记录	市文化广电旅游体育局，市档案局，各县、区政府（管委会）按职责分工负责
2. 完善名录体系	市文化广电旅游体育局，各县、区政府（管委会）按职责分工负责
3. 加强传承体验设施建设	市教育局，市工业和信息化局，市民政局，市财政局，市住房城乡建设局，市文化广电旅游体育局，市政府项目建设中心，各县、区政府（管委会）按职责分工负责
4. 加强理论研究	市教育局，市民政局，市文化广电旅游体育局，市社科联，韩山师范学院，各县、区政府（管委会）按职责分工负责
5. 加强区域性整体保护	市委宣传部，市委统战部，市委政法委，市委政研室，市委编办，市委党史研究室，市发展改革局，市教育局，市科技局，市工业和信息化局，市公安局，市民政局，市财政局，市人力资源社会保障局，市自然资源局，市生态环境局，市住房城乡建设局，市交通运输局，市水务局，市农业农村局，市商务局，市文化广电旅游体育局，市卫生健康局，市应急管理局，市国资委，市市场监管局，市金融局，市城管执法局，市政务服务数据管理局，市林业局，市国防动员办公室，市消防救援支队，潮州日报社，市广播电视台，各县、区政府（管委会）按职责分工负责

(接上表)

主要任务	责任单位
6. 加强分类保护	市工业和信息化局，市民族宗教事务局，市人力资源社会保障局，市商务局，市文化广电旅游体育局，市卫生健康局，市总工会，各县、区政府（管委会）按职责分工负责
7. 服务国家战略和经济社会发展	市委外办，市科技局，市工业和信息化局，市人力资源社会保障局，市农业农村局（市乡村振兴局），市商务局，市文化广电旅游体育局，各县、区政府（管委会）按职责分工负责
8. 促进广泛传播	市委宣传部，市委网信办，市文化广电旅游体育局，各县、区政府（管委会）按职责分工负责
9. 融入国民教育体系	市教育局，市文化广电旅游体育局，各县、区政府（管委会）按职责分工负责
10. 加强对外和对港澳台交流合作	市委宣传部，市委外办，市文化广电旅游体育局，各县、区政府（管委会）按职责分工负责

后 记

历经一年多时间社会各界的艰辛付出，《潮州市非物质文化遗产名录图典》终于付梓了！这是潮州市非物质文化遗产保护和传承工作的一件大喜事！

这本书收录时间截至2022年12月。它是一本完整、系统地介绍广东省潮州市入选国家级、省级、市级非物质文化遗产名录的典籍，内容涵盖已入选国家级、省级、市级非物质文化遗产名录的106个代表性项目以及已确定的这些项目的211名国家级、省级、市级代表性传承人的文字介绍和图片资料。

编纂过程中，坚持以简约朴实、具象生动、力求准确为原则，有较强的可读性和可视性，尤其突出能体现这些项目及其传承人文史内涵、传承演变、表态特征、濒危抢救现状和创新发展历程的资料，达到文字内容和版面形式融合一体、相得益彰的视读效果。在此，谨向《潮州市非物质文化遗产名录图典》的编纂单位——潮州市文化广电旅游体育局、潮州市潮州文化研究中心，支持单位——国强公益基金会、国华旅游文化控股（广州）有限公司表示诚挚的感谢！

自始至终，《潮州市非物质文化遗产名录图典》得到潮州市文化广电旅游体育局领导的高度重视和直接指导。书中所有项目的文字参考资料和部分选用图片，主要源于市直、各县区、街道镇及相关保护单位整理提供，又邀约徐俊贤等资深"非遗"专家和业界的潮州市潮菜文化研究会等机构对名录项目介绍文字进行编撰和修订。市潮州文化研究中心和各县区文化部门特别是市、县区非物质文化遗产保护传承中心积极通力合作，为本书提供了各个项目传承人的文字介绍资料，整理了市级以上各级非物质文化遗产名录项目表及其传承人汇总表。支持单位派出团队莅潮拍摄各个项目和大部分传承人的相关视频和图片，佛山市南海区碧家文化传播有限公司进行版式设计和修改。市文广旅体局相关科室、全市各地许多单位和个人尤其是文化工作者、项目传承人及有关方面的行家多方联动，付出了大量的辛勤劳动。稿件编审中，羊城晚报出版社默契配合、高效运作。正是这些助力，才催生这本厚重的典籍能如期呈现在读者面前。特此，一并谨致深切的敬意和衷心的谢忱！

应该说，《潮州市非物质文化遗产名录图典》的编纂出版是社会各界携手合力、全市各级文化部门和广大非物质文化遗产保护工作者以及传承人凝心聚力的成果结晶！

然而因时间紧迫，内容繁杂，涉及面广，衔接艰难，编纂人员虽用心细致地尽力规避偏差，仍囿于认知水准等因素，书中遗缺、欠妥之处在所难免。于此，恳请社会各界同仁多加包涵并不吝评点、指正！

当前，全市广大非物质文化遗产保护工作者和传承人牢记嘱托，感恩奋进，守正创新，不断地加强非物质文化遗产的挖掘、抢救、宣传和保护工作，守护好非物质文化遗产的理念深入人心，非物质文化遗产的拓展根基牢固，潮州文化百花园中那一朵朵非物质文化遗产奇葩必将绽放更加迷人的光彩！

潮州市非物质文化遗产名录图典编辑委员会

2023年12月20日